天才光秀と覇王信長

加来耕三
Kaku Kouzo

さくら舎

はじめに――なぜ信長は、光秀を採用したのか

「明智光秀」の名を聞くと、多くの人々は反射的に〝本能寺の変〟を引き起こし、主君・織田信長を殺害した謀叛《むほん》人、と思うに違いない。

その通りである。もし、光秀が主殺し＝弑逆《しいぎゃく》をしなければ、その後の日本はどうなったか。信長に期待する人々の中には、光秀を憎む人も少なくない。

だが一方で、この光秀がいなければ、はたして信長は〝天下布武〟に王手のかかるところまで、進みえたであろうか。筆者はかなり、難しかったように推測する。

否、光秀が登場したからこそ、信長は浅井・朝倉両勢力を滅ぼし、天下取りへの資格〝天下布武〟の可能性を得ることができた、と考えてきた。

信長に天下を取らせるべく現われ、懸命にこの主君に仕えて、最も高い評価を得ながら、結果として信長を葬《ほうむ》った、「明智光秀」という異能の武将を理解することは、かなり骨の折れることである。

なにしろ、その前半生はいまだ、ことごとくが謎に包まれていた。

――以下、少し余談になる。

室町時代の末期＝戦国時代、京都の街角を、朝方、読者《あなた》が歩いていたとする。

「お早うございます」

と顔見知りの女性から、声をかけられたとしよう。さて、当時はどのように返事をしたであろうか。

多分、「ありがとう」と答辞したはずである。

なぜなら、「早う」というのは「早く起きましたね」と、相手の勤労を褒《ほ》めるために使った言葉であり、「お」は女性言葉の冠《かんむり》。今日の意味と同様の言葉を戦国に探せば、「はや、そうそう」。平安時代の言葉であれば、「は、思ひはべり」とでも言ったであろうか。

無論、これは男性の言葉ではない。

平安中期に書かれた随筆『枕草子』には、聞いて違った感じを受けるものとして、法師の言葉とならんで、男の言葉、女の言葉、下衆《げす》（身分の低い人）の言葉を挙げている。

たとえば、味のよいことを男性は「うまい」といい、女性は「いしい」といった。これに接頭語が付いて、「おいしい」が成立する。

ちなみに、戦国日本を訪れた宣教師たちが、日本語を研究し、編纂した『日葡《にっぽ》辞書』（一六〇三～四年・長崎学林刊）によれば、女性言葉として次のようなものが挙げられていた。

「お足」（銭）、「おいた」（塩）、「お数」（料理）、「御付《をつけ》」（飯にそえる汁）、「御居処《おいど》」（尻）――そして面白いところでは、「お昼」というのがあった。

「いざ、お昼あれ」

と妻が夫に向かって言うとき、これは昼食の用意ができた、という意味ではなかった。

「さあ、あなた、お起きあそばせ」

と妻は言っているのである。

戦国時代はこうした、日本人の言葉の意味が大きく変わった過渡期であり、男性言葉と女性言葉の峻別《しゅんべつ》、身分上の独特の言《い》い回《まわ》しがこれに重なり、加えて、地方の乱雑な言葉が入り乱《みだ》れた時勢でもあった。到底、いずれも同じ日本語とは思えないし、聞こえない。

言葉すらが、この調子である。礼儀・仕来《しきたり》の繁雑さは相当なものであった。当然のことながら、室町風の武家が操る礼式言語＝「外交」には、専門職《スペシャリスト》が成り立っていた。

室町幕府が成立したおり、殿中作法が定まっておらず、諸大名は雑然とたむろし、喧騒するだけで、いずれが上位か下位か、それすら明確化されていなかった。貴人をそれなりに迎え、応ずる作法がなければ、将軍といえども尊重されるはずがない。

慌てた幕府は、行儀作法に弓馬術――つまり武芸の作法に、禅の「清規《しんぎ》」（修行上の約束事）を加えた礼法を、信濃（現・長野県）守護の小笠原貞宗《おがさわらさだむね》に創らせた。小笠原流礼法である。

これを当時の流行語では別に、「行儀《ぎょうぎ》」といった。

狭くは振舞《ふるま》い、仕業《しわざ》のことであり、広くは立居《たちい》振舞いのすべてを指した。筆者は、明智光秀が織田信長に、最初に認められたのは、この「外交」の専門職としてではなかったか、と推察してきた。

通史のように光秀を指して、美濃源氏の名門・土岐《とき》氏の支族――明智氏の出身とする伝承があるものの、その前半生を明智城に住み、美濃（現・岐阜県南部）の国主・斎藤道三《さいとうどうさん》に仕えていた、との出自はかなり怪しい。委《くわ》しくは本文で述べるが、今日に残る光秀に関する記録は、『明智軍記《あけちぐんき》』をはじめ、ことごとくが後世に書かれたものである。

彼が歴史の表舞台――その脇に登場するのは、永禄十二年（一五六九）に入ってからのこと（43ページ参照）。

ついでながら、光秀は生年すら明らかにされておらず、信長に仕えたときの年齢も諸説あり、明らかなのは、信長よりも光秀は最低でも六歳の年上であったことである。

この頃、光秀は越前（現・福井県北部）の国主・朝倉義景《あさくらよしかげ》の周辺にいたようだが、義景を頼ってきた将軍候補の足利義秋《あしかがよしあき》（のち十五代将軍義昭《よしあき》）が、あらためて織田信長を頼ることとなり、これが機縁で光秀も信長に仕えることとなった。光秀の華々しい活躍は以来、十四年のことでしかない。

通史では素通りされ易いところだが、彼のこの華麗な転身はそもそも、何によるものであったのだろうか。今風にいえば、スタートは通訳を主務とした外交的知識と、その活用手腕にこそあったのではあるまいか。その延長線上で奉行職をそつなくこなした光秀は、加えて、合戦の指揮を執《と》らせても抜群の才能を発揮した。

遅れて織田家に、しかも中途で仕官しながら、彼は元亀二年（一五七一）に近江坂本城主となっている。天正三年（一五七五）六月からは、丹波（現・京都府中部と兵庫県東部）攻略の方面軍司令官に選ばれて戦線へ。同年七月には、日向守に任官している。

そして五年後には、丹波一国を加増されて亀山城主に栄進した。

坂本（現・滋賀県大津市坂本）、亀山（現・京都府亀岡市）はともに、京都を東西から扼《やく》する要害の地であり、この双方を委《ゆだ》ねられた武将が光秀であった点は、改めて考え直してみるべき価値があろう。じつは光秀は、信長に誰よりも重宝がられ、信頼されていたのだ。

対室町幕府の外交担当者としての能力と、官僚としての行政手腕。そして、武将として最前線へ立ちうる力量――当初、光秀は室町武家言葉と信長の尾張弁を聞き分け、意思の疎通をはかったはずである。美濃出身が揺るがなければ、光秀には隣国尾張（現・愛知県西部）の言葉が理解できたはずだ。語学堪能なうえに、彼は室町の礼儀作法にも通じていた。まさに、〝天才〟といってよい。

光秀は田舎者揃いの織田家中において、尊敬の的となり、新参にもかかわらず重きをなすにいたったのも当然であったかもしれない。担当が外交業務であったため、耳目《じもく》する情報は鮮度が抜群。また、それを分析、応用する術《すべ》にかけても、光秀の右に出る者は織田家にはいなかったであろう。

いつしか天才光秀の意識の中に、己れを武家貴族に擬する自負が出てきたとしても、おかしくはなかった。

外交と合戦に秀《ひい》でた立場から、主君である覇王信長の言動を改めて省みた時、光秀にはそれがどのように映ったであろうか。自由奔放《ほんぽう》な信長の気性とは、そもそも反りが合わず、生真面目な光秀は主君に対する批判を幾つも抱え、それを積もらせて、ついには謀叛に踏み切ってしまったように思われてならない。

はたして光秀には、〝本能寺の変〟後の勝算があったのだろうか。

確かな史料が現存しないのをいいことに、無責任な〝本能寺の変〟黒幕説が、これでもか式に、巷《ちまた》には溢《あふ》れている。なるほど光秀は、信長から追放され、毛利氏の庇護下にあった将軍・足利義昭に、密かな働きかけをした形跡はなくはない。朝廷へも〝変〟のあと、誼《よしみ》を通じている。諸国の大名への、そつない外交政略には、さすがに名外交官らしい水際立ったものもあった。

併せて兵力、軍略にも光秀はそれなりの自信を持っていたのだろう。織田家の諸将と戦っても、自分ほどのものはいない、との思いも強かったかもしれない。

しかしながら光秀は、語学や礼法の世界にはない情報――すなわち、時代の趨勢、勢いといった〝生〟のもの、あるいはわが身を虫食《むしば》む心のひずみ、ストレスについては、分析してわがものとする術《すべ》には思いいたらなかったようだ。

『呂氏春秋《りょししゅんじゅう》』の中に、「無術の智」というのがある。術のない智は役に立たない、との意だが、社交辞令上の情報だけでは、あるいは織田家の一部将としての資格のみでは、天下は狙えるものではなかった。

天正十年(一五八二)六月二日、「敵は本能寺にあり」(頼山陽《らいさんよう》の『日本外史』が出典)と、光秀は信長を急襲してこれを滅ぼした(享年四十九)。

蛇足ながら、『明智軍記』(巻第九)では、「敵は四条本能寺・二条城にあり」とあった。

五日には、同僚であった羽柴(のち豊臣)秀吉の属城・長浜城(現・滋賀県長浜市)と丹羽《にわ》長秀《ながひで》の居城・佐和山《さわやま》城(現・滋賀県彦根市)を陥《おと》している。このおり阿閉貞征《あつじさだゆき》、山崎堅家《かたいえ》(片家)、京極高次《きょうごくたかつぐ》らの大名が、明智勢に参加している。

六日、『歴代古案《れきだいこあん》』では、光秀は越後(現・新潟県)の春日山《かすがやま》城主・上杉景勝《うえすぎかげかつ》に使者を送って同盟を呼びかけたようだ。そして、家臣の沼田光友《みつとも》を派遣し、縁戚となっていた細川藤孝《ほそかわふじたか》(号して幽斎《ゆうさい》)――忠興《ただおき》父子の勧誘にあたらせた。忠興の妻は、光秀の娘・玉《たま》＝ガラシャである。

光秀の書状には、信長を討ち果した経緯とともに、人数を召し連れて早々に上洛してほしい。幸い、摂津国（現・大阪府北部と兵庫県南東部）が闕国《けっこく》（国主が欠けている国）となっているので、これを新しい知行地として貴殿に差し上げたい、といった内容が述べられていた。光秀は、細川家は無条件に、自らに荷担してくれると信じきっており、まったく疑念の余地をもたなかったようだ。

　にもかかわらず、期待していた組下の大和（現・奈良県）の筒井順慶《じゅんけい》ばかりか、最大の精神的拠り処ともいうべき細川家は、ついに現れず、光秀の天下は〝三日天下〟（実質十一日間）に終わってしまう。

　果敢に〝中国大返し〟を行い、畿内（現・近畿地方中央部）へ駆け戻ってきた羽柴（のち豊臣）秀吉の軍勢と、光秀は山崎（現・京都府乙訓《おとくに》郡大山崎町《おおやまざきちょう》周辺）に戦い、一敗地に塗《まみ》れて、最後は落武者狩りの農民の手によって、その生涯は閉ざされてしまった。

　信長の死とほぼ時期を同じくして、東国言葉は一挙に九州地方にまで雪崩《なだ》れ込む。

　今日でもよく知られている諺に、「京へ、筑紫《つくし》に坂東《ばんどう》さ」というのがある。

　たとえば、京都では「――へ行く」といい、九州では「――に行く」、東国では「――さ行く」と用いられたものだが、信長、光秀がこの世を去った頃、全国の言葉は大いに混じり合った。混乱する言葉や礼法も。

　のち、室町式の礼儀作法が復活するのは、信長の遺産を相続した秀吉が死に、そのあと天下を取った徳川家康が、江戸に幕府を創業してからのこととなる。

　光秀は己れの死後の、こうした〝流れ〟を、いったいどのように眺めたであろうか。

昨今も含め、これまでにも明智光秀をめぐる幾多の書籍が世に出ているが、ことごとくは一級、二級と称される文献史料の解釈でしかない。その証左に、光秀の研究の大筋は、高柳光壽《たかやなぎみつとし》、桑田忠親《くわたただちか》、二木謙一《ふたきけんいち》の先学三氏から、ほとんど進んでいない。

筆者が直接、教えを乞うた桑田先生は、自著『明智光秀』の中で、次のように述べていた。

さらに言わせてもらえば、「時は今」の「時」を、明智氏の本姓「土岐《とき》」を暗示させたと解釈するのも、後世の何びとかのこじつけではなかったろうかと、推測する。

しかし、このこじつけのために、じつは光秀が土岐家の支族明智氏の子孫だということが、評判になったのである。そして後世につくられた「土岐系図」（『群書類従本』所収）、『明智系図』（鈴木叢書本）、『系図纂要』などにはみな、光秀の父親の名前を明記して、それぞれ、『土岐系図』は明智監物助《けんもつのすけ》光国、『明智系図』は明智玄蕃頭《げんばのかみ》光隆、『系図纂要』は、明智安芸守《あきのかみ》光綱としている。

なお、『明智氏一族宮城家相伝系図書』という系図には、光秀の父を玄蕃頭光綱としている。『系図纂要』と同じく光綱ではあるが、安芸守とは書いていない。

また、系図ではないが、光秀の伝記書としてもっとも古く、江戸前期の元禄年間に書かれた『明智軍記』には、光秀の父を土岐の支流明智下野守頼兼《しもつけのかみよりかね》八代の後裔光綱と説明している。その点、『系図纂要』や『明智氏一族宮城家相伝系図書』と同様である。

〈中略〉しかも、光国、光隆、あるいは光綱にしても、このような名前をもつ人物の実在性が、確実な文献史料である古文書によって立証されるわけでもない。つまり、そういう姓名を明記した書状類は、いまのところ一通も発見されていない。したがって、光秀の父親は、明智氏の一族であるにしても、その名前さえ明らかでない、という結論に達せざるをえないのである。

右の状況は、「令和」となった今日も、何一つ変わっていない。

本書は、文献史料を解釈することを目的とはしていない。「下剋上《げこくじょう》」の進化の中で、最終的にゆきついた天才光秀の謀叛の理由を明らかにし、ひいては覇王信長やその後継者の秀吉などの存在意義を、時代の中で解き明かすことが目的である。

明智光秀とは、そも何者であったのか。彼は何を成そうとしたのか。

信長が登場する以前を、筆者は〝英雄不在の時代〟と考えてきた。

それこそ、これから登場する応仁の乱の、二人の主役・山名宗全《やまなそうぜん》（諱《いみな》は持豊《もちとよ》）と細川勝元《かつもと》にしても、関東の雄・太田道灌《どうかん》、中国地方の大内政弘《まさひろ》であっても、各々、個性的な武将は現れたが、歴史の表舞台に颯爽と登場し、華々しく競い合い、旧支配者に取って代わって天下の覇権をにぎるという、劇的《ドラマチック》な時代そのものを動かすほどの〝実力〟と魅力を、彼らは持っていなかった。

半面、彼らは武家貴族としての名誉の家、氏素性《うじすじょう》に支えられていた。

この室町中期から戦国初期にかけての主役は、無数に存在した無名の民衆といえるのかもしれない。

幕府や守護のひざもとで、繰り返し蜂起し、一揆を引き起こしてはその屋台骨をゆるがせた土《ど》（つち、とも）一揆《いっき》の庶民たちや、地方にあって守護大名たちに果敢に戦いを挑んだ小領主、「国人《こくじん》」（くにうど、国衆《くにしゅう》（国衆とも）たち。彼らの大地にしっかりと足のついた生活と戦いこそが、次の時代の新しい英雄を歴史の舞台に、着実に呼びよせたように思われる。

人は生まれ、育って、心身の隆盛をきわめたかと一息つくと、やがて下降線をたどって衰亡し、逝《ゆ》く。

歴史の興亡は、この人の一生と同じ構造《メカニズム》を持っていた。この宿命から逃れられる時代、国家、組織、個人は存在しない。例外はないのである。

歴史は繰り返す。方則は不変である。それゆえに過去の記録はまた将来の予言となる。

（寺田寅彦著『科学と文学』）

歴史は過去をみれば、未来が読める学問である。

室町の中期からの戦国時代を、仮に「平成」からつづく現在＝「令和」と置いたならば、さて、次の英雄登場の時代、日本はどのように想定できるであろうか。

信長・秀吉・家康、むろん光秀を含めての情報検索の鍵《キーワード》は、例えば鉄砲に目を向けてみるとよい。戦国の種子島に伝えられた火縄銃―鉄砲を、二十一世紀のこれからに置き替えれば、人工知能がそれにあてはまるかもしれない。のみならず、ロボティクス（ロボット工学）、ＩｏＴ（モノのインターネット）などを制する者が、戦国時代にあって鉄砲を活用し、改良して、戦術・戦略を大転換させ、

〝天下布武〟それにつづく天下統一を果たそうとした、信長・光秀・秀吉・家康の四人と同様に、〝英雄〟として登場してくるのかもしれない。

応仁の乱に始まる「下剋上」の高まりの中で、「戦国」の世が進み、信長も光秀も現れた。

彼らの興亡の跡をたどれば、「令和」の次代のありさまが、それなりの関心を持って、想定できるに違いない。そのためには何よりも、可能なかぎり史実にのっとって、歴史を理解しなければ、その中にいた人々の、真の営みを抽出《ちゅうしゅつ》することはできない。

読者が常識のごとく思われている戦国時代は、先の男性言葉、女性言葉がそうであったように、その多くが史実とかけ離れたものであり、明智光秀の生涯を追う過程で、立ち止まって考えていただければ、驚かれることが多いはずだ。

なお、本書では前半生がことごとく不明瞭な「明智光秀」を解明するために、その前時代、悪辣《あくらつ》な手段で「下剋上」を行い、国主となった――光秀が大いに関心を持ったであろう――美濃国を横領したとされる〝蝮《まむし》の道三〟こと斎藤道三にも注目し、ページを割いている。

まずは目次を参照いただきたい。本書が明日を、未来を考える読者諸氏にとって、多少なりヒントを与えることができたならば、それに優《すぐ》る喜びはない。

令和元年（二〇一九）初冬　関ヶ原の戦い四百二十周年を前にして

加来耕三

目次◆天才光秀と覇王信長

第一章　光秀を戦国に送り出したもの

第二章 「下剋上」の完成・織田信長

第三章　〝天下布武〟を目ざして

第四章　織田家筆頭の地位

終章　敵は本能寺にあり

序章　呪縛の解けた時代

すべての起因は「応仁の乱」にあり

動因《どういん》——物事を引き起こす原因には、遠因《えんいん》と近因があった。

天正十年（一五八二）六月二日、明智光秀が主君・織田信長を襲った〝本能寺の変〟は、遠目でみればその端緒（糸口）を応仁の乱（応仁・文明の乱とも　一四六七～七七）に求めることができた。

この乱は日本史上、最長にして最大の内乱であり、京の都を一面の焼け野原と化し、日本全土に戦乱の渦を波及させたが、それ以上の凄まじい劫火《ごうか》で、それまでの日本人の生き方を変えてしまった。

下位の者が上位の者に剋《か》ち、威勢をふるう。後世にいう「下剋上《げこくじょう》」——反逆と謀叛の世が応仁の乱によって到来するのだが、この乱が起きなければ、「明智光秀」が歴史の表舞台に立つことも、否、信長が世に出ることも、まして〝本能寺の変〟が起きることもなかったであろう。

ちなみに、「剋」は刀（力）を以《もっ》て殺し、勝つという意。「臣君《しんくん》を弑《しい》（殺）し子《こ》親（父）を殺し、刀（力）を以《もっ》て争ふべき時到《いた》る故《ゆえ》に下剋上との一端あり」（『太平記』巻第二十七）とあった。

それ以前の中世日本では、人は例外なく出自《しゅつじ》・分限というものが生まれながらに定められていた。生まれ落ちた環境からは、どのように足掻《あが》いても抜け出せない。自らの境遇は、不変のものと誰しもが、その宿縁を疑うことすらなかったのである。能力や才覚、力量といったものが問われたのは、動くことのない階層の内部でのことだけ。

〝御堂関白《みどうかんぱく》〟といわれた藤原道長（九六六～一〇二七）は、中世を約三百年支配した藤原氏の流れの中にあり、家も天皇家につながる系譜をもっていた。平清盛（一一一八～一一八一）も白河天皇（第七十二代）のご落胤《らくいん》説があり、その所属する平家のみならず源氏も、天皇家に繋がる縁《えにし》を持っている。

ところが、応仁の乱後の室町時代中期になると、

「いや、実力さえあれば、運命は身分に関係なく変えられるのではないか」

という、それ以前の日本人からすれば、卒倒しかねない、まるで神仏に楯突くような、ふてぶてしい思潮が興《おこ》り、沸き立つように急速に育ち広がることとなる。

もちろん、「下剋上」は、短期日に日本人全体の精神となったわけではない。頻繁に起きる飢饉、将軍家や守護の暗殺事件、世相不安による一揆といった、天災・人災が打ちつづくなかで、このような時代に生き合わせた人々は、生き残るために、それ以前の風習・慣例を忘却し、生々しい粗野な欲望をむき出しにして、それをエネルギーに変えていったのである。

そして、結果としての個性、個人といったものを芽生えさせ、己れだけの栄達を願い、一方で人心の荒廃を心の底では痛感するようになる。

ある意味、室町期は日本のルネサンスと捉えることもできた。


都鄙《とひ》遠境ノ人民迄《まで》（都の人も田舎の人も）、花麗《かれい》（華麗）ヲ好ミ、諸家大営《たいえい》（大きく振舞う）、万民の弊《へい》言語道断也《なり》。〈中略〉然《しか》レドモ只《ただ》天下ハ破《やぶ》レバ破レヨ、世間ハ滅《ほろば》バ滅ビヨ、人ハトモアレ、我身《わがみ》サヘ富貴ナラバ、他《ひと》ヨリ一段、瑩羹《えいかん》（豪奢）様ニ振舞《ふるまわ》ント成行《なりゆ》ケリ。（『応仁記』巻第一）

――前兆は、それ以前からあった。

応仁の乱の三十八年前、正長二年（一四二九）正月二十九日に、公卿で権大納言《ごんのだいなごん》、武家伝奏もっと

めた中山定親《なかやまさだちか》（室町中期の歌人）は、己《おの》が日記に、
「乱世の至りなり」（『薩戒記《さつかいき》』）
と、すでに記していた。
彼が怖気《おぞけ》をふるった「乱世」は、のちの戦国の世ではなく、前年に京都で起きた土一揆が、引きつづいて播磨国（現・兵庫県南西部）でも起こり、守護の赤松満祐《あかまつみつすけ》が鎮圧に出陣したものの、多大な打撃《ダメージ》を受けたことを、伝え聞いての感想であった。
「一国騒動稀《き》代《だい》の法なり」（同上）
ただ定親の嘆きの底には、室町幕府の体制を羽翼《うよく》する（補佐する）守護が、民衆の挑戦をうけたことに対する、ショックの大きさがあったことは確かであろう。
「一揆」とはもともと、「揆《き》を一《いつ》にする」――つまり、団結するという意味であり、これまでは武士を主体としてきたものが、下位へ降り、たとえば「国人」と呼ばれた地方生《は》え抜《ぬ》きの在村領主から、やがて名もなき農民にまで広がっていった。

「戦国」の初出と、信長の出現を予言していた山名宗全

それが応仁の乱を濾過《ろか》することで、身分制の底が抜けたようになり、人々は物事の主体を己れ個人に帰して考えるようになった。

SNSが登場し、誰もが注目の人となれるようになり、半面、スターが消えた「令和」の時代とよく似ている。

ちなみに、「戦国」の単語の初出だが、陽明文庫所蔵の『後法成寺関白記《ごほうじょうじ》』（室町後期の関白太政大臣・近衛尚通《このえひさみち》の日記）——別名、『近衛尚通公記』の永正五年（一五〇八）四月十六日の条に、

「そもそも世上の儀、いはゆる戦国の時のごとく、何日、安堵《あんど》の思ひをなすや」（著者読み下す）

とあった。

ここでいう「戦国の時」というのは、中国の春秋・戦国時代の「戦国」を連想した世の中の意であろうが、この頃すでに、尚通は自らの生きている時代を、中国の「戦国」と同じだ、と怖気をふるって認識していたことになる。一般の印象《イメージ》より、かなり早いのではあるまいか。

〝バブル経済〟がはじけて、奈落《ならく》の底へ落ちていく不安・恐怖を漠然とかかえた「平成」の時代と重なって、筆者には見えるのだが、読者はいかがであろうか。

そういえば、応仁の乱で一方の総大将となった山名宗全《やまなそうぜん》（諱《いみな》は持豊）——日本六十六ヵ国のうち、一族で十ヵ国（宗全自身は五ヵ国）を領有——も、今と未来を見透かしたような、興味深いことを、乱の最中、地位の高いある公卿にむかって述べていた。

「およそ例《れい》といふ文字をば、向後《きょうご》は時《とき》といふ文字にかへて御心えあるべし」（『塵塚物語《ちりづかものがたり》』巻第六）

この宗全の言葉は、応仁の乱が生み出し、以来、二十一世紀の「令和」の今日まで通用していた。

大乱の中、日々を乱世と思い、昔の「例」をあげて嘆く大臣（公卿）に対して、宗全は次のように応じていた。

あなた（大臣）のいわれることは、よくわかったが、あなたが何事にも「例」＝先例を引き合いに出されるのは、よろしくない。ここで、前出の言葉《セリフ》が入る。そして宗全は、つづけていう。

世の中のことは、先例を踏んで行われることは、私も知っている。しかし、平安時代には平安時代の例があり、鎌倉時代には鎌倉時代の例があるように、もともと先例も時代とともに変化するものだ。それなのにあなたがた公家は、昔の例を大切にするばかりで、「時」＝現実や時勢を知ろうとはしない。だから、いまのように武家に天下を奪われ、われらに媚《こ》びへつらわなければならなくなったのではありませんかな。

宗全はいう。私のような匹夫《ひっぷ》が、あなたのような高貴の人と、同輩顔をして話のできたことが、いつの世の例にありますか、と。これからはあなたがた公家も、「例」にこだわらず、眼の前の「時」をわきまえないと、このまま没落するばかりですぞ、とたたみ込む。

筆者が注目したのは、宗全のそれにつづく言葉であった。

「又併《またあわせて》後世に、われより増悪《ぞうあく》（猛悪《もうあく》）のものなきにはあるべからず。其時《そのとき》の體《てい》によらば、其者《そのもの》にも過分のこび（媚）をなさるるにてあるべし」

筆者は、織田信長とその時代を思い浮かべた。宗全は、後世の「増悪」よりはやさしい。ゆめゆめ「例」を口になさらぬように、あなたが「時」を察するならば、不肖《ふしょう》このわたしがあなたがたを、かならずや守ってさしあげましょう、と締めくくっているのだから。

信長の出現以前、室町末期になって、当時、流布していた故事と逸話の類《たぐい》を集めた『塵塚物語』――これに収められた先述の大臣との話が、実際に宗全本人の語ったものであるかどうかに、定かではない。が、この人ならばありうる、と宗全を彷彿《ほうふつ》させる逸話ではあった。

現場不在証明《アリバイ》と目撃証言の狭間

あらゆる先例が通用せず、宗全の指摘した通り、朝廷＝公家貴族は没落していったが、「下剋上」は決してそこで停止してはくれなかった。弱肉強食の餓鬼道はいつ果てるともなくつづき、合従連《がっしょうれん》衡《こう》をくり返す。

やがて、宗全からみれば、「われより増悪のもの」＝戦国大名が勃興し、そのなかから信長が現われ、ついには室町幕府をも瓦解《がかい》せしめ、宗全の山名氏も含めて守護大名＝武家貴族の大半をも滅ぼしてしまう。百を超える戦国大名の中で、守護大名からの転化は十数例しかない。

歴史の区分でいけば、室町幕府十五代将軍・足利義昭《あしかがよしあき》が織田信長によって追放される天正元年（一五七三）までを「室町時代」といい、その後を「安土・桃山時代」と称するが、一般の歴史書では、文明十八年（一四八六）の出雲前守護代・尼子《あまご》経久《つねひさ》による「下剋上」、あるいは延徳三年（一四九一）の北条早雲《そううん》（伊勢宗瑞《そうずい》）による伊豆討入《うちいり》（明応二年〈一四九三〉説もある）あたり——一四八〇年代末から九〇年代初頭にかけてを、「戦国時代」への突入時期と考えてきたように思う。が、筆者はこの「戦国」の嚆矢《こうし》（はじまり）を、それ以前の応仁の乱——その導火に一役買い、その最中に、西軍から東軍へ寝返って、結果として十一年の乱を終戦に導いた朝倉孝景（前名は敏景《としかげ》）と捉えるようになった。この梟雄《きょうゆう》は、一代で越前一国を簒奪《さんだつ》していた。

同様に、諸説ある「戦国」の終焉を、著者は孝景が横領した越前に、九十余年遅れてやって来ることで、歴史の舞台に登場した、明智光秀の終幕〝本能寺の変〟に置いている。

実は、このように置き替えると、〝本能寺の変〟の、光秀の動機が明らかとなってくるのである。

どういうことか。戦国時代を貫く「下剋上」は、前述の朝倉孝景にせよ、光秀と関係があったとされる斎藤道三にしても、到達点は戦国大名どまりであった。

ところが一人、光秀の仕掛けた〝本能寺の変〟は違っていた。

彼が謀殺した主君信長は、その時点ですでに戦国大名とは次元の異なる、〝天下布武〟に大手のかかった、事実上の統一政権運営者としての、内容と実態を兼ねそなえていた。

一方、臣下の光秀には、それに取って代わるべき条件が、何一つなかった。

その証左こそが、彼の〝三日天下〟（実質十一日間）であったろう。

戦国における一般の「下剋上」と、光秀の謀叛は大きな差異をもっていた。彼は信長を討つことで、何を主張しようとしたのであろうか。

普通に考えれば、敗者には一種の〝判官《ほうがん》びいき〟がなされ、光秀にもそれなりの、悲劇の英雄としての同情が集まってしかるべきであったが、彼にはそれが思うほどに集まらなかった。なるほど、好敵手であった羽柴《はしば》（のち豊臣）秀吉の人気にかき消されたということはあろう。主殺し、仇役《かたきやく》を振られたのも痛かった。

が、より以上に筆者は、〝三日天下〟の短さが大きかった、と考えている。

　洛中にききょうの花（光秀の家紋・桔梗）が三日咲き

と川柳にうたわれるほど、光秀の存続期間は短すぎた。

もう少し、〝時〟が彼に与えられていたならば、そこで〝本能寺の変〟の真相が語られたはずであった。少なくとも、後世の人々が納得する理由は明らかにされたはずだ。

日本史上、屈指の謎とされる、この光秀の謀叛と真相については、筆者はこれまでも三十年余、一貫して自説を述べてきた。本書ではこれまでの説示《せつじ》を、応仁の乱から本能寺にいたる歴史の流れの中で、改めて細かく解析してみたい、と意気込んでいる。

だが、この作業はなかなか難しい。読者に光秀や戦国時代への思い込み、誤解が多いからだ。

山名宗全のいう「われより増悪のもの」の一人が、明智光秀でもあったわけだが、それにしても、この人物は厄介《やっかい》である。

本人は周囲に、「美濃源氏・土岐の一族　明智十兵衛（尉）光秀」と名乗ったという。

余所者《よそもの》光秀

なるほど、光秀の素性を唯一、同時代に表した史料『立入《たてり》左京亮《さきょうのすけ》入道隆佐記《にゅうどうりゅうさき》』（『続群書類従』所収）には、光秀が主君・織田信長の命により、丹波《たんば》国（現・京都府中部と兵庫県東部）の八上《やかみ》城主・波多野《はたの》秀治《ひではる》―秀尚《ひでひさ》兄弟を降伏させ、安土《あづち》（現・滋賀県近江八幡市安土町地区）へ護送したことが述べられている。

天正七年（一五七九）六月十日に京都を通った、と記した次には、

美濃国住人ときの随分衆《ずいぶんしゅう》也。明智十兵衛尉。其後《そののち》従《したがひて》二上様一被仰出《おおせだされ》、惟任日向守《これとうひゅうがのかみ》になる。名

誉之大将也。弓取《ゆみとり》はせんじてのむべき事《こと》候《そうろう》。

とある。右は別名を『立入宗継《そうけい》記』ともいい、これを記した立入左京亮（宗継）は、京都で代々、家業として土倉《どそう》業（金融業）を営むかたわら、禁裏《きんり》（朝廷）の御倉職《みくらしき》（財貨管理や出納《すいとう》係をつとめた金融業者）として働き、〝天下布武〟に邁進する信長の織田家と朝廷の間を奔走した人物である。

立入家は、もとは近江野洲《やす》郡立入（現・滋賀県守山市立入町《たていりちょう》）の出とも。

彼は光秀本人から、「美濃国土岐氏の随分衆だった」と聞かされていたのだろう。土岐本家＝守護大名に、従う身分であった、という意味だろうが、筆者は少し、「随分衆」にひっかかった。

そのような、正規の身分はない。「随分」には身分相応と、また「あまりにひどい」という意味合いもあった。

ちなみに、現存する光秀発給の初見文書は、木下藤吉郎《きのしたとうきちろう》（のち豊臣秀吉）との永禄十二年（一五六九）四月十四日の連署だが、その二日後に光秀が出した三通の書状の受取人の一人が、立入左京亮であった（このおりは、秀吉に加えて、丹羽《にわ》長秀《ながひで》、中川重政《なかがわしげまさ》の四人で連署している）。

いずれにせよ、光秀の自己申告はそのままには信じられない。

なにしろ、イエズス会宣教師として来日し、光秀の主君・織田信長とも交流のあったルイス・フロイスは、次のような証言譚《たん》を残している。

信長の宮廷に惟任日向守殿、別名十兵衛明智殿と称する人物がいた。彼はもとより高貴の出ではなく、信長の治世の初期には、公方《くぼう》様の屋敷の一貴人兵部大輔《ひょうぶのだいふ》（細川藤孝）と称する人に奉仕していたのであるが、その才略、深慮、狡猾《こうかつ》さにより、信長の寵愛を受けることとなり、主君とその恩恵を利することをわきまえていた。殿内にあって彼は余所者《よそもの》であり、外来の身であったので、ほとんどすべての者から快く思われていなかったが、自らが（信長から受けている）寵愛を保持し増大するための不思議な器用さを身に備えていた。（松田毅一《きいち》・川崎桃太《ももた》訳『日本史』）

——読者も、冷静に考えていただきたい。

戦国武将の出自《しゅつじ》（でどころ）について、である。

信長、そして光秀の〝三日天下〟を挟《はさ》んで、豊臣秀吉の政権が成立してのち、関ヶ原の戦い、大坂の陣を経て、誕生した徳川幕府の治世下、寛永十八年（一六四一）二月七日に、三代将軍・徳川家光が諸大名に家系図の提出を命じたことがあった。さぞかし、大名たちは困惑したであろう。

明智光秀

戦国乱世の「下剋上」を掻《か》いくぐって、なんとか大名になり果《おお》せた人々に、胸をはってすんなりと提出できる、立派な出自、家系図など、そもそもあろうはずがなかった。いずこの家も四代さかのぼるのは至難の業であったろう。

困惑した大名たちは、官立編纂機関の編集責任者であった林羅《はやしら》山《ざん》（諱は信勝《のぶかつ》）に泣きつき、羅山がその子・鵞峰《がほう》や同門の堀杏庵《ほりきょうあん》などを動員して、大半の大名家の家系図を、このとき創出した。

これが約千四百余家の家系が収められた『寛永諸家系図伝《かんえいしょかけいずでん》』であり、寛永二十年（一六四三）の九月に、形式上、将軍家光に献上された形をとった。

それをのちに、整備補充したのが『寛政重修諸家譜《かんせいちょうしゅうしょかふ》』であり、これは文化九年（一八一二）に完成している。

この家系譜のいい加減さは、たとえるのが難しいほどで、あえていえば徳川幕府が行った「天皇陵」の治定《じじょう》作業――日本中の古墳を、歴代の天皇の名前に当てはめた――と同様であったろう。

『明智軍記』が明智光秀を創った⁉

この作業は、幕府が文久年間（一八六一～六四）に行った〝文久の修陵《しゅうりょう》（陵墓の修復）〟のために、畿内で実施した、わずか一ヵ月ほどの調査をもとに定められ、維新後、明治政府もこれらを基本的に継承した。

以来、即位の事実が大正十五年（一九二六）十月に認められた南朝の長慶《ちょうけい》天皇（第九十八代）の陵墓が追加されたのを最後に、現在までの百三十年間、古墳と天皇陵は一切の見直しや変更は行われていない。

かつて筆者が仁徳《にんとく》天皇陵だと学んで、遠足にも頻繁に出かけた処《ところ》も、いつしか「大仙陵《だいせんりょう》古墳」と呼び名が変わった。令和元年（二〇一九）七月に世界文化遺産へ登録された、百舌鳥《もず》・古市《ふるいち》古墳群の岡《おか》ミサンザイ古墳、誉田山《こんだやま》（誉田御廟山《ごびょうやま》）古墳、大仙陵古墳、上石津《かみいしづ》ミサンザイ古墳、田出井山《たでいやま》古墳、市ノ山《いちのやま》古墳の墳墓も、各々、即位順に仲哀《ちゅうあい》天皇（第十四代）、応神《おうじん》天皇（第十五代）、仁徳天皇（第十六代）、履中《りちゅう》天皇（第十七代）、反正《はんぜい》天皇（第十八代）、允恭《いんぎょう》天皇（第十九代）と宮内庁に定められ、六人の天皇が眠る処となっている。

が、これら古墳の中には、その造成された時期と照らし合わせ、中国の『宋書《そうじょ》』「倭国伝」の記録に残された日本＝倭《わ》の五人の王（讃《さん》・珍《ちん》・済《せい》・興《こう》・武《ぶ》）の、墓が含まれると考えられてきたものの、五王の順番はおそらく、讃（仁徳か履中）、珍（反正）、済（允恭）、興（第二十代・安康《あんこう》）、武（第二十一代・雄略《ゆうりゃく》）となり、必ずしも前述した宮内庁の定めるところとは一致しない。

古墳と天皇陵は、根拠にとぼしい、政治的な後追いであった。

――話を、明智光秀に戻そう。

慶長八年（一六〇三）に創業した徳川幕府に参加する以前に、すでに滅んでいた光秀には、そもそも、まともな家系図があるはずもなかった。今日《こんにち》、「明智光秀」の事績として語られることごとくは、軍記物語『明智軍記』によって描かれた〝物語《サーガ》〟にすぎない。

現存する『明智軍記』の最古の版本は、ちょうど『寛永諸家系図伝』が編まれて五十年後の、元禄六年（一六九三）二月のものであった。もっとも、この物語は前半部の巻五までしか存在していない（名古屋市立図書館蔵）。

完結しているものでは、元禄十五年八月の国文学研究資料館ほかが所蔵する、十巻十二冊のものが、全国にいくつか現存している。すでに、光秀の死から百二十年が経過していた。幕府の寿命は二百六十五年である。

また、この『明智軍記』が「軍記物」であった点も、注意しなければならない。全体が〝物語〟であり、内容には当然、史実ではない記述も少なくなく、明らかな間違いも多かった。

作者は不詳――巻一はそれこそ、明智氏が美濃の土岐氏の一族であり、「斎藤義龍《よしたつ》―龍興《たつおき》父子」の争いにより、義龍方についたため、敗れて没落。明智城主の嫡流たる光秀は、美濃を逃れて諸国を遍歴し、越前国主・朝倉義景《よしかげ》（孝景の長男）に仕える話の筋が述べられている。

――すでに、史実を逸脱していた。

美濃での内乱は、「斎藤道三《どうさん》―義龍父子」のものであり、義龍―龍興父子のものではない。明らかな過《ミ》ち《ス》である。

以下、コメントを差し挟まずに列記すれば、巻二は信長に招かれた光秀が、美濃国安八《あんぱち》郡（現・岐阜県安八郡）に所領を与えられ、伊勢侵攻に出陣。楠 摂津守《くすのきせっつのかみ》の城を攻め、士 大将《さむらいだいしょう》に出世するところまで。巻三は、十五代将軍・足利義昭の館を攻撃してきた三好《みよし》方の軍勢を、光秀が守将として防戦、鉄砲を放つなど活躍。信長からほうびに、三千貫文を加増される。その後、姉川の戦いにも光秀は参戦、十三段の構え中、八段目に登場する。

巻四では朝倉氏の旧臣として、和睦交渉を光秀が担当。比叡山の焼き討ちのおり、比叡辻の北（現・滋賀県大津市比叡辻）に陣どったことが述べられ、信長から朝倉・浅井《あざい》氏攻略の戦法を尋ねられる。

巻五は信長に反抗した将軍義昭の挙兵に、光秀が織田方の先鋒として出陣。戦功により西近江を与えられ、坂本城（現・滋賀県大津市坂本）を居城として、「日向守」となったことが記述されていた。

巻六は光秀の本願寺攻め、「惟任《これとう》」姓を与えられ、丹波国を拝領したことを述べている。巻七は、安土城天守築造の指図を光秀が行ったこと、本願寺勢の反攻に対して光秀が、天王寺《てんのうじ》要害の将として防戦したことなどが述べられていた。巻八は光秀が、前出した丹波八上城（現・兵庫県丹波篠山市）の波多野氏を滅ぼし、丹波攻めに出陣。一度帰国して、再び八幡合戦で赤井《あかい》氏を破り、丹波一国を制圧する様子が描かれている。併せて、光秀の三女（次女、四女とも）・玉《たま》（のちに受洗してガラシャ）と、細川藤孝《ふじたか》の長男・忠興《ただおき》との婚姻についても記されていた。

巻九は、織田家が甲斐《かい》武田家を滅ぼした後、光秀が信長に打擲《ちょうちゃく》されて面目を失い、やがて謀叛の決意を固め、ついに〝本能寺の変〟にいたるまでを記述している。巻十は、光秀が山崎の合戦で羽柴筑前守《はしばちくぜんのかみ》秀吉に敗れ、山城国山科《やましな》の小栗栖《おぐるす》（現・京都府京都市伏見区）で殺され、光秀の一族が滅亡したことが記されていた。

『信長公記』と著者・太田牛一

この『明智軍記』の内容は、「史料的価値には乏しいが類書も少ないので便宜《べんぎ》使用されている」（『国史大辞典』）というのが、その〝評価〟〝価値〟であったといってよい。

内容は明らかに、『信長公記《しんちょうこうき》』に全面的に拠っていた。覚書《おぼえがき》＝『信長公記』は、信長の側近として天文《てんぶん》年間（一五三二〜五五）から、そのかたわらに仕えていた太田牛一《おおたぎゅういち》という、今なら秘書ともいうべき立場の人物の手によるものであった。それだけに、こちらの信憑性《しんぴょうせい》は高い。

蛇足ながら、この牛一はもと織田家の足軽衆《あしがるしゅう》で〝又助《またすけ》〟と称しており、尾張国春日郡山田庄安食《あじき》

（現・愛知県名古屋市北区、同春日井《かすがい》市南西部、西春日井郡）の住人。主君信長が清洲《きよす》（清須）城（現・愛知県清須市）を手に入れた時（関連１４６ページ）、合戦に参加している。この時、二十九歳。

牛一は、かたときも主君信長から目を離さない。信長さまはいつも着物の袖をはずして、短い袴《はかま》をはいた格好をしている。腰には火打石などを入れた袋をぶら下げ、髪は派手な赤や萌黄《もえぎ》色の糸で巻き、茶筅《ちゃせん》のような形にしている。盆踊りに信長さまは、なんと女踊りをされた、などなど、見たままを克明にメモしていた。牛一は〝メモ魔〟といってよい。

信長の、生涯の命運を決した、桶狭間の戦いにも、もちろん牛一は参戦。主君のかたわらで一挙手一投足を見守っている。多勢に無勢《ぶぜい》、強敵・今川義元《よしもと》の大軍に挑む信長は、途中、次々と討ち取られる味方の悲報に接する（詳しくは後述）。死傷者はそれこそ数えきれない。

このおり自ら鉄砲を手にし、最前線にすすむ信長は、

「あいつが討死《うちじに》したのか、あいつもか……」

と戦死した家臣のことを思い出しながら、感きわまって涙を流したのだが、その人目をはばかることなく、自分のために死んでいった家臣のために涙を流す主君をみて、牛一はこの人に生涯、仕えることを誓う。

織田家で三本の指に入る弓の達人（六人衆のうち、弓三張《さんはり》の一人）でもあった牛一は、それ以前は僧侶であったようで、戦場での腕と度胸に加えて、文字に明るかったことから、信長の上洛以後、年貢の催促や土地問題の仲裁など、文官の役目を振られるようになり、その一方で戦場にも出て、従軍記者のように記録を残していった。

この無類の〝メモ魔〟のおかげで、『信長公記』は牛一の報告文学《ルポルタージュ》にも仕上っていた。今日なお、そのメモをつなぎあわせた「太田牛一旧記」も現存している。牛一はメモを頼りに己れの日記もつけており、信長の死後、それらを総動員して書きあげたのが『信長公記』であった。

ついでながら、信長の晩年は近江の検地奉行をも務めており、壮大な安土城の建設においては、城の間取りから柱の本数、工事に参加した大工や職人の名前まで、ありとあらゆるものを書き残していた。

圧巻は本書のテーマともいうべき〝本能寺の変〟のおり、牛一が信長のそばにいた侍女に直接、取材をして、本能寺の信長を詳しく書き記したことであろう。

その後、牛一は秀吉に仕え、その晩年は側室の松の丸殿（京極龍子《きょうごくたつこ》）の警固役を務めている。『太かうさまくんきのうち（太閤様軍記の内）』（牛一が著したが現存しない『太閤軍記』から内容を抜粋したもの）、『関原御合戦双紙《せきがはらおんかっせんそうし》』（関ヶ原の戦いの記録で、『太田和泉守《いずみのかみ》記』とも）、『今度之公家双紙』（慶長十四年〈一六〇九〉の、朝廷の女房と公家との醜聞「猪熊《いのくま》事件」を記したもので、『猪熊物語』とも）などを撰述している。

これらはいずれも、慶長十五年には完成または清書されたもので、多くに「牛一八十四歳」と、この人らしい自記があった。

牛一が最後に仕えた主君は、秀吉の息子・秀頼《ひでより》であったが、没年は明らかにはされていない。

現在、『信長公記』は三十余りの写本が伝えられており、中には牛一本人の自筆のものもある。記述は、ことごとく江戸時代に入ってから行われているが、原本はすでに慶長三年には、ほぼ完成していた、と『義演准后日記《ぎえんじゅごうにっき》』（醍醐寺《だいごじ》座主で准三后に叙せられた僧・義演の日記）は証言している。

この牛一が綴った織田信長の生涯を述べた記録は、成立が最も古く、内容が正確なものといわれている。信長の基本史料といってよい。

『信長公記』『明智軍記』の主張

おかげで、信長のもとに出仕してからの、光秀の足どりは概《おおむ》ねつかめた。問題なのは、光秀の前半生——越前一乗谷《いちじょうだに》（現・福井県福井市城戸ノ内町《きどのうちちょう》）に姿を現すまでであった。

蛇足ながら、『信長公記』とよく似たタイトルの『信長記《しんちょうき》』（小瀬甫庵《おぜほあん》著　慶長九年〈一六〇四〉成立といわれ、元和八年〈一六二二〉に刊行）は、『信長公記』を儒教思想で塗り直し、改竄《かいざん》したもので史料的価値は乏しい。

ちなみに、太田牛一の『信長公記』も、著者不詳の『明智軍記』も、作品の主題《テーマ》、精神的背景《バックボーン》は同じであった。一言で述べれば、因果応報の思想に尽きる。

『明智軍記』巻第一の「美濃国守護ノ事付明智入道宗宿《そうしゅく》ガ事」の書き出しは、次のようであった。

倩《つらつら》、和漢《わかん》ノ伝記《でんき》ヲ考《かんが》ヘテ、国家ノ治乱《じらん》、人身ノ存亡《そんぼう》ヲ試《こゝろみ》見ルニ、只是《たゞこ》レ、人心善悪《ぜんあく》ノ路頭《ろとう》ヨリ分《わか》レテ、ツイニ盛衰吉凶《せいすいきっきょう》ヲ極《きわ》ムッ。善ヲスル人ニハ、天報《ほう》スルニレ之《これ》ヲ二以《もっ》テスレ福《さいわい》ヲ。為《する》レ悪《あく》ヲ人ニハ、天報スルニレ之ヲ二以テスレ禍《わざはい》ヲ。是レ必然《ひつぜん》ノ道理《どうり》、古今和漢共ニタガフ事ナシ。天道ハ、誠《まこと》ニ畏《おそ》ルベキ哉《かな》。

（二木謙一校注『明智軍記』・ルビは、ひらがな現代語に開く　以降同じ）

一言でいえば、「天道《てんどう》」（天体の運行のみち）の思想である。

人間の遭遇する吉凶禍福《かふく》――それが避けがたいものだ、と中国古典の世界では、すべてを〝天〟ととらえた。〝天〟は神儒仏一致のものである。同じく巻十の冒頭小見出しに、「不仁之《の》人者《は》、天罰不ルレ逃《のがれ》事」とあり、信長の非道を挙げて、

「今ゾ知《しら》ヌ。信長父子ハ信長殺セリ。更《さら》ニ、明智ニ非《あら》サル事ヲ。サレトモ定《さだま》レル運命《うんめい》有リト云《い》ヒ伝《つた》ヘシハ、誠成《なる》哉ヤ」

とあった。〝本能寺の変〟の原因は、「天道」思想によるものであり、非道を行った信長にすべての責任はあり、光秀の行為に非はなかった、と作者は述べたかったようだ。

換言すれば、〝主殺し〟の汚名から、光秀を弁明するものであったといえる。

『信長公記』を一冊ごとに、巻末「珍重珍重」（めでたしめでたし）で結んでいた太田牛一の場合はどうか。彼も文中に、しばしば「天道」という言葉を用いていた。が、最終巻はさすがに「珍重珍重」とは書けず、信長の死のあとを、次のように述べていた。


〈前略〉上下此由《このよし》承り、言葉に出して大事と存知《ぞんじ》、初めの程は目と目を見合せ、騒立《さわぎた》つ事大方ならず。左《さ》候《そうろう》処《ところ》、京より御下男衆逃下り、弥《いよいよ》必定《ひつじょう》したり。身の介錯《かいしゃく》（処置すること）に取紛《とりまぎ》れ、泣き悲しむ者もなし。日頃の蓄《たくわ》へ、重宝の道具にも相構わず、家々を打捨《うちす》て、妻子ばかりを引列《ひきつ》れ〳〵、美濃・尾張の人々は本国を心《こころ》ざし、思ひ〳〵にのかれたり。〈下略〉

牛一は『明智軍記』ほどに天道思想を表面に出していないが、実は全編を通じてこの思想の本質を語っていた。天道思想は、実は「戦国」の主張＝「下剋上」を肯定する思想でもあったのだ。

『史記』の「淮陰侯伝《わいいんこうでん》」に、次の一節がある。

「天の与ふるをとらざれば、還《かえ》ってその科《とが》を受く。時に至りて行はざれば却《かえ》ってその科を受く」

これこそ、〝例〟より〝時〟、家筋《いえすじ》より器量、権威より実力の「戦国」を、最も象徴的に表した思潮であったといえる。

固定されていた身分階層が破壊され、人物の器量や忠節、つまり実力のある下の者が上に行く時代が開かれたが、この立身出世の上昇エネルギーには、もうこの辺でよかろう、という諦観《ていかん》、ほどよい停止はなかった。たとえば、「守護代」までで十分、「守護」は狙わない、といった線引きはない。

当然のごとく、昇っていく者には可能なかぎりの上昇志向があり、彼には自らを正当化する理屈がないと、きわめて困ったことになる。

封建制はもともと、主君と家臣との間に、御恩と奉公という〝紐帯《ちゅうたい》〟をもって結ばれた不文律の契約によって成立していた。家臣が戦場で己れの生命《いのち》をかけて働くのは、主君からの御恩――所領を宛《あて》行《が》い、安堵してもらっている――をうけての義務であった。

にもかかわらず、その主君を裏切るということになると、それ相応の理屈が必要となる。

――これこそが、「下剋上」の裏面といってもよい。

中世は土地に人がしばられた時代であり、その土地を押えている主君は絶対であった。逃げられないから、〝武士は二君にまみえず〟のようにみえたともいえる。

光秀と秀吉のあやしい物語《サーガ》

しかし、この主君がもし、無能であった場合、土地は別の者に奪われることになりかねない。器量のある者が人の上に立つという観念が「下剋上」であるならば、無能な主君のいうことは聞かなくともよい、との合理性＝「反逆の論理」が出現してしかるべきであった。

つまり、器量のない者は、たとえ主君であっても時節柄、排除されてしかるべし、との論法である。この天道思想の一面は、「下剋上」にとって、必要不可欠な現象の理解であった、といえる。

そういえば、大久保彦左衛門は『三河物語』の中で、「因果」という言葉を多用していた。

『明智軍記』と同様に、〝本能寺の変〟から百年以上も経過してから書かれた軍記物語に、〝織田軍記〟ともいわれる『総見記《そうけんき》』があった。これは『信長公記』をもとに脚色や創作が加えられている。色彩は前出の『信長記』と同じであった。信憑性がないにもかかわらず、史実と思い込んで下敷きに使う歴史小説家は、今も少なくない。要注意である。

ほかにも、『朝倉軍談』（富山県郷土史会編・古沢尋三解読『朝倉家録《かろく》』所収）。佐々木氏郷《うじさと》（沢田源内《げんない》）が著者とされている、六角氏について述べた俗史で、今日では〝偽書〟とされる『江源武鑑《こうげんぶかん》』などをも、『明智軍記』は明らかに参照しつつ筆を進めていた。

筆者《わたし》は、史実の明智光秀は、越前一乗谷に姿を現してから、すべてが始まった、と思っているのだが、その生涯を改めて検証した場合、越前朝倉氏の前に現れるまでの光秀は、冒頭で述べた如く、すべてが謎に包まれていた。

桑田忠親先生と並ぶ泰斗《たいと》・高柳光壽先生は、その著『明智光秀』の中で、光秀の出自について次のように述べられていた。

〈前略〉結局光秀はその父の名さえはっきりしないのである。ということは光秀の家は土岐の庶流ではあったろうが、光秀が生れた《原文ママ》当時は文献に出て来るほどの家ではなく、光秀が立身したことによって明智氏の名が広く世に知られるに至ったのであり（明智荘のことは知られていたが）、そのことは同時に光秀は秀吉ほどの微機ではなかったとしても、とにかく低い身分から身を起したということでもあったのである。

筆者にいわせれば、〝わからない〟という史実のレベルでいえば、一農民から出たとされる豊臣秀吉と同じ程度だと考えている。秀吉の伝記に、彼の御《お》伽衆《とぎしゅう》の一人・大村由己《ゆうこ》が秀吉在世中に書いた『秀吉事《ひでよしじ》記《き》』（別称『天正記《てんしょうき》』）というのがある。比較的信憑性の高いことで定評があるが、この中で秀吉の父のことを「百姓弥右衛門」としている。問題はこの「百姓」であった。

もし、苗字をもっていたなら、有力百姓＝土豪である。徳川幕府の旗本・土屋知貞《ともさだ》の著した『太閤《たいこう》素《そ》生記《せいき》』（たいこうすじょうき、とも）では、「木下弥右衛門」となっているから、土豪ということになり、多くの〝秀吉もの〟はこれを採用。永楽《えいらく》銭一貫文（現在ならば、およそ三万五千円）を、秀吉は弥右衛門の遺産としてもらった、ということになっている。

ただ、すでに述べたフロイスの『日本史』では、

貧しい百姓の伜《せがれ》として生まれ、若い頃には山で薪を刈り、それを売って生計をたて、極貧の際には古い蓆《むしろ》以外に身を掩《おお》うものがなかった。（訳は前出と同じ）

としている。

小瀬甫庵の『太閤記』では、「十歳の比《ころ》より人之奴婢たらむ事を要とし、方々流牢之身となり」とあった。これでは秀吉は、下人となってしまう。信憑性は高くないが、他に記載のないことを多く書き残した『武功夜話』（現・愛知県江南《こうなん》市の吉田家に伝わる「前野家文書」をまとめたもの）では、今風にいえば村の村長さんの息子、といったレベルで語られていた。

〝わからない〟ということでは、光秀も秀吉も変わらず、むしろこの二人が「下剋上」の最後を飾るように、歴史の舞台に登場して来たことが、そのまま、応仁の乱にはじまる時代の終焉を雄弁に語っていた、と筆者は重視している。

明智光秀の登場

信頼できる『信長公記』に拠れば、光秀が歴史の表舞台に登場するのは、永禄十二年（一五六九）正月のことであった。信長が足利義昭を奉じて、颯爽と上洛を果たした翌年にあたる。

同書では以下のようなくだりに、光秀はさりげなく登場していた。

永禄十二己巳《つちのとみ》

正月四日　三好三人衆（岩成友通《いわなりともみち》・三好長逸《ながやす》・三好政康《まさやす》〈政生《まさなり》とも〉）幷《ならび》に斎藤右兵衛大輔龍興《たつおき》、長井隼人《はやと》（道利《みちとし》＝龍興の家臣）等、南方の諸牢人《ろうにん》を相催《あいもよお》し、先懸《さきがけ》の大将、薬師寺九郎左衛門（諱は不詳、貞春《さだはる》とも）、公方様六条に御座候を取詰《とりつ》め、門前を焼き払ひ、既に寺中へ乗り入るべきの行《てだて》なり。爾処《しかりしところ》、六条に楯籠《たてこも》る御人数、細川典厩《てんきゅう》、織田（津田）左近《さこん》（左近将監《しょうげん》、諱は不詳）、野村越中（諱は定常と伝わる）、赤座《あかざ》七郎右衛門（諱は永兼と伝わる）、赤座助六《すけろく》（助六郎＝七郎右衛門の弟）、津田左馬丞《さまのじょう》（左馬允とも、諱は守月《もりつき》）、渡辺勝左衛門（諱は不詳）、坂井与右衛門（諱は直《なお》政《まさ》）、明智（明知）十兵衛（光秀）、森弥五八（弥五八郎《やごはちろう》、諱は不詳）、内藤備中（内藤貞弘《さだひろ》のことか）、山県《やまがた》源内、宇野弥七。若狭衆、山県源内、宇野弥七両人は隠れなき勇士なり。

十三代将軍・足利義輝《よしてる》を弑逆《しいぎゃく》し、自分たちの傀儡《かいらい》である十四代将軍・義栄《よしひで》を擁立した三好三人衆だったが、彼らは信長によって武力で京都を追われ、自らの正統性を主張する材料である将軍義栄をも病《やまい》によって失い、それでもなお反撃の機会をうかがっていたようだ。

そんなおり、逃げ去った三好三人衆を軽視した信長は、永禄十一年十月、本国の美濃稲葉山改め岐阜城へ帰ってしまう。これを好機と捉《とら》えた三好三人衆が、信長が後押しをする義昭を攻めたのは、当然の流れでもあった。光秀は将軍義昭を守って京都六条＝本圀寺《ほんこくじ》に立籠り、奮戦した人数の一人に入っていた。

だが、右の登場の仕方は、警固にあたる多くの士官クラスの一人でしかなかったように思われる。加えて、このおり光秀は具体的な戦功をあげていない。記述的には敵のめざましい活躍ぶりには触れていたが、味方の具体的な動きは述べられていなかった。

討ち取った首級の名を、〝メモ魔〟の牛一は、いちいちあげているのだから、味方の戦功も列記しておけばよかったものを、とつい思ってしまう。

さらに光秀がこのあと、確かな記録に登場するのは、すでにふれた永禄十二年の四月を待たねばならなかった。信長の家臣として、同僚の木下（のち羽柴）秀吉と連署状を認《したた》めた文書は確かに現存するが、それ以前の光秀については、意図的に消されたか、と疑いたくなるほどに証拠となるものが出てこない。

なるほど、〝主殺し〟のあと〝三日天下〟の結末となり、知り合いや一族郎党は自らの立場を考え、意図的に光秀との関係を断ち、書状の類《たぐい》も破棄し、隠蔽《いんぺい》工作が行われたのかもしれない。

――こうも、考えられる。

そもそも氏素性《うじすじょう》はもとより、何一つ語るべきものを持たない下層の境遇に、光秀は生まれ育ったのではないか、と。しかし無名時代が真っ白のままでは、その後の光秀の活躍にも具合が悪いので、可能なかぎり、謎を解明しておきたい。

少し横道に逸《そ》れるが、光秀の出自といわれる美濃源氏土岐氏の成立についても、一応はみておきたい。

バサラ大名・土岐頼遠

清和源氏頼光《よりみつ》（大江山《おおえやま》の酒呑童子《しゅてんどうじ》を退治した武勇伝説などで知られる〝源頼光《みなもとのらいこう》〟）の五代の孫・光信《みつのぶ》が、美濃土岐郡（現・岐阜県瑞浪《みずなみ》市、土岐市、多治見《たじみ》市）に土着し、土岐氏を称したと伝えられている。

諸説あるものの、土岐氏に隆盛をもたらした始祖ともいうべき人物は、光信の二代の後裔・光衡《みつひら》で一致しているのではあるまいか。土岐一族の系譜は、例外なくこの人物に行きついている。

毎年八月に開催される、岐阜県瑞浪市の「美濃源氏七夕《たなばた》まつり」で町を埋め尽くす旗は、水色地に白抜きの桔梗《ききょう》「土岐桔梗」である。そういえば光秀も、同様の旗を使用していた。

源頼朝と主従関係を結び、鎌倉の〝御家人《ごけにん》〟として土岐郡を領有した光衡を念頭に、土岐源氏発祥の地として、瑞浪市、土岐市、多治見市の「市の花」は、そろって「桔梗」であった。

『見聞諸家紋《けんぶんしょかもん》』（『東山殿御紋帳《ひがしやまどのごもんちょう》』とも呼ばれ、応仁の乱で東軍に与《くみ》した武家を中心とする家紋集）に拠れば、光衡と思われる祖先が、戦場で咲き乱れる桔梗の花を手で折り、兜《かぶと》に挿しはさんで戦ったところ、大勝利を収めて縁起が良かった、との故事にあやかったとか。

そういえば、文献における「桔梗紋」の初出は、『太平記』巻第三十二の「東の方を見たれば、土岐の桔梗一揆、水色の旗を差上《さしあげ》、大鍬形《おおくわがた》〈大兜《おおかぶと》〉を夕陽《せきよう》に耀《かがや》かし、魚鱗《ぎょりん》に連《つらな》りて六七百騎が程控《ひか》へたり」という記述であった（土岐の「桔梗一揆」は、室町時代にも別途存在した）。

その後、南北朝の時代に入って、足利尊氏《たかうじ》についた土岐頼貞《よりさだ》（母は北条貞時《さだとき》の娘）は、室町幕府創設に参画。初代の美濃守護に任じられ、以来、十一代約二百年の興亡を迎える。

頼貞は〝三管領四職家《さんかんれいしき》〟につぐ幕府の有力武将であり、彼には十一人の男子があった。一番有名なのは、美濃守護を後継した頼遠《よりとお》であろう。バサラ大名として、後世に名を残した人物である。

康永元年（南朝では興国三年＝一三四一年）の秋、亡き伏見院（第九十二代・伏見天皇）の御忌日に、院の孫にあたる光厳《こうごん》上皇（北朝初代天皇）が、持明院上皇伏見殿へ行幸された。その道すがら、頼遠は院の行列と鉢合わせをしてしまう。

このとき、したたかに酔っていた頼遠は、下馬せよ、と行列に咎《とが》められたにもかかわらず、

「此比《このごろ》洛中にて、頼遠などを下《おろ》すべき者は覚《おぼえ》ぬ者を、云《いう》は如何《いか》なる馬鹿者ぞ」（『太平記』）

と罵ってしまう。これを聞き咎めた帝の前駈《せんぐ》御随身《みずいじん》（貴人の外出に、弓矢を追って随従した近衛府の舎人《とねり》）が、

「如何なる田舎人《いなかうど》なれば加様《かよう》に狼籍をば行迹《ふるまう》ぞ。院の御幸にて有ぞ」（同右）

と責め立てたところ、これを聞いた頼遠はからからと笑い、

「何に院と云《い》ふか、犬《いぬ》と云か、犬ならば射て落《おと》さん」

と、笠懸《かさがけ》（馬上から弓矢で、宙づりにされた的《まと》〈もとは笠、のちに円盤〉を射る競技）――のちの上矢《うわや》（矢を収める「箙《えびら》」の外側＝「上差《うわざし》」にさした矢）を射かけたというのである。

酔いが醒めて、正気に戻ってから恐れをなした頼遠は、知行地《ちぎょうち》の美濃へ逃亡した。が、結局は処刑されることになるのだが、この一事からは〝バサラ〟と呼ばれた当時の大名の中に、旧来の権威を軽んずる空気＝「下剋上」が読み取れた。

頼遠の兄・頼清《よりきよ》の子である頼康《よりやす》は、叔父頼遠の美濃守護を継ぎ、のちに尾張（現・愛知県西部）と

伊勢（現・三重県の大半）の合わせて三ヵ国の守護を兼ねた。光秀が信長のもとへ合流した頃の、織田家とほぼ同等の力を、頼康はもっていたことになる。

先に少しふれた室町期の〝桔梗一揆〟がこのときであり、血の結束で「揆を一」にした土岐氏は、幕府に恐怖を抱かせるほどの団結心を示し、それが原因で三代将軍・足利義満ににらまれ、頼康の死後、四代康行《やすゆき》（頼康の甥）が追い落としにかけられる。

康行が土岐を継ぐと、この一族の巨大さを喜ばない将軍義満が、分裂策を企て、土岐氏は二つに割れて内訌し、康行を追捕した叔父の頼忠《よりただ》が五代の美濃守護となる。ここで、尾張と伊勢の守護は取り上げられた。世にいう、「土岐氏の乱」（土岐康行の乱）である。

そして、一色氏から土岐氏に入った成頼《しげより》（なりより、とも）のおり、応仁の乱に遭遇する。成頼の長男が政房《まさふさ》（初名を頼継《よりつぐ》）であり、彼の長男が頼純《よりずみ》（初名を政頼《まさより》、盛頼《もりより》とも）、次男が頼芸《よりなり》（よりのり、とも）となる。後述の斎藤道三の項まで、せひ、この一色氏を覚えておいていただけたらと思う。

奉公衆・土岐明智氏と光秀の妻

ちなみに、先述の尊氏の功臣・頼貞の九男である頼基《よりもと》が、土岐明智氏の祖といわれている。暦応《りゃくおう》二年（一三三九）二月十八日、頼貞が孫（頼基の子）である頼重《よりしげ》に領土の譲り状を渡していた。「土岐明智彦九郎頼重」を名乗ったことが、〝明智〟の始まりと伝えられているのだが……。

この土岐一族は、将軍側近の奉公衆（五ヵ番編成）＝親衛隊にも十余家を出していた。

長禄三年（一四五九）から寛正六年（一四六五）にかけて、土岐明智兵庫頭《ひょうごのかみ》が、長享元年（一四八七）から同三年にかけて、土岐明智兵庫助、土岐明智左馬助政宣《さまのすけまさのぶ》が、明応元年（一四九二）から翌年までには土岐明智兵庫頭が、各々、奉公衆をつとめている。が、これらの「土岐明智」と光秀を繋ぐ史料は、何一つ発見されていない。

――前出の、頼基の嫡男頼重より興った系譜に妻木氏があった。

光秀の妻・凞子《ひろこ》（熈子）が出たとされている。

彼女の父は、俗説に土岐郡妻木城の十二代城主・妻木藤右衛門広忠《とうえもんひろただ》と伝えられてきた。広忠は、先にみた『寛政重修諸家譜』巻第三百一によると、光秀の伯父とされている。

この妻木城は現在の土岐市妻木町の南東にあり、標高にして四百九メートル。山城であり、山麓には御殿屋敷、士《さむらい》屋敷跡と伝えられる遺構が残されている。近くに氏神八幡神社があり、これは土岐頼貞が元応元年（一三一九）に創建した、と伝えられていた。

山頂から見下ろす妻木氏の菩提寺＝崇禅寺《そうぜんじ》は、頼重によって文和三年（一三五四）に創建されたという。『細川家記《ほそかわかき》』（次項参照）や『明智軍記』などでは、凞子の父の名を妻木勘解由左衛門範熙《かげゆざえもんのりひろ》（範凞）とし、あるいは『絵本太閤記』などのように、凞子を妻木主計頭範賢《かずえのかみのりかた》の姉・照子とし、さらにその父を「範照《のりてる》」とするものもあるが、これらは妻木城主家の系図の中にはまったく出てこない。

妻木氏の『寛政重修諸家譜』の系図では、「藤右衛門広忠」が天正十年（一五八二）六月十八日、近江「西鏡寺」の境内において自刃し、法名を「一友宗真居士」と称した記載があった。

光秀の菩提寺は西教寺《さいきょうじ》であり、広忠の法名は「一友宗心居士」が正しいのだが、この誤りは故意に改竄《かいざん》されたものであろうか。

なお、大津市坂本の西教寺塔頭《たっちゅう》の過去帳には、〝本能寺の変〟から山崎の合戦を経て、坂本落城のおりに、多くの討死した光秀の近縁、一族の法名が書き残されているが、この中に「明智藤右衛門濃州の人」というのがあった。

「一友宗心居士　天正十年六月十八日」は、戒名と命日が妻木広忠と一致している。墓をつくり、墓前で切腹して果てたのは広忠であり、彼はこの時、六十九歳だったと伝えられていた。

妻木氏は江戸時代に旗本となったものの、子に恵まれず万治二年（一六五九）に断絶してしまう。なお、土岐明智氏の本流は、定政《さだまさ》が二歳のおりに父・定明《さだあき》を失い、母方の実家・三河の菅沼氏をたよった。このおり、「菅沼藤蔵」と定政は名を変え、徳川家康に仕えて歴戦の功をあげ、天正十八年（一五九〇）に下総相馬郡守谷《もりや》（現・茨城県守谷市）に一万石を与えられ、のち文禄二年（一五九三）に土岐姓へ復している。

その後、定義─頼行─頼殷《よりたか》と来て、頼稔《よりとし》の代で、ついには老中に進み、上野《こうずけ》国沼田藩三万五千石の初代藩主となった。以来、十二代藩主・頼知《よりおき》の代に明治維新を迎え、のち子爵となっている。土岐明智氏では、光秀と同族に見做《みな》されることを恐れ、定政の代で母方の菅沼姓を名乗っていたが、家康の命により、土岐姓に戻したとも伝えられている。

この沼田土岐家にも系図は伝えられているが、「明智系図」（『続群書類従』所収）とおおむね一致していた。これによれば、光秀は大永八年（一五二八）三月十日、明智光隆とその妻（若狭守護・武田義統《よしむね》の妹？）との間に美濃多羅城に生まれたことになっている。この「美濃多羅城」があったのは、後述する石津《いしづ》郡多羅（現・岐阜県大垣市上石津町多《かみいしづちょうた》良《ら》地区）である、とする見解もあるが、「明智系図」には明記されていない。

光秀の出生地は何処《いずこ》か

幾度かふれたように、光秀の出自を美濃の名族・明智氏の嫡流とするのは〝物語《サーガ》〟でしかない。明智城の城主の嗣男（跡取り）に生まれながら、斎藤道三とその子・義龍の抗争の中で、道三側についた明智氏は、城は落城、一族は敗滅。浪々の身となった光秀は、青雲の志を抱いて諸国を武者修行し、越前（現・福井県北部）の大守・朝倉義景に客将として仕え、この地へ流浪してきた十五代将軍候補・足利義秋《よしあき》（のち義昭）と細川藤孝の主従に知遇を得て、織田信長へ義昭を周旋。その功労により、破格の待遇で織田家の人となった――これらはことごとく、後世の付会《ふかい》でしかなかった。

読者の中には、細川家の記録『細川家記』（本来の書名は『綿考輯録《めんこうしゅうろく》』）をあげ、そうはいうが光秀は清和源氏の出で、土岐下野守頼兼《よりかね》の後裔であり、代々美濃国に住し、父が同国明智城で戦死した時、逃れて諸国を巡り、朝倉義景に仕えて五百貫の領地を与えられた、とあるではないか、といわれる方があるかもしれない。

筆者もこれまでに、細川藤孝―忠興―忠利《ただとし》（熊本藩初代藩主）について、あるいは重賢《しげかた》（熊本藩六代藩主）について評伝を書いたおり、随分と『細川家記』の世話になった。が、こと光秀に関してだけは、その娘・玉が忠興の妻であることを考慮し、豊臣秀吉、徳川家康への配慮も含め、無条件には信用できない。

軍記物『明智軍記』や後世の『系図纂要』、『大日本史料』所収の系図などでは、光秀の父を「安芸《あきの》守光綱《かみみつつな》」としている。だが、『続群書類従』所収の系図では、「玄蕃《げんば》光隆《みつたか》」とあり、出身母体と考えられる美濃源氏の土岐氏系図では「監物助《けんもつのすけ》光国」ともあった。

さらに、文献の領域を広げれば、光秀は「光隆＝光綱」の妹婿、「進士《しんじ》信周《のぶたか》」の子であるとし、病弱で子のなかった光隆に養子入りして、明智氏の家督を継いだ、との異説もあった。

ほかに美濃を離れ、若狭（現・福井県西部）の鍛冶《かじ》「藤原冬広」だ、と述べたものまで、それこそ光秀の父は幾人も存在した（関連77ページ参照）。

だが、残念なことに、どれが正しいのか、今もって定かではない。一応、「光綱」、「光隆」の二人（同一人物説もある）が量的に、出典においては他をリードしている、といえるにすぎない。

ところが、父の名が定まらないのと同様に、光秀の出生地も「令和」の今日にいたってもなお、明らかにはされていなかった。

美濃守護・土岐氏の流れだという後世の伝を信じても、明智城（別名・長山城《ながやま》）址の残る岐阜県可《か》児《に》市瀬田だというもの以外にも、光秀の出生地はほかに二ヵ所以上、名乗りをあげていた。

毎年、「光秀まつり」を行っている明知城址（県指定史跡）＝岐阜県恵那《えな》市明智町、この町内の千《せん》畳敷砦《じょうじきとりで》（多羅砦、落合砦とも）址には「光秀産湯の井戸」と称するものや、「光秀学問所」址に建てられたという「天神神社」などがある。本曲輪、二の曲輪といった遺構も存在している。

また、光秀の墓と伝えられる「桔梗塚《ききょうづか》」や桔梗の紋のある光秀の位牌が残る、岐阜県山県《やまがた》市中洞《なかほら》（旧・山県郡美山町中洞）――ここにも、「明智光秀産湯の井戸」とされるものがあり、名乗りをあげているようだが、伝承根拠にすら説得力が欠けている。さらに近年では、すでにみた大垣市上石津町多良地区でも、「明智光秀生誕の地・多羅城」の推定地を複数あげ、生誕地を名乗ろうとしているが……。

しかし、あえて可能性を問えば、可児市瀬田か恵那市明智町のいずれかであろうか。

一方の可児市には明智という地名がないものの、明智荘という荘園が中世にあり、明智城は別名を長山城といったという。当然の如く、『可児町史』は雄弁に町と光秀の関係性をとく。

この根拠とされたのが、寛永年間（一六二四〜一六四四）以降の成立とみられる、美濃国の旧事を記した軍記物＝『美濃国諸旧（舊《きゅう》）記』であった。この巻之六「明智城の事幷地の戦記」には、次のようにあった。

可児郡明智の庄長山の城主の事、一説に曰《いわく》、池田の庄（現・岐阜県揖斐《いび》郡池田町）・明智の里とも云々。実は明智の庄なるべし。明智の城ありし地を、長山の地といへり。是《これ》は字名《あざな》なるべし。抑明智城といふは、土岐美濃守光衡《みつひら》より五代の嫡流、土岐民部大輔《みんぶのだいふ》頼清《よりきよ》の二男、土岐明智次郎長山下野守頼兼、康永元壬午《みずのえうま》年（一三四二）三月、始めて是《これ》を開築し、居城として在住し、子孫代々、光秀迄《まで》是に住《じゅう》せり。

また、同書を引いた『可児町史』では、明智氏の歴代の知行を一万五千貫（七万五千石）といい、光継の嫡子・十兵衛光綱は、病弱のため天文七年（一五三八）に、嫡男光秀が十一歳のときに没し、祖父光継の命により、光綱の弟である光安《みつやす》、光久《みつひさ》、光廣《みつひろ》（原光広《はらみつひろ》）の三人を後見として、光秀が明智家の総領になったことが述べられていた。

同町史ではさらに、光秀は叔父光安らに家のことをまかせて、自身は文武の修行に出、ある時は細川家に仕えて僧の勝恵《しょうえ》（京都天龍寺の出身という）に学んだといい、天文十二年に明智家に戻り、斎藤道三に仕えたとも述べられていた。

伝承は説得力をもつものの、裏付ける同時代の史料は何一つない。

今一つ、「城に火を放った」はずの明智城をめぐっては、その場所が特定されていなかった。

筆者は、可児市か恵那市か、ということになれば、可児市の方に軍配をあげる。なにより恵那市明智町は、そもそも家譜の流れが違っているのだから。

遠山氏と美貌の女城主

土岐氏の流れではなく、鎮守府将軍・藤原利仁《としひと》から出た加藤景廉《かげかど》が、美濃遠山荘（現・岐阜県恵那市）の地頭《じとう》職を与えられ、その子・景朝《かげとも》が遠山氏を称したことにはじまり、のち七家に別れたもの。

こちらは、土岐氏と並ぶ美濃の名族であった。しかも城は、正しくは「明知城」である。

余談ながら、非開拓地「悪地《あくち》」を切り拓《ひら》き、農業を営み、人々が暮らしていけるようになった地域を「明地《あけち》」といった。そのあて字として「明知」「明智」が生まれたのであろう。

この山城「明知城」に、宝治元年（一二四七）に土岐一族の遠山景朝《かげとも》（第二代岩村城主）の第二子（次男）・景重《かげしげ》がはじめて城を築き、遠山明知氏の初代としたもの。

五代景房《かげふさ》の頃が南北朝にあたり、彼は戦功によって当時の地頭職に補されている。

その後、十一代直景《なおかげ》の大永年間（一五二一～二八）、彼はここを退去して小田原北条氏に属し、大永四年（一五二四）に、北条早雲《そううん》の長男にあたる氏綱《うじつな》により江戸城代となっていた。

この遠山氏がいなくなった「明知」の遺領を襲い、継いだのが、明智十兵衛光継の次男光安で、のちに遠山景行《かげゆき》と改めた、と恵那市明智町はいうのだが……。光秀はこの歴代遠山氏の間隙をぬい、光継の孫として（父の光綱の子として）、大永六年十一月一日、明知城多羅砦（千畳敷砦）で生まれたというのだが、どうも無理やりはめこんだ印象が、ぬぐい切れない。

史実に出てくる美濃明知城主の景行は、守護大名から戦国大名に移行した武田信玄に属していたが、途中、織田信長へ通じ、そのために元亀元年（一五七〇）には、同族の岩村城（現・恵那市岩村町）と共に、武田方の信州飯田《いいだ》城主（大島城主とも）・秋山信友《のぶとも》（虎繁《とらしげ》）の猛攻を受けている。

城はついには落ち、景行とその長子景玄《かげはる》は戦死していた。

蛇足ながら、武田勢に攻められた時、一方の岩村城の城主は遠山内匠助景任《たくみのすけかげとう》であった。

その妻は美貌を謳《うた》われた信長の叔母（織田信定《のぶさだ》の娘）であり、筆者は信長の初恋の女《ひと》ではなかったか、とこれまでの著作で述べたことがある。元亀三年十一月、景任は病没した。

興味深いのは、救援を求められた信長は、なんとこの時、光秀を岩村城に派遣している。景任の死も、景行と同じ元亀三年であった。生年も共に不詳である。

景任に跡継ぎがいなかったため、信長は五男（四男とも）の御坊丸《ごぼうまる》（のち勝長《かつなが》）を猶子《ゆうし》（養子）として送り出した。が、いまだ幼い彼は城主のつとめを果たせるはずもなく、信長の叔母が女城主となる。

しかし、景任の遺臣たちは信玄の圧力に抗しきれず、翌元亀四年二月初旬、秋山信友に城を明け渡し、御坊丸は甲斐（現・山梨県）の信玄のもとに人質にやられた。どうやら信長の叔母を、信友の妻にすることが、条件にあげられていたようだ。このことからも、信長の叔母が魅力的な美人であったことが想像できよう。

同年四月十二日に信玄が五十三歳で病没し、天正三年（一五七五）五月、後継者の武田勝頼《かつより》を長篠《ながしの》・設楽原《したらがはら》の戦いで撃破した信長は、十一月、余勢をかって長男信忠《のぶただ》を岩村城に派遣した。このおりの、織田軍の攻撃は凄まじいものがあった。『信長公記』によれば、甲斐・信濃（現・長野県）の大将二十一人、侍千百余名を斬り捨てたという。にもかかわらず、なかなか岩村城は落ちない。

そこで信長は、「縁者であるによって、生命《いのち》だけは助けよう」との甘言をもって、籠城の信友を降伏させ、岐阜に呼びつけると、長良川の川原で逆さ磔《はりつけ》の刑に処した。信友は約束違反を恨み、七、八日間苦しみ抜いて死んだという。

それから七年後の天正十年、勝頼追討のために甲斐・信濃に軍をすすめた信長は、上諏訪《かみすわ》の法華寺《ほっけじ》（現・長野県諏訪市中洲《なかす》）に三月十九日から四月二日まで滞在した。

――その間の出来事である。

きらびやかな小袖を着た女性が、信長を訪ねてやってきた。

将兵たちは、身元の分からない女性を信長に会わせるわけにもいかず、面会を断ったところ、その女性は懐中の綿の袋から、茶入れを取り出し、

「これを信長公に見せてたまわれ」

という。兵は茶入れを、側近の手を通して信長に差し出した。すると信長は、その茶入れを見るなり、鷲摑《わしづか》みにして石に投げつけて砕き、抜刀するなり訪ねてきた女性を斬り殺してしまった。

その女性こそが、秋山信友に嫁いだ信長の叔母であったというのだ。

「近年の鬱憤《うっぷん》を散らすために、岐阜に引き連れ、信長自身切りたまふ」（『当代記』）とも。

いずれにせよ、自分の許しもなく、信友の側室となった彼女の過去が許せなかったのであろう。実は、美貌の叔母に、ひそかに想いを寄せていた信長は、岩村城の遠山景任の許《もと》へ叔母が嫁ぐおり、茶入れを贈っていたというのだ。砕かれたのが、その茶入れであった。

ついでながら、遠山景任の猶子御坊丸は、天正九年（一五八一）十一月、武田勝頼によって信長のもとに送還され、安土城で父との対面を果たしたが、尾張犬山城を与えられたものの、翌年の〝本能寺の変〟でこの世を去っている。

また、遠山景玄の後、明知城を継いだ弟の利景は、その後、徳川家康に仕え、天正年間には年に数度、明知城に戻るだけ。慶長五年（一六〇〇）九月の関ヶ原の戦いにおいては、東軍に参加し、この頃、岩村城と金山《かねやま》城（現・可児市兼山《かねやま》）の支城の地位にあった西軍の城＝明知城を奪い返し、その戦功により恵那郡内で五千四百石余、土岐郡内で千百三十石を与えられ、再び明知城に戻ったという。

慶長二十年（一六一五）閏六月の「一国一城令」にもとづき、明知城は廃城となり、旗本遠山氏は江戸常住になり、城山の下に明知《あけち》陣屋《じんや》（現・岐阜県恵那市明智町）が置かれ、江戸時代十二代がつづき、明治維新を迎えている。

「明知城」の規模を考えれば、無名の光秀がここから出てきてもおかしくはなかったが、遠山景行と明智光安を同一人と主張するのは、どうにも苦肉の策、ご都合主義に思われてならない。

恵那市明智町に比べれば、可児市には後年の光秀の重臣となる溝尾《みぞお》庄兵衛《しょうべえ》、可児左衛門《かにさえもん》（才右衛門《さいえもん》）、肥田玄蕃《ひだげんば》といった家臣が、この地の出身であった公算が高い分、光秀の旧知の土地柄、出生地の可能性もなくはあるまい。

光秀は信長より、何歳年上だったのか

——父の名も、出生地も定まらない光秀は、生年すらが不明であった。

逆順無シ㆓二門㆒　大道徹《てっす》㆓心源㆒
五十五年ノ夢　覚《さめ》来テ帰ス㆓一元㆒
明窓《みょうそう》玄智禅定門

『明智軍記』に記載された、光秀の辞世である（巻第十）。

山崎の合戦で羽柴秀吉に敗れた光秀が、その逃走途中で非業の死をとげた年＝天正十年（一五八二）に、右の如く「五十五年ノ夢」を回想したならば、彼の享年は五十五。逆算すると、享禄元年（一五二八）の生まれとなる。

先にみた『大日本史料』——より正確には、『明智氏一族宮城家相伝系図書』には、

「光秀、享禄元年戊子《つちのえね》八月十七日、生於石津郡多羅云々」

とあった。出生年のみならず、月日まで明記されている。が、残念なことにこの史料は、『明智軍記』より成立がさらに新しく、『明智軍記』に依拠した可能性が高い。

先に岐阜県恵那市のところで、大永六年（一五二六）十一月一日というのもあったが、こちらならその二つ上となる。十八世紀の終わり頃に完成した『綿考輯録』＝『細川家記』でも、享年は五十七とあった。興味深いのは、先に少しふれた寛永年間（一六二四～四四）に成立した著者不明の『当代記』――内容的には小瀬甫庵の『信長記』に拠ったかと思われる作品――である。

「三日〈中略〉たちまち天責を蒙り、同十三日に相果て、跡方《あとかた》なく成る。時に明知《ママ》歳六十七」

とあった。

同書には山崎の合戦にふれたあとで、「山科に於いて遁来《のがれきた》り、百姓等に打ち殺さる。歳六十七」という、だめ押しも述べられていた。

『当代記』にはさらに、それらを補完するように、天正十年五月条の中に、

「惟任は老人なりとて、御座所の軈《やが》て（とりもなおさず）御近所に宿を仰付らる」

というのもあった。この年齢にも、何らかの根拠があったようには思うのだが……。

そういえば『川角《かわすみ》太閤記』では、光秀が信長への謀叛を決意した場面で、重臣たちを説得すべく、

「老後のおもい出に、一夜たりとも天下の思い出をすべきと、此《こ》の程《ほど》、光秀は思い切り候」

と光秀に語らせていた。桑田先生は生前、『川角太閤記』の作者は田中吉政《よしまさ》（筑後《ちくご》柳河《やながわ》藩初代藩主）の家臣・川角三郎《さぶろう》右《え》衛門《もん》ではないか、と推測していたが、著者は不詳。ただ、〝本能寺の変〟か

ら約四十年たった元和七年（一六二一）頃成立しており、タイトルに「太閤記」とあるものの、内容はむしろ『信長公記』の続編を意識したようなものになっている。

とくに〝本能寺の変〟に関しては、生き延びた光秀の家来二人からの聞き書きをもとにしたという。光秀の言動などは創作であろうが、推定の参考に使うことはできる。

いずれにせよ、今日まで広く知られてきた、堺・本徳寺《ほんとくじ》所蔵の明智光秀の肖像は、比較的若々しく見えるため、誤解されている方が今も多いが、仮に『明智軍記』の五十五歳没を採用すれば、光秀は信長より六歳の年上、『当代記』が根拠のあるものであれば、光秀は信長より十八歳の年上となった。

ただし、『明智軍記』『当代記』『川角太閤記』には、他の史料にない具体的な記述も少なくない。比較検証できないために、すべてが創作とも断言はできかねた。

現に、享禄元年説の干支《えと》ひとまわり上が、永正十三年説となる。ともに、子《ね》年生まれとなった。

おそらく、何らかの原型となる伝承なりを、光秀を知る人々が〝物語《サーガ》〟を形作る過程《プロセス》で、書き加えた可能性は捨てきれない。そこで本書は便宜上、光秀を信長より六歳以上、十八歳以下の年上と仮に設定して、歴史の森にわけ入りたいと思う。

光秀は室町幕府に仕えていた⁉

けれども、出身地・生年ですら明らかでない光秀の、幼少期をみることに不可能に近い。

もし、多少なり思われるものがあるとすれば、光秀が出自であると主張した、美濃土岐氏に対して、彼は崇高な思い、憧憬の念のようなものを抱《いだ》きつづけていたであろうことは想像に難くない。

なるほど土岐氏は、清和源氏の頼光《よりみつ》の流れで、美濃の守護として室町時代を生き、国内に一族多数が根をはっていた。その分流に明智氏があり、光秀はその一族のおそらく末端には連なっていたのであろう。

神道家の吉田兼和《かねかず》（のち兼見《かねみ》　一五三五～一六一〇）がつけていた日記『兼見卿記』にも、光秀の親類がまちがいなく美濃にいたような記述があるため、土岐明智氏とは何らかの関係性を持っていたに相違ない。いま一つ気になるものに、光秀が室町幕府で足軽をしていた、との記述があった。

光秀の無名時代を知る数少ない手掛りに、「永禄六年（一五六三）諸役人附」（『群書類従』所収）という覚書《おぼえがき》がある。この史料は、その書き出しから、研究者のあいだで「光源院殿御代当参衆　并《ならびに》足軽以下衆覚《おぼえ》」とも呼ばれてきた。内容は、光源院殿＝十三代将軍・足利義輝の時代の、将軍側近から足軽まで仕えた人々を列挙したもので、この中の「足軽衆」として「明智」とあり、これを光秀だとする意見は、中世史研究家の中にも多かった。もし、そうであるなら、光秀は早くに美濃を出奔して、幕臣の末端に連なっていた、とも考えられなくはない。

このことについては、これまでにも平成二十三年（二〇一一）刊の著書『織田信長・明智光秀事典』（東京堂出版）などでもふれている。が、最近、この「永禄六年諸役人附」＝「光源院殿御代当参衆幷足軽以下衆覚」の後半部分が、永禄十年二月から翌年の五月にかけて作成されたものであることが、研究者によって新たに主張されるようになった。

そうなると、この時期、すでに将軍義輝はこの世の人ではないことになる。彼は永禄八年五月十九日に、松永久秀の子・久通《ひさみち》や三好三人衆によって弑逆されていた。では、誰が何のために――。

松永らによって擁立された十四代将軍・足利義栄（十一代将軍足利義澄《よしずみ》の次男・義冬《よしふゆ》〈義維《よしつな》〉の長男）に対抗して、次期将軍候補に名乗りをあげた南都興福寺《こうふくじ》の一乗院門跡覚慶《かくけい》が、近江へ脱出して、逃亡の中、還俗して足利義秋と名乗り、越前の国主・朝倉義景を頼って元服したうえ、「義昭」と名を改めたのが永禄十一年四月のことであった。

そうなると、右の覚書は改めて将軍を狙う義昭が、自らの家臣団の再編をはかるにあたって、自派に駆けつけてくれそうな――松永久秀らの傀儡《かいらい》将軍義栄につきしたがわない――そういった人々を選んで列記した中に、光秀を書き加えたことになる。「足軽衆」の最後に記された「明智」は光秀ではあっても、越前で出会った新参かもしれない。それとも彼は、それ以前から細川藤孝の知遇を得ていたのだろうか。すでにみた、『可児町史』の僧・勝恵が気にかかるところだ。

筆者は、歴史の表舞台に登場した光秀をみるかぎり、「はじめに」で述べたように、その教養・知識の中に、室町幕府の武家文化の素養を感じている。やはり、以前から室町幕府の誰かと、何らかのかかわりがあったか、あるいはそれに相当する教養を、別に修めていたのか、ということになる。

後者については、章を改めて考えてみたい。

それにしても前述の覚書では、細川藤孝は「御供衆《おともしゅう》」として名が挙げられており、「足軽衆」の光秀とは月とスッポン、雲泥の差があった。筆者は、これまで研究者がまったく触れなかった光秀の教養の出処《でどころ》を、明らかにしたいのだが、その前に順序として、「下剋上」の過程　明智光秀が世に出るまでの「下剋上」の進展ぶりとスピードを、光秀の旧主とされる斎藤道三にみてみたいと思う。

光秀はまさしく、道三の生き方を模倣したのではないか、と筆者は疑ってきたからである。

第一章　光秀を戦国に送り出したもの

"蝮《まむし》の道三《どうさん》"は一代で"国盗り"をしたか⁉

一般によく知られている斎藤道三の、一代による"国盗り"――一介の油売りから、美濃一国の主《あるじ》となったという彼の"物語《サーガ》"は、なるほど本格的「下剋上」の典型のように語られてきた。

この通説は、先にみた『美濃国諸旧記』をはじめ『美濃明細記《めいさいき》』（美濃国全土を対象にした最古の地誌『百茎根《ももくきね》』を改題、再編したもの。原本は元文三年〈一七三八〉）、『土岐斎藤軍記』（『続群書類従』所収）といった、江戸時代にまとめられたものが、もとになっていた。

筆者は以前、福井県立一乗谷朝倉氏遺跡資料館で、美濃国の中世城館および土岐氏や斎藤氏の興亡を、戦国時代を中心に述べた『濃州土岐数城記』と題する地誌の写本を拝見したことがある。

学芸員の説明では、『土岐斎藤軍記』と記載内容の大部分は重なるものの、『土岐斎藤軍記』にみられない記述も載っているという。この『濃州土岐数城記』の「斎藤氏来端之事」「斎藤三代岐阜居住之事」も含め、これまで語られてきた「斎藤道三」を復習してみたい。

道三の本姓は藤原氏で、藤原鎌足《ふじわらのかまたり》からはじまり途中から松波《まつなみ》氏を名乗った――。

先祖は御所の院を警護する北面《ほくめん》の武士であり、道三の父の名を松波左近将監基宗《さこんしょうげんもとむね》という。

山城国乙訓《おとくに》郡西岡《にしおか》（にしのおか、とも　現・京都府向日《むこう》市周辺）に住んでいたといい、道三の生年には、明応三年（一四九四）と永正元年（一五〇四）の二説があった。一説に幼名を峯丸《みねまる》といい、幼い頃より聡《さと》かったことから、十一歳のときに京都の日蓮宗・妙覚寺《みょうかくじ》（現・京都市上京区）に入れられ、日善《にちぜん》上人の弟子となり、道三は法蓮坊《ほうれんぼう》（房）と称した。

同じ時期に、妙覚寺には法蓮坊より二歳年下の弟子・南陽坊《なんようぼう》がいた。やがて、この僧侶が道三の末来に大きくかかわることになるのだが……。

さて、道三こと法蓮坊は、ほどなく僧侶生活をやめ、還俗《げんぞく》して松波庄五郎を名乗る。郷里に戻って油商・奈良屋又兵衛の娘と結婚し、山崎屋庄五郎と改名。さらに燈油の行商で、僧侶時代の弟弟子・南陽坊が住職をしている美濃まで足をのばす。実はこの南陽坊は、美濃の守護土岐氏の重臣・長井（永井は誤り）豊後守利隆《としたか》の弟であり、兄によって美濃の厚見《あつみ》郡今泉《いまいずみ》郷（現・岐阜市）にある常在寺《じょうざいじ》の住職となっていた。南陽坊は、日運上人《にちうん》と名乗っている。

庄五郎は、土岐家の執権で稲葉山城主の長井藤左衛門長弘《とうざえもんながひろ》（長張は間違い）を日運に紹介してもらい、これに接近して、取り入って、主君・土岐政房《まさふさ》（成頼の子・初名は頼継）に仕えようとするが、政房の嫡子頼純《よりずみ》（初名を政頼《まさより》、盛頼とも）が、道三の野望を看破して、一度は土岐氏への出仕を道三も断念する。

ところが長弘は、頼純の弟・頼芸《よりなり》（よりのり、とも）に庄五郎を拝謁させてしまった。大永三年（一五二三）のことである。この、およそ鷹の絵を描く以外に能のない、頼芸は兄と違って庄五郎を大いに気に入る。

時あたかも、長弘の家老・西村三郎右衛門正元《まさもと》が死去し、跡取りがなかったため、庄五郎はその名跡を継いで、西村勘九郎正利《まさとし》と名乗ることに――。

頼芸に取り入った勘九郎こと道三は、その弁舌と遊芸で頼芸の信頼を獲得。川手《かわて》（革手）城（現・岐阜県岐阜市）にその兄・頼純を攻め、彼を越前の朝倉氏のもとへ放逐《ほうちく》。土岐の家督を頼芸に継がせ、彼を守護職に就かせて、権勢のことごとくを己れに集中させる。

人のいい守護頼芸は、己れの愛妾・深芳野《みよしの》まで勘九郎に下賜した。

「下剋上」としては、ここまででも大成功であったが、道三の野望は終わらない。

次にはなんと、恩人だった長井長弘夫妻を、享禄三年（一五三〇）正月に殺害して、主家を乗っ取ると、自らを長井新九郎規秀《のりひで》（正利《まさとし》）と改名。新九郎秀龍《ひでたつ》と名乗ったとも。長弘の身内、一族面《づら》をして、このときから、道三は稲葉山城に拠る。さらに守護代の斎藤利隆が死ぬと、その家督をも奪い、官位も自ら進めて左近大夫を兼ね、山城守ともなった。

いよいよ、〝国盗り〟の最後の大仕事である。

守護代の斎藤氏を称した新九郎こと道三は、天文十一年（一五四二）五月二日、守護の土岐頼芸を大軍をもって攻撃。大桑城《おおが》（現・岐阜県山県市）に拠っていた頼芸は、さんざんに攻め立てられ、ついには支えられず尾張の織田信秀《のぶひで》（信長の父）を頼って亡命。その後、追放した頼純・頼芸兄弟が、各々の保護者である朝倉・織田両氏の協力を得て、美濃に攻め寄せたが、「斎藤新九郎」はこれを勇ましく撃退し、美濃一国をついに完全支配することになった。

のちに敵対関係にあった織田信秀と和睦して、己れの娘・濃姫《のうひめ》を信秀の後継者・信長に嫁がせると、剃髪して道三と称す。やがて長男義龍《よしたつ》と対立し、道三は合戦して敗れた。

光秀の浪々の生活は、これがもとではじまった、とされてきた。

「下剋上」のスピードと達成の度合《どあい》

「七度、名を変えた」ともいわれる、道三一代の華麗なる「下剋上」であるが、ここで重要なのは、

「下剋上」の標準《レベル》、到達点であった。

道三と共に、〝戦国三梟雄〟に数えられる北条早雲も、今なお不詳な点の多い人物だが、その出身は室町幕府申次衆《もうしつぎしゅう》の伊勢氏といわれている（伊勢氏宗家は幕府政所執事《まんどころしつじ》をつとめた名家である）。

のちに、早雲が「下剋上」の力の拠り処とする守護大名の今川氏——その当主であった義忠《よしただ》が、早雲の実の妹と結婚したのは、文明二年（一四七〇）と考えられている。

ちょうど応仁の乱の最中であり、義忠は東軍に参加して、このおり上洛中であった。彼は伊勢氏一族で幕府申次衆・伊勢盛定《もりさだ》の娘＝早雲の妹（北川殿）を、正室に迎えることにより、幕府中枢への接近を試みたのではあるまいか。

今一人の松永久秀の場合はどうか、前半生のまったく知れない人物であったが、歴史の舞台に上がったときは、戦国武将の中で、最も早くに京都へ旗を立てた三好長慶《ながよし》（ちょうけい、と有職《ゆうそく》読みもされる）の家臣であったことは間違いない。その主人長慶は、甲斐源氏小笠原氏の支流からスタートして、阿波国三好郡（現・徳島県三好市と三好郡東みよし町）を本拠とし、幾代もかかって「下剋上」をとげ、長慶の代に畿内を制圧し、一族で八ヵ国を支配するにいたっている。

前者の早雲が妹の助力を借りて、今川家の客分となってその力を使い、横領した国が伊豆と相模の二ヵ国であった。後者の久秀は最終的に、信長の幕下に入って大和一国を手に入れている。三人の伝えられる生没を編年体で並べれば、およそ次のようになった。

北条早雲　永享四年（一四三二）生　永正十六年（一五一九）八月十五日没　享年・八十八

斎藤道三　明応三年（一四九四）生　弘治二年（一五五六）四月二十日没　享年・六十三
松永久秀　永正七年（一五一〇）生　天正五年（一五七七）十月十日没　享年・六十八

問題は三人のうち、道三だけが「下剋上」の質とスピードが異なることだ。

無手勝流で美濃一国を手に入れた――この行為は、織田信長が登場する以前の歴史において、あまりに画期的でありすぎた。早雲には室町幕府の権威、さらには今川家の助力があった。久秀は信長のおかげで、前出の結果を出し得たといえる。

同じことは、これから詳細をみる光秀にもいえるわけで、木下藤吉郎を認め、引きあげ、最終的に織田家の方面軍をまかせる重臣・羽柴筑前守にまで成し得たのは、一《いつ》に信長の実力主義にあった。

にもかかわらず、道三の〝国盗り〟は、あまりに時代を先駆けすぎていたように思われてならなかった。その疑問に対して、まったく異なる「斎藤道三」の像を、「昭和」の戦後に提示したのが、『岐阜県史』（史料編　古代・中世　四）に収録されている、永禄三年（一五六〇）七月の、近江の戦国大名・六角承禎《ろっかくじょうてい》（諱《いみな》は義賢《よしかた》）の文書＝「六角承禎条書写」であった。

全文十四ヵ条の中に、次のようなくだりがあった。

一、彼斎藤治（斎藤治部大輔）身上之儀、祖父新左衛門尉者《は》、京都妙覚寺法花（法華）坊主落にて、西村与申《ともうし》、長井弥二郎所へ罷出《まかりいで》、濃州錯乱《さくらん》之砌《みぎり》、心はしをも仕候《つかえそうらい》て、次第ニひいて候て、長井同名ニなり、又父左近太夫代ニ成《なり》、惣領を討殺、諸職を奪取、彼者《かのもの》斉《ママ》藤（斎藤）同名ニ成《なり》あかり、剰次郎殿を聟仁《むこに》取《とり》、彼早世候而後《そうらいてのち》、舎弟八郎殿へ申合《もうしあわせ》、井口（井ノ口＝稲葉山城下）へ引寄《ひきよせ》（申《もうし》）、事《こと》（外《のほか》）ニ左右をよせ、生害させ申、其外《そのほか》兄弟衆、或《あるい》ハ毒害、或ハ隠害《いんがい》（暗殺）にて、悉《ことごとく》（相《あい》）果《はて》候、其因果《そのいんが》歴然之事。

ここで重要なのは、「斎藤治」が道三の子・義龍のことであった点である。

運命を決したのは、妙椿《みょうちん》の死

すでに、筆者は以前から述べているように、近江と美濃における戦国時代の興亡を描いた軍記物で、江戸時代前期の成立とみられる『江濃記』（『群書類従』所収）には、次のようにあった。

豊後守は山城国西の岡より牢人して斎藤家に来り、藤左衛門が与力と成《なり》て、度々の合戦に労功をつみ、永井（正しくは長井）豊後守と号して、彼家の家僕となる。斎藤の家督断絶の時、彼の家領を両人（長井利隆とその子・利政＝斎藤道三）して知行す。

美濃には、守護代として名を馳せた人物に斎藤妙椿（一四一一～一四八〇）がいた。利永《としなが》の子というが、一説に弟とも。もし、後世の明智光秀がこの人物の為人《ひととなり》、治績を詳しく知っていたならば、おそらく、自らの人生の模範、理想として崇拝したに違いない。

それほど文武にすぐれた武将であったが、妙椿はたまたま折悪く、応仁の乱に遭遇してしまう。

ときの美濃守護は、すでにみた土岐成頼《しげより》である。彼は西軍の将として出陣在京し、その留守を守護代として、妙椿が預かり在国していた。当時、美濃に隣接する近江には、東軍の京極氏があり、彼は西美濃の国人領主・富島、長江などと結び、隙あらば美濃領簒奪《さんだつ》を目論んでいた。

妙椿は美濃国内を駆けめぐり、領内の東軍荷担勢力を一掃している。

その彼の岳父（妻の父）が、応仁の乱のおり尾張守護代をつとめていた織田敏広《としひろ》であった。

かつて土岐頼康の時代、美濃・尾張・伊勢の三ヵ国守護を兼ねていたのは昔の話（関連47ページ参照）。妙椿当時の尾張守護は、越前守護と二ヵ国兼任の斯波義敏《しばよしとし》（九代当主・義健《よしたけ》の養子　一時、義廉《よしかど》〈傍流〉、義寛〈義敏の子〉に移る）であり、妙椿の岳父敏広と仲の良い越前守護代に朝倉孝景がいた。見方を変えれば、この頃からこの三国は関係を持っていたともいえる。

ちなみに、敏広の弟か甥＝叔父の関係に織田敏定《としさだ》があり、これが守護代敏広に反発、自ら取ってかわって勃興しようと企てた。

本家の敏広は、官名を兵庫助《ひょうごのすけ》から伊勢守へ変更。敏定は、大和守を襲名する。ここに、のちの信長にも多大な影響を及ぼすことになる、伊勢守系＝岩倉織田氏と大和守系＝清洲織田氏が誕生した。

もっとも当初は、大和守系は〝又代《まただい》〟（小守護代）と称され、伊勢守系より一段低い地位におかれていたようだ。が、いざ実戦となると、戦巧者であった敏定のほうが敏広より圧倒的に強かった。劣勢に立たされた本家の敏広は、娘婿の斎藤妙椿に泣きつき、勢いをもりかえして文明十一年（一四七九）正月、どうにか妙椿の仲裁で、敏定との間で和議が成立するところまで漕ぎつけた。思えばこのころからすでに、尾張と美濃は軍事・外交上、きわめて密接な関係にあったことが知れる。

この和議により、敏定は斯波氏の保有する尾張六郡のうち二郡（海東《かいとう》〈異説あり〉・愛知）を獲得。以後、中島郡清洲（須）城（現・愛知県清須市）を根拠地とするようになった。

ただし、この時点ではまだ、敏広のほうが辛《かろ》うじて敏定より勢力は上まわっていたようだ。

この伊勢守敏広は、居城を丹羽《にわ》郡岩倉城（現・愛知県岩倉市下本町）に構えていたが、その後、文明十三年頃に死去してしまう。個人の死が、勢力図を一変させてしまう。それが戦国の世であった。

結果として尾張では、守護・斯波義良《よしすけ》（よしなが、とも。のち義寛《よしひろ》）―守護代・織田大和守敏定の組み合わせが誕生したが、この時機《タイミング》に「船田《ふなだ》合戦」が美濃で勃発する。明応四年（一四九五）三月のことであった。大正末期に岐阜県の通史をまとめた戦前の大著『濃飛両国通史』（阿部栄之助《えいのすけ》編纂）では、「恰《あたか》も土岐守護家の『応仁の乱』とも云《い》ふべし」とあった。

ところが、たよりの妙椿は一年前の文明十二年二月二十一日に、七十一歳で没していた。

なるほど発端は応仁の乱と同様、おろかな守護のあさはかな願望から始まった。

ときの美濃守護は土岐成頼であり、彼には後継として嫡男の頼継があり、頼継はときの将軍義政の偏諱《へんき》を賜わって、「政房」と名を改めていた。何も、問題はなかった。

ところが、成頼である。継室（後室）の子である末っ子の九郎元頼を慈しみ、いつしかこの子を次期守護にしたい、との野心を抱くようになる。

問題は煩悩の人である成頼が、密かに「たのむ」と手を合わせた人物であった。石丸利光《いしまるとしみつ》という。この人物こそは、妙椿に従って戦功第一の勇士といわれた男であった。

「斎藤道三」は二人いた⁉

文武に秀でた名将妙椿に仕え、忠義を尽くした利光は、主人から軍功を賞されて斎藤姓を名乗ることまで許され、丹波守まで授けられている。

出身は数多《あまた》いる国人の一人であり、本来は腹巻一つの身分であった。腹巻はこの頃、流行《はや》った下級徒歩武者《かちむしゃ》が腹に巻いた軽便な簡略鎧《よろい》である。草摺《くさずり》（鎧の胴の附属具で、下半身を防御する部分）もついているものの、騎馬武者の着る鎧の草摺とは物がちがう。小ぶりで、背中で紐締《ひもじ》めするだけのもので、手薄な背中の肉を守るため、隙間を覆うように薄い鉄板を差し込み、これを挟んで着装した。

利光はこの薄鉄の板――一般には臆病板《おくびょういた》と呼ばれ、仲間うちでは嘲《あざけ》られた――をつけず、戦場を妙椿の指示で走りまわっていた。それがいつしか、腹巻に袖《そで》と兜《かぶと》を加えた〝三つ物〟を装う徒歩《かち》武者となり、妙椿に小守護代にひきあげられ、馬上の士《もののふ》となった。利光は斎藤氏の郎党である。が、実権を握る斎藤利国《としくに》（妙椿の養子・号して妙純《みょうじゅん》）より実力がある、と美濃では評価された。

ずばり、「寄親《よりおや》」としての評価であった。

頼《たの》うだ人――この人の保護をあてにするということから、その人に忠誠を尽くす「寄子《よりこ》」というものが全国に流行《はや》っていた。のちに与騎・与力と文字をかえたが、「寄親」と「寄子」といういいかげんな関係の制度化は、おそらく日の本以外は唐天竺《からてんじく》にもなかったに違いない。

「寄親」に「寄子」を養ってくれるわけではなく、むしろ「寄子」の方が機嫌をとるために気を利かせては、貢物を持参した。「頼《たの》うだ」からには、決して悪いようにはなさるまい、きっと先々よく面倒を見て下さるはずだ、と「寄子」は「寄親」に漠然とした期待をよせ、その代償として命令《ふれ》出された戦場では生命《いのち》を差し出して懸命に働いた。

利光は「寄親」として、多くの同じ国人を「寄子」としていたわけだ。

利国と利光――この主従が〝一心〟ならば、何の問題も起きなかったわけだが、「下剋上」の洗礼を受けた利光は、妙椿より器量の下がる利国を心から敬わず、幼主頼継を奉じて、自らが主家の斎藤家にとってかわろうと野心を抱く。

明応三年（一四九四）の冬十二月十日、郡上郡下田郷吉田村（現・郡上市美並町）に建立した大宝《だいほう》寺《じ》の開創の儀に出席する利国を、利光が途中、要撃しようとしたが、家宰の西尾直教《にしおなおのり》が利国にその危ういことを告げたことで、利国は出発を見合わせる。襲撃に失敗した利光は、居城船田に自らの「寄子」を集め、今度は正々堂々と利国の加納《かのう》城（現・岐阜市加納丸之内）を攻めようとする。

成頼の仲裁で、一度は和議をもったものの、双方共に相手にとどめを刺すつもりで、両城に兵備を整えた。なにしろ、二つの城は数町の距離であり、翌年三月には開戦となった。

この船田合戦は、利国を救援すべく尾張の織田勢も参戦し、六月、七月と幾度かの会戦を経て、ついには利光の敗色が濃くなり、彼は自ら船田の城に火をつけ、決起の名目である成頼の子・元頼をつれ、墨俣《すのまた》へ逃れ、つぎには近江に奔《はし》って、江南（現・滋賀県南部）の六角氏を頼ることになる。

その終盤の戦《いくさ》＝明応五年十二月に、近江六角氏を攻めた利国は、その子・新四郎利親《としちか》とともに、ここで討死《うちじ》にを遂げてしまう。

守護代斎藤家には、利親の遺児・勝千代（のちの利良《としなが》）だけが残った。この子を後見した人物こそが、かつて京都妙覚寺の僧籍にあり、応仁の乱の最中、美濃へ流れて来て、利国のもとで頭角をあらわした「長井豊後守藤原利隆《としたか》」(『美濃明細記』『江濃記』『言継卿記《ときつぐきょうき》』)である、というのだ。

最初の姓を松波、ついで西村、のちに長井と改めている。彼は船田合戦＝「濃州錯乱」の中で、利国について抜群《ばつぐん》の働きをしたようだ。その一方では、妙椿が建立した持是院《じぜいん》――養子の利国も二代の妙純と名乗っている――の後釜に、厚顔無礼にもそしらぬ顔で座り、三代・持是院妙全《みょうぜん》と号した。すなわち、利隆である。彼は実に巧《たく》みに、美濃の守護代斎藤家の中にまぎれこみ、自らも斎藤氏とさも血縁関係が近いように振舞《ふるま》い、周囲にそれを印象づけた。たとえば、それ以前の名乗りを藤原基宗としていたのを、藤原利隆と改めている。これなど、明らかに守護代簒奪の準備としかみえない。

ときの美濃守護・土岐政房は、およそ乱世の意識をもたないおめでたい人であったようだ。利隆に絶大な信頼をよせ、その異数の出世をむしろ後押《あとお》ししてしまった。利隆は〝小守護代〟となる。

大永七年(一五二七)、利隆は培《つちか》った実力で政房の長子・土岐頼純(政頼、盛頼)を追い、弟の頼芸に家督を継がしめた。頼純は越前の朝倉氏を頼って亡命し、さらには尾張の織田氏に援助を要請。双方の武力にすがり、美濃での守護返り咲きをはかるが、一時期、美濃大桑城に拠るも、天文十六年(一五四七)十一月に病没している。享年四十九。事は成らなかった。

この利隆の成功にふわりと乗り得たのが、その息子の長井新九郎利政《としまさ》――すなわち、のちの斎藤道三であった。天文七年、彼はまず守護代斎藤氏を継ぎ、その翌年には稲葉山城に拠っている。

守護頼芸が道三に美濃を追われ、尾張の織田信秀を頼ったのは、それから四年後のことであった。

その後、頼芸は信秀の支援によって美濃へ復帰するも、道三と信秀が和議を結んだことで、天文二十一年頃、道三に再び追放されてしまった。以後、頼芸は織田家や甲斐の武田家を頼り、武田家が信長によって滅ぼされたあとは、美濃へ帰国。旧臣・稲葉一鉄《いってつ》（諱は良通《よしみち》）の庇護下で、〝本能寺の変〟後の天正十年（一五八二）十二月四日に、この世を去っている。享年八十二（異説あり）。

つまり、「斎藤道三」の〝国盗り〟＝美濃簒奪《さんだつ》は父子二代にわたって行われたことになる。「下剋上」のスピードから考えても、こちらの方が可能性が高かったように思われる。

光秀はずっと美濃にいた⁉

――話を、少し戻そう。

『明智軍記』に拠れば、光秀は弘治二年（一五五六）九月に美濃を出奔し、越前大野郡の穴馬《あなま》（現・福井県大野市）を過ぎ、越前長崎の称念寺《しょうねんじ》に縁のある僧がいたため、寺領に妻子を預けたとある。

穴馬は、美濃国白鳥《しろとり》（現・岐阜県郡上市白鳥町地区）から油坂峠《あぶらさか》（現・岐阜県郡上《ぐじょう》市と福井県大野市の境）を越えて、称念寺のある大野盆地へといたる郡上街道の要衝で、そこから九頭龍川沿いに称念寺まで、六十キロ弱の長い道のりである。

もし、この郡上街道を光秀が通ったとすれば、穴馬で一泊は強いられたかもしれない。

ちなみに称念寺から、越前朝倉氏の拠点・一乗谷までは約二十キロ。当時なら一日、二日でたどり着けたであろう。光秀はその後、弘治三年の春頃から、諸国を加賀（現・石川県南部）・越中（現・富山県）を皮切りに、三年間、北は奥州の盛岡（現・岩手県盛岡市）から、南は九州の薩摩（現・鹿児島県西部）の果てまで、日本中を武者修行してまわり、諸国の大名の力量や生活ぶり、民政、城構えなどを調査、遍歴したとされている。三十歳前後のことという。

もっとも、これらの何処《いずこ》にも光秀がいた、との具体的な証明史料は現存していない。

おそらく、のちに信長に仕えて累進し、出世して成功した光秀を念頭において、結果からさかのぼり、史実的に不明な青少年時代をそれなりに想像して描いたのであろうが、そうした作為も、史実たりうる可能性が豊富でなければ如何ともしがたい。

それにしても、越前一乗谷に姿を現すまで、光秀は何処で何をしていたのだろうか。極端ないい方をすれば、何処にもいかず、以前のまま美濃にうずくまるようにして、生活していたかもしれない。

かつて桑田先生は、『籾井家《もみいけ》日記』という古記録を掲げて、

天正三年のころ、信長は、日々に威勢がついてきたため、まず丹波の国を手に入れようと工夫し、明智十兵衛という族姓も知らぬものを、武辺者《ぶへんもの》と称して、しだいにとりたて、惟任《これとう》日向守と名のらせ、大将分として、大分《たいぶん》の旗頭をもくわえ、丹波をうかがってみよ、と申しつけた。

（前掲『明智光秀』）


と、その概略を述べ、何処にも武者修行に出ていない、光秀の記述を紹介されたことがあった。

そうかと思うと、『武功雑記《ぶこうざつき》』（肥前平戸《ひらど》藩四代藩主・松浦鎮信《しげのぶ》による軍記物）には、渡り奉公に出た光秀が、三河牛久保《うしくぼ》（現・愛知県豊川市）の城主・牧野右近大夫に仕え、知行百石をもらっていた、と述べたくだりがあった。

あるとき、朋輩の中野某にむかい、光秀はいう。

「侍のゆく末はどうなるか、互いにしれないものだ。もし、この光秀が一城の主《あるじ》となったならば、貴殿は頼もしい人だから、そのときはぜひ、呼びよせて城代に取り立ててつかわそう。しかし、貴殿の方が立身出世したならば、そのときはこの光秀を被官人に取り立ててもらいたい」と約定を交した。光秀はやがて信長に仕え、丹波一国を信長から拝領したので、さっそく中野某を取り立て、亀山城代にした、というのである。

ほかにも52ページで述べた如く、光秀を若狭小浜《おばま》（現・福井県小浜市）の鍛冶《かじ》冬広の次男とし、家業を嫌った光秀が近江の名門・六角氏（佐々木氏）に仕え、明智十兵衛を名乗る物語（『若州観跡録』）もあった。

あるとき、六角氏の使者として信長のもとへ出向いたおり、その立居振舞いが立派であったことに注目した信長が、六角氏に光秀を所望し、家臣にして、次第に重用したというのだ。

この話にはさらにつづきがあり、丹波の亀山を領有した光秀は、次代の冬広（甥《おい》にあたる）をまねいて太刀をつくらせては家臣にあたえ、そのため、丹波には冬広作の太刀が多く伝えられたという。

この話では光秀は、美濃ではなく近江の人ということになる。

また、美濃であっても「明智」姓以外の光秀の話を伝えたものも存在した。

明智一族の末端と思われる「御門《みかど》重兵衛」という人物が、信長のもとへ現われ、その器量がよく、諸事について見識《けんしき》があったので評判が立った。むろん、信長は見逃すはずはない。さっそく召し出して、「明智重兵衛」と名のらせ、侍《さむらい》役《やく》を命じ、追々に立身出世させて、ほどなく日向守となしたというのだ（江戸中期の国学者・天野信景《さだかげ》による随筆『塩尻』）。

ただし、これらの伝承は、いずれも光秀が朝倉家に仕えたことについては触れていない。

光秀は諸国修行の旅をしたか!?

もし、これから登場する越前長崎の、称念寺の記録や細川藤孝の記録『細川家記』に、越前での光秀の記述がなければ、おそらく光秀の朝倉家とのかかわり、ひいては越前入り自体が、否定されてしまったに違いない。

先に六角氏に仕えていた光秀をみたが、似たような説に、近江国が光秀の出生地だとする、別の説もあった。おこりは、江戸時代前期の地誌『淡海温故録《おうみおんころく》』（貞享年間〈一六八四〜八八〉の成立、著者不詳）であり、同書に光秀の出生地を犬上《いぬかみ》郡左目《さめ》（現・滋賀県犬上郡多賀《たが》町佐目《さめ》）だ、とうかがわせる記述があったという。

「さめ」と呼ぶ地名について、聞き取り調査をした結果、現在の多賀町佐目に「十兵衛屋敷跡」の伝承があることが確認されたといい、地元ではここで光秀が生まれ育ったと聞いた、との伝承もあったとのこと。同書には、土岐氏に背いた明智家の〝先祖〟が、近江の六角氏を頼ったとも記述されているようであり、筆者は直接、拝見していないが、光秀が越前入りする以前に、田中城（現・滋賀県高島市）に光秀が籠城していた、とする古文書（『米田《こめだ》文書』）もあるという。

そういえば、平成三十一年度福井県立一乗谷朝倉氏遺跡資料館で、第一回特別公開展「明智光秀と戦国越前〜光秀、一乗に来たる〜」において、『米田文書』を後世に残した米田貞能《さだよし》が、永禄九年（一五六六）十月に書写した、『針薬方《はりくすりかた》』が紹介されていた。

この時、貞能は足利義昭に仕えて越前一乗谷に来ていた。
その中に、「セヰ《い》ソ散　越州朝倉」のくだりがあり、「右一部、明智十兵衛尉高嶋《ママ》田中籠城之時口伝也」との記述があった。

戦国時代、越前一乗谷では、医学書の伝授が行われ、朝倉家は薬剤を独自開発する素地をもっていた、と説明を聞いた。

天才光秀は、もしかすると医学にも通じていたのかもしれない。

それにしても、すでにみたように、幾つも出てくる光秀生誕の候補地——これらは一面、筆者には中世という時代の、人々の移動・移住が困難であったこと、とりわけ室町時代中期から戦国初期にかけての、土地から離れられない民衆の悔悟《かいご》や無念、やるせなさ、その反動としての旅や異境へのあこがれ、「下剋上」のエネルギーに煽られながら、それでいていまだかなわぬ理想郷への探訪の、入り交じった願望を表わしたもの、とも受け取れるのだけれども、読者諸氏はいかがであろうか。

さて、『明智軍記』の出《で》鱈目《たらめ》＝人名の明らかな間違い——斎藤義龍と義興《よしおき》（正しくは龍興《たつおき》）の父子争いは、史実では道三と義龍父子——に目をつぶり、土岐諸流の明智頼兼《よりかね》の後胤《こういん》＝明智光安《みつやす》が城と共に討死《うちじに》したとして、それに先だって「命ヲ全《まっと》ウシテ、名字ヲ起《おこ》シ給《たま》へ」といわれた光秀が、もしも、

「ならばいっそ、廻国修行にでも出立するか」

と本当に口にしたとすれば、当時を知る者からすれば、明らかに噴飯ものとなったろう。

なるほど史実の光秀は、捨て去って故郷を出ても問題のない程度のものしか、もちあわせていない明智の傍流の人であったかもしれない。が、だからといって、弘治二、三年（一五五六、一五五七）

頃の土着の人間が、他郷へ軽々と移り住むこと自体が、ほとんど不可能な時代であった。

いまだ人々は例外なく、土地に縛られて生きていた。それが中世なのである。

ときおり、室町・戦国時代を誤解している、いい加減な小説に出会うが、武士が主家を離れて牢人し、身一つで諸国を流浪するというのは、織田信長が美濃を併合し、〝天下布武〟の印を使用するようになって以後のことであり、多くは豊臣政権下に入ってこそ可能な現象であった。家族を連れてはもとより不可能なことで、ふいに未知なる他国に移り住むなどということは、実際問題としてできるものではなかったのである。

時代はいまだ、街道もろくすっぽ整備されてはおらず、村落は各々に孤立し、点在する村は国人の活躍、村同士の横の連帯はもっていたものの、見知らぬ他国の人間に対しては、どこまでもつめたく、警戒心が強かった。門地や身分がとびきり上等の、公卿ともなれば、地方の守護大名やその下の守護代などに庇護を受けることはできたであろう。

が、土岐源氏の傍流――それも何一つ定かでない光秀が、自らの家譜を他郷で吹聴したとすれば、それは物笑いの種になるのが関の山であったろう。知る辺を頼らぬ限り、旅などできるものではなかった。もし、それを強行したとすれば、冷笑され、気の荒い土地の人々によっては簀《す》巻《ま》きにされるか、斬殺・撲殺されるのがおちであったろう。

なにより、彼らを受け入れられる土地がなかったのだ。

農耕器具の改良はこの頃、同時進展してはいるが、まだ大きな成果には結びついていない。村という村は一律、血族・一族・縁者で構成されており、兵農分離は無論、行われていなかった。「寄親」

と「寄子」の関係が、国人領主＝庄屋を武将、百姓を兵卒とする時代とはなっていたが……。

光秀は越前の長崎称念寺にいた

まったく見知らぬ赤の他人を、受け入れる土壌そのものが、日本全国の、何処の村落にもなかったのである。第一、「都」と呼べるものは、天下に一つ京都だけであった。

「城下町」という概念そのものも、さて、どれほど当時の日本人の中に育っていたであろうか。堺は町と呼べる大集落ではあったが、大坂は一向宗（浄土真宗）の本拠地ではあったものの、まだまだ町としての形を成していない。

『明智軍記』があげる光秀の諸国行脚は、そもそも時代的にあり得なかった。加えて、彼が訪ねたとされる、諸国の大名の名前にも、誤りが多すぎた。

ただ一箇所、目を止めるところがあった。

「某《それがし》（光秀）儀《ぎ》、弘治二年（一五五六）ノ秋、美濃国ヨリ当国（越前）へ罷越《まかりこ》シ、長崎ノ称念寺《しょうねんじ》ハ所《しょ》縁《えん》ノ僧ニテ御《ご》座候故《ざそうろうゆえ》、彼ノ領内ニ妻子ヲ預置《あずけおき》」（『明智軍記』巻第一）

とある箇所だ。

文字通りには信じられないが、光秀が右の称念寺を頼ったことは、史実であった。

当時、油坂峠や温見《ぬくみ》峠（現・岐阜県本巣《もとす》市と福井県大野市の境）を越えれば、美濃から越前へ入ることは決して難しいことではなかった。すでにみたように、美濃の守護・土岐政頼は、弟の頼芸との政争に敗れて、越前の朝倉孝景（第十代当主　号して宗淳《そうじゅん》）を頼っている。越前の朝倉氏と尾張の織田氏が組んで、美濃の斎藤道三と合戦したこともあった。

だが、これらは守護家同士の政争であり、土岐支族の傍流＝無名の光秀には関係がなかった。

ところが寛永七年（一六三〇）に筆写された時宗《じしゅう》（江戸時代以前は、時衆《じしゅう》）の同念《どうねん》上人の近侍者が記録した「遊行三十一祖京畿《けいき》御修行記」（橘俊道校注『大谷學報』第五十二巻所収）の、天正八年（一五八〇）正月二十四日の項に、次のようにあった。

南都ご修行有度之條《これありたきじょう》 筒井《つつい》順慶《じゅんけい》へ日向守一書可有之《これあるべき》旨《むね》被申越《もうしこさる》。惟任方もと明智十兵衛尉といひて濃州土岐一家牢人たりしか（が）、越前朝倉義景頼被申《たよりもうされ》、長崎称念寺門前に十ヵ年居住故念珠《ゆえねんじゅ》（数珠のこと。ここでは、経や念仏などを唱えること）にて、六寮旧情 甚《はなはだしき》 に付て坂本 暫留被 申《しばらくとどまりもうさる》。

文意は、相模国遊行寺《ゆぎょうじ》の遊行上人、正しくは三十一代・同念《どうねん》上人が、奈良で布教をしたいので、事前にそのことを南都の筒井順慶（光秀の当時の部下）に、通行許可の依頼状を順慶の上司・明智光秀に求めたところ、光秀は自らが十ヵ年、（同じ時衆の）越前称念寺の門前に生活していたことを思い出し、順慶に同念上人の接待を命じ、上人一行も坂本で光秀のもてなしをうけた、というもの。

これは天正八年に時衆遊行寺の僧・同念が奈良遊行を希望したとき、光秀を通じて南都をおさえる筒井順慶への取りなしを頼んだ、萱津《かやつ》光明寺《こうみょうじ》（現・愛知県あま市中萱津《なかかやづ》）の住職・梵阿《ぼんあ》（ぼんな、とも）という僧が、光秀本人と旧知の間柄であったことを説明したくだりに出てきた。

――これには、傍証もあった。

奈良・興福寺多聞院の院主・英俊《えいしゅん》がつけていた日記『多聞院日記』には、天正八年二月十三日の条に、光秀に遊行上人の接待を申しつけられた筒井順慶の家来が、接待に追われたことが述べられていた。英俊は「学侶《がくりょ》」（学僧ともいい、仏法を専修し教授しうる僧）であり、記事は詳細かつ正確。これらは、きわめて信憑性が高かった。

では、人の移動がきわめて難しいこの時期、光秀は何（誰）を信用手形として、長崎称念寺に姿を現わしたのであろうか。

そもそもこの称念寺は、養老五年（七二一）三月に、元正《げんしょう》天皇（第四十四代）の勅を受けて、泰《たい》澄《ちょう》大師によって創建されたことが、長禄三年（一四五九）制作の『称念寺縁起』に述べられている。「長崎」の地名も、白山権現《はくさんごんげん》が船で白山へお参りに行く途中、景色の良いところがあり、「舟寄《ふねよせ》」という地名ができ、舟を着けた所が長い御崎《みさき》で、これが「長崎」になったという。

称念寺はこの「長崎」の地に、泰澄大師が如意宝珠《にょいほうじゅ》（仏教で、願いを成就させてくれるという宝玉）を埋め、念仏堂を建てたことから始まっていた。白山山岳修験の開祖・泰澄は、天武天皇十一年（六八二）に越前麻生津《あそうづ》（現・福井県福井市浅水《あそうず》地区）に生まれて、神護景雲《じんごけいうん》元年（七六七）に八十六歳で、越智山《おちさん》（越知山）大谷《おおたに》（現・福井県丹生郡越前町大谷寺）で入滅している。

今から千三百年前、彼は「越《こし》のしらやま」と呼ばれていた、現在の福井県から仰げば、神々しい日の出に始まる山へ登った。だが、さすがにこの聖《ひじり》には、光秀との関わりはなかった。

時衆が〝戦国〟を開いた⁉

筆者が注目したのは、同じ称念寺が再び、世に出る鎌倉時代の後期――時宗を開いた一遍智真《いっぺんちしん》（一二三九～一二八九）の出現であった。

時宗は「臨命終時宗《りんめいじゅうじしゅう》」の意味で、常日頃から、臨終のときと同じ覚悟で油断なく称名《しょうみょう》念仏（仏菩薩、特に阿弥陀仏の名を称えること）をせよ、と説いたもの。この衆団は先にふれたように、古くは「時衆」と称され、「遊行宗《ゆぎょうしゅう》」とも呼ばれた。もともとは、浄土教の一派であった。

鎌倉幕府は執権・北条時宗の治世、文永八年（一二七一）に信濃国善光寺（現・長野県長野市）に参籠した一遍《いっぺん》は、心を一《いつ》にして阿弥陀仏を念ずれば、浄土に往生できるという、浄土信仰上の比喩《ひゆ》「二河白道《にがびゃくどう》」――極楽浄土に往生する信仰心を、水・火の二河に挟まれた白い道にたとえた語――で感得した。これを図に表したものを、彼は「本尊」として念仏を唱えること三年。次には「十一不二《じゅういちふに》偈《げ》」の信念を得る。

話の、スケールは大きく凄まじい。十劫《じっこう》（阿弥陀仏が成仏してから今まで）という目もくらむような長い期間、衆生を救おうとして成道《じょうどう》した（悟りを開いた）弥陀の正覚《しょうがく》（最高の悟り）も、極楽往生を願う今日（中世日本）の衆生の一念も、その思いに差はない、と一遍はいい切る。

ただ名号《みょうごう》（南無阿弥陀仏《なむあみだぶつ》）にすがる一念によってのみ、衆生は現世のままで弥陀の浄土に生まれ、弥陀とともに同じ蓮《はす》の台《うてな》に坐することができる、と説いた。

それまで、自分たちは決して極楽浄土にはいけまい、と諦めていた人々にとっては、時衆は画期的な教えであったといえる（同様の教えは、日蓮宗や浄土真宗にもいえるのだが）。

一遍はこの教えを引っさげて、それこそ北は奥州江刺《えさし》（現・岩手県奥州市北東部）から、南は大隅（現・鹿児島県東部）まで巡り＝遊行し、最後は正応二年（一二八九）八月二十三日に、兵庫の観音堂で没している。享年は五十一。まだ、時代は鎌倉時代の後期であった。

時衆の教団は一度、一遍の死とともに壊滅したが、時衆にすがる者は決して少なくなく、弟子の真教《しんきょう》（字は他阿《たあ》）が淡河《おうご》（現・兵庫県神戸市北区淡河町）の領主・淡河（北条）時俊《ときとし》の勧めもあり、衆に推されて、一遍の法燈を継ぎ、時衆は再び諸国へ広がりをみせる。

鎌倉末期から室町時代前期にかけて、時衆が大躍進を遂げたのは、不安定な時勢もあったが、時衆の採用した布教手段が卓越していたことが大きかった。遊行と踊《おど》り念仏《ねんぶつ》に加えて、賦算《ふさん》（札くばり）をもって、宗教的行儀、布教手段としたことである。

筆者は常々、日本人の特殊性を考えるとき、〝踊る〟という行為に注目してきた。

江戸時代初期のかぶき踊り、幕末のええじゃないか——、そういえば昭和の末＝バブル期には、お立ち台というのもあった。今日のハロウィンも含め、日本人は心に不安や絶望を抱えると、とにかく仮装して、現実から逃避し、よく群れをなして踊った。

なぜ、時衆は流行したのか。一番の理由は、寺院を創建して人々を集める、という従来の布教の手法を採用せず、巡回布教＝遊行を主にした点があげられる。民衆に親しまれやすい踊り念仏を手段とし、村への定着を拒否して、布教者は流民の如くに諸国を巡った。

彼らは村落社会の埒外《らちがい》であり、定住しないがために、村々で恐れられたり、警戒されたり、疑惑の目でみられることがなかった。一方、布教の過程で、施しにもありつけ、どうにか生きていけた。

この時衆を最も熱烈歓迎したのが、山水河原者《さんすいかわらもの》といわれた中世卑賤の民であったといわれている。彼らは時衆の渦に巻き込まれるように覚醒し、自らが主体ともなって阿弥陀号（「阿弥」と名のつく名乗り・「阿号《あごう》」とも）を称して出家し、衆団を世に広めた。

出家さえすれば、前世＝俗世の身分は消える。彼らは鎌倉・室町の身分制度を脱することができた。なにしろ時衆には、難しい教義も理屈もなかった。ただただ、阿弥陀仏を念ずればいいだけである。加えて、時代を反映しての〝陣僧〟の存在、習慣が、時衆を質量ともに飛躍させたともいえる。

〝陣僧〟から芸術家、医者まで出現

南北朝の動乱以来、室町時代に入っても、世上は一向に泰平とはならず、小規模の合戦はつづき、その戦場にはいつしか、〝陣僧〟をともなう習慣が生まれた。

戦死者が出たとき、その霊を弔い、死骸を処理するという、尊いが卑陋《ひろう》のすること、と一般には穢《けがれ》とされた仕事をする〝陣僧〟には、身分の軽やかさに加え、教義の簡単な時衆の僧侶が選ばれることが多かった。彼らは、名号を唱えるだけでよい。

しかし、それだけでは〝陣僧〟も手持ち無沙汰である。そこで彼らは将兵に対して、いつでも死ねる覚悟を説く役目を請け負い、将兵に念仏をすすめることになった。

そのため、時衆にすがって自らも帰依して、阿弥陀仏号を称する将兵は少なからずいた。

一方で陣僧は格式・身分を超えて、武将に近侍するあいだに、主君の無聊《ぶりょう》を慰めるための芸能・文化の技芸をみがく者が数多く出た。初歩は早歌《そうか》（宴曲《えんきょく》）の指導であったろうか。今風にいえば、レクリエーション（娯楽・気晴らし）である。

たとえば、室町幕府八代将軍・足利義政《よしまさ》の側近に、「同朋衆《どうぼうしゅう》」と呼ばれる僧体の人々の集団があったが、ことごとくが阿弥陀号を持っていた。彼らは能、茶の湯、唐物の目利き、水墨画の技法、書院造の床の間の立花《りっか》、武家の教養といわれた連歌においても、各々、専門性を持っていた。能を確立したといわれる観阿弥《かんあみ》—世阿弥《ぜあみ》父子も、それ以前の三代将軍・足利義満の時代に存在している。

なかには、医術（まじないも含め）をつかさどる「阿弥」もいた。

とくに金瘡《きんそう》治療といわれた医術は、さきにみた光秀口伝の「セ井《い》ソ散」しかり矢や刀槍の戦傷が出る戦場にはかかせない急場の治療法であり、時衆の陣僧はいつしか、この方面でも必要不可欠な存在となり、専門家となっていった。

なぜ、時衆の僧侶が医者になれたのか。医学の進歩とは関係なく、中世日本では代々、宮廷の薬師《くすし》である家系を除いて、ロクな医者がそもそも少なかった。応仁の乱を挟んで、乱世が日常化した戦国時代、「下剋上」の荒波に乗って、合戦に出て立身出世をはかるのが男子の本懐といわれる中にあって、それを拒絶した者——世間一般にいう臆病者、虚弱者——どうにも使いものにならない兵役免除者が、実は医者になっていた、と筆者はかつて時代考証家の稲垣史生《いながきしせい》氏から聞いたことがある。

どの野草がどのような病気や傷に効くのか、をまじめに研究していた本草学者を除いて、戦国時代にはいかがわしい医者が多かったのも事実であった。なにしろ、腫れものや虫さされの治療が関の山で、しっぷ薬をぬったり、お灸《きゅう》をすえたりするのが、その治療法の大半を占めていたといってよい。

医術の分科は一応、南北朝時代にはみられたが、多くの場合、医者は〝医の根幹〟と称された内臓疾患＝本道《ほんどう》（内科）をはじめ、その幹から出た分科・身体外部の創傷＝外科、部分としての眼科、耳鼻咽喉科、産婦人科など、すべてをかねて診察した。

考えてみれば、江戸時代もそうだが、明治に入るまで日本には、今日の医師の国家試験に相当するものがなかった。言い換えれば、時衆の僧侶のみならず、誰でも医者になろうと思えばなれたわけだ。医師としての生活が成り立つか否かは、患者がつくかどうか、で決まった。

そのため、行商の薬種屋《やくしゅや》や蝦蟇《がま》の油売り、諸国巡業の巫女《みこ》や神仏の札《ふだ》売り、酷いところでは〝気合い〟で治すという修験者まで、とんでもない医者が次々と誕生していた。

このいい加減な日本の〝医術〟の中で、国際的にみて、多少なりとも進歩を遂げているものがあるとすれば、それこそ時衆の〝陣僧〟が専らとした「金瘡医」であったろう。とはいっても、その内容たるや……。まず、負傷者の止血を行ったが、矢傷は灸《きゅう》をするなり焼酎《しょうちゅう》で傷口を洗った。

次に消毒薬＝どくだみ草などで、傷口を塞ぐ。傷口がざっくり開いて、脳や腸が外へ出ているときは、乱暴にもそのまま中へ押し込み、再び外へ出ないように皮を縫いあわせた。無論、麻酔などはない。消毒の意味は解っていても、黴菌《ばいきん》の本当の恐ろしさには、とても思いいたっていなかったのが、当時の日本人であった。「キウキウ、ツウカウ、ランナウラリソコハカ」などと、独自の手術呪文を唱えたというが、さて、これにどれ程の効能があったのだろうか（稲垣史生著『時代考証事典』第一集）。

呪文によって暗示をかけ、効果をねらったと考えられなくもないが。矢や鉄砲玉の傷は、傷口を消毒してから焼き、癒薬《いえくすり》を飲ませた。そのあとの看病では、痛さにたえかねる患者に、なぜか葦毛《あしげ》の馬の糞を水にといて、それを煎《せん》じたものを飲ませたようだ。これは『甲陽軍鑑』に出ている話で、効き目があったのかどうか、怪しい。

おそらく戦場での体験と、呪術・迷信が入り交じってのことであったろう。

時衆こそが、「明智光秀」「徳川家康」を創った⁉

いささか、脱線がすぎた。時衆である。

卑賤の徒、もしくはそれに近い下層の身分のものでも、文字・芸能の専門家「同朋衆」ともなれば、室町幕府の上層へすら、紛れ込むことができるようになっていた。これも一種の、「下剋上」ととらえることができる。筆者は明智光秀の武家としての教養に、この時衆が関わっていなかったかどうか、大いに関心があった。

越前朝倉氏への出仕を、連歌の会に求める挿話も残っている。史実の光秀はなるほど連歌をよくしたが、彼はどこでその教養を身につけたのであろうか。称念寺の門前に、彼は十年いたという。

連歌も含め、時衆の光秀に与えた影響は大きなものであった、と筆者は想像している。

そういえば、ふと思い出したが、徳川家康の先祖も、時衆の僧・徳阿弥《とくあみ》であった。

大久保彦左衛門の著した『三河物語』によれば、室町幕府と鎌倉公方・足利持氏が戦った永享《えいきょう》の乱（一四三八～三九）に荷担して、敗れた上州世良田《せらた》（現・群馬県太田市世良田）の住人・有親《ありちか》―親氏《ちかうじ》父子は、郷里に留まることができなくなり、追っ手を逃れて、藤沢の遊行上人の下で出家していた。

すでに述べたように、人はたやすく郷里からは離れられない。故郷を出るということは、餓死をも意味した。その例外が、時衆であった。有親が長阿弥、親氏が徳阿弥となり、乞食坊主の姿をした徳阿弥が、三河国坂井の郷（現・愛知県西尾市）に立ち寄り、連歌の会に参加したという。

やはり彼も、時衆の一員として、芸事ができたようだ。このとき、連歌の会の書き留め役をしていたのが松平太郎左衛門尉信重であり、彼に気に入られた徳阿弥はその養子に入ったという。

念仏を唱えて食を乞い、諸国を遊行《ゆぎょう》してまわる時衆の僧侶は、見聞した諸国の奇譚《きたん》奇説、風俗人情などを、土地から離れられない人々に、面白おかしく、大いに語り聞かせたにちがいない。

そうした話題が豊富で、話上手なうえに芸事ができれば、土地の長者に気に入られ、長逗留《ながとうりゅう》することも可能となった。流れ者に厳しい視線をもつ土着の人々も、時衆の遊行には甘かったといえる。

時衆は一時、十二派にわかれて隆盛を極めたが、満つれば欠けるは世の常で、室町幕府を頂点とする守護大名らの武士層に比重を置くようになって、時衆は一面、民衆を対象にした教化を次第になまけたのではあるまいか。民衆へのさらなる接近《アプローチ》が足らず、時衆は次第に衰退し始める。とってかわったのが時勢柄、浄土真宗（一向宗）といえるかもしれない。こちらは、「南無阿弥陀仏」と唱えた。

応永十四年（一四〇七）頃、越前にはすでに、浄土真宗の高田派・三門徒派が勢力をもっていたが、のちに大教団となり、織田信長とともがっぷり四つに組んで戦う肝心の本願寺派は、六世・巧如《ぎょうにょ》（こうにょ、とも　本願寺五世・綽如《しゃくにょ》の次男）の時代で、彼は弟（綽如の三男）の周覚《しゅうかく》に華蔵閣《けぞうかく》（荒川興行《あらかわこうぎょう》寺《じ》の前身）を、荒川（現・福井県吉田郡永平寺町藤巻）に建てさせ、布教を広めようと企てたが、なかなか思うにまかせなかった。

その勢力は全体にいまだ弱小で、この周覚の次女・妙秀《みょうしゅう》は底阿弥（底阿弥陀仏）と称し、長崎の称念寺に寄宿していた。周覚の長女同二坊（勝如尼）は、江守《えもり》（現・福井県福井市江守地区）の光称寺《こうしょうじ》に身を寄せていたという。この寺も、称念寺の末寺であった。

一代で本願寺派を巨大教団と化した蓮如は、越前吉崎（現・福井県あわら市吉崎）で布教に成功したことが、その成因といわれているが、彼は一族の多くを時衆道場に入れている。戦国のこの時期、北陸では多くの時衆の道場が、一向宗に転宗していた。

この荒波は当然の如く、称念寺にも及ぶ。多くの末寺や道場が一向宗となった。

それにしても、と思う。光秀はなぜ、この難しい時期に、わざわざ越前の長崎称念寺を目指したのだろうか。ここが駆け込み寺《アジュール》であったから、との説があった。非戦闘地帯、中立的地域——。

勢力を増す一向宗に対して、時衆を保護する守護・朝倉氏の力が、光秀出現の可能性を造ったことは、一応はあり得る。そういえば、越前一乗谷に居を構えた、朝倉家の七代・孝景（号して英林《えいりん》）は、いまだ応仁の乱の最中（山名宗全が七十歳で、細川勝元が四十四歳で、共に没した年）＝文明五年（一四七三）の四月に、長崎称念寺に安堵状を出していた。乱の終結の、四年前にあたる。

この文明から天正にかけて、称念寺は一向一揆の砦となったかと思うと、朝倉方の出城の役割を果たしたこともあった。これは、長崎が交通の要所であったからであろう。朝倉氏と一向一揆——双方の攻防の地であった長崎称念寺が、その飽和状態の中で均衡を保たれ、中立地帯となっていた時期があった可能性はなくはない。光秀が越前に現われた時期は、朝倉氏方のものとなっていたようだ。

筆者は、室町幕府の武家教養を身につけていたことからも、光秀はまっすぐ越前を目指したのではないか、と考えてきた。

斎藤家のその後

やがて光秀が身を寄せる朝倉家との関わりは、この先にみるとして、『明智軍記』に拠れば諸国を巡って越前に戻り、朝倉家で頭角をあらわした光秀が、この家を去ったのは「斎藤龍興」が越前にやって来たことが原因であった、という。信長に降参して、越前にやって来た龍興に対して、「龍興ハ明智ノ家敵《かたき》ナレバ、云《いい》レ給《かれと》、云《いい》レ恰《これと》、当国ニ居住シテ、無益ノ事也」（『明智軍記』）と、おりから朝倉家の重臣から冷遇された光秀が、永禄九年（一五六六）十月九日、越前から美濃へ向かうくだりがあるが、太田牛一の『信長公記』に拠れば、龍興の織田家への降参は翌永禄十年八月十五日のことである。

稲葉山城を信長に明け渡して、木曾川をくだり、伊勢長島へ一度は退去している。その後、龍興の消息は途絶えるのだが、摂津で三好三人衆と合流し、反信長陣営の中を転々とした、と『美濃明細記』や『常在寺記』にあった。最後は天正元年（一五七三）八月十四日、織田軍と朝倉軍が激突した越前刀《と》禰《ね》山《やま》の戦いに参戦して、龍興は戦死をとげている。享年は二十六であったという。『明智軍記』は龍興の父・義龍を忘れたような扱いにしているが、筆者はこの人物も「下剋上」の中で優れた才能を発揮した武将＝戦国大名であった、と思っている。

現に、信長は義龍が生きている間、美濃を併合できなかった。

弘治二年（一五五六）四月の、父・道三と義龍が戦った長良川の戦いは、自らを土岐頼芸の忘れ形見として、道三に土岐氏の怨念を込めて刃向かった、などという〝物語《サーガ》〟ではなかった。

新左衛門尉―道三と父子二代で美濃の国主となったものの、義龍にすれば父・道三は、美濃一国を婿《むこ》の信長に譲るつもりだといい、弟の喜平次《きへいじ》には名門の一色姓をつがせていた。

道三と合戦する前に義龍は、まず、この弟の喜平次を病気見舞いを口実に呼び寄せ、殺害している。そのうえで道三と戦い、勝利したあと、彼は永禄四年（一五六一）頃に「一色姓」を自ら名乗っていた。序章の美濃守護・土岐成頼を思い出していただきたい。一色義遠《よしとお》の子であり、土岐持益《もちます》の養子となった人物である（関連48ページ参照）。

この一色氏も足利の名族であり、三河守護であった足利家三代当主義氏《よしうじ》の孫・公深《こうしん》が、三河吉良荘《きらのしょう》一色（現・愛知県西尾市一色町一色）に居住して称したもので、四職家《ししきけ》の一つに列していた。最大三ヵ国二郡――丹波・若狭・三河・尾張知多郡・同海東郡《かいとう》――の守護をつとめた名門の家柄であった。

前述したように成頼は、末っ子の元頼を次期守護に推し、船田合戦で跡継ぎに長男政房を推す守護代・斎藤利国に破れた。その後、隠居して明応六年（一四九七）四月に五十六歳で亡くなるのだが、考えてみれば成り上がりの斎藤家より、この美濃守護の土岐家の方が世上では著名であり、さらに歴世の名声は一色氏の方が、土岐氏をも上まわっていた。

おそらく義龍は信長と戦うにあたって、尾張領内をも有したことのある一色に改姓することで、道三と反道三派をまとめ、土岐氏を超える名跡で、己れの領土拡大を、と考えたのではあるまいか。

義龍は改姓と同じ時期――永禄四年二月十三日に、自らを「左京大夫」に任官させている。同四月二十四日の正親町《おおぎまち》天皇（第百六代）の綸旨《りんじ》（「永禄沙汰」・『岐阜県史　史料編　古代・中世二』所収）には、「一色左京」とあり、これが義龍の一色姓の初見史料と思われる。

併せて義龍を支えた〝斎藤六人衆〟のなかにも、一色氏家臣団の姓にあやかり改姓したものがいた。

おそらく意図は同じであったろう。義龍はさらなる「下剋上」、尾張併合をやるつもりでいたにちがいない。

筆者は、義龍はもう少し注目されてしかるべき武将だと思うのだが、いかがであろうか。

「明智神社」は何を語るか

ただし、義龍の寿命が仮に伸びたとして、果たして彼は光秀という、氏素姓の定かでない人物を重く遇したであろうか。

思えば長崎の称念寺門前に、光秀は十年暮らしていたという。伝承では、彼はここで寺子屋の師匠をしていたとされている。筆者は、美濃を出た光秀は、そのまま越前の称念寺を訪ね、朝倉家に仕えることなく、十年間その門前で、後世にいう寺子屋のような、読み書きを教えていたのではないか、とも推測している（場合によっては、医師の真似事も）。

「其後《そのご》越前ニ留《とどま》リ、大（太）守朝倉左《さ》衛門督《えもんのかみ》義景ニ属シテ、五百貫ノ地ヲゾ受納シケル」（『明智軍記』）

細川家の記録でも、光秀は朝倉家に仕えたことになっているが、それにしても「長崎」では、一乗谷から遠すぎた。一生懸命に仕官の道を探ったのは、称念寺門前であったろうが、朝倉家に仕えることが決まれば、やはり、もう少し一乗谷へ近いところに移らなければ、出仕自体が難しくなる。

なにほどかのか細い縁――光秀の母＝お牧の腰元であった竹川の叔母が、西福庵の庵主であった縁について、『称念寺のあゆみ』（称念寺四十一代住職・高尾察誠）は触れていた。西福寺の本寺は、長崎の称念寺だという。ならば、知るべがいたことになる。わずかな人脈をたよりに、長崎の称念寺に辿り着いた光秀とその妻・凞子（あるいは一族の者）は、日々の生活に追われながらも、寺の住職などから、朝倉家の情報を求め、動向を知り、仕官のとっかかりを探るべく頑張ったであろう。

　そうした中で、称念寺に朝倉の家臣を紹介された光秀が、連歌を催す機会を得る逸話が伝えられている。ようやく廻《めぐ》ってきた好機《チャンス》だが、輪番での連歌の会で当番となった光秀には、貧困ゆえに先立つものがない。饗応の準備をする費用がなかったのだ。

　ところが妻が、「案じなさいますな」といってくれ、開いた連歌の会は酒肴も調《ととの》い、大成功に終わった。それにしても凞子《ひろこ》は、この費用をどのように工面したものか。いぶかしげに光秀が妻をみると、彼女はかぶりものをしていた。はっと、光秀は気づく。女にとっては大切な黒髪を、凞子は酒肴に換えてくれたのだ。大いに妻に感謝するとともに、光秀は己れの志を改めて奮い立たせたという〝物語《サーガ》〟である。

　この挿話《エピソード》には、対《つい》をなすように語られる話があった。約百年後の元禄二年（一六八九）に、松尾芭蕉《ばしょう》が「奥の細道」の旅の途中、丸岡（現・福井県坂井市丸岡町地区）の里に立ち寄り、称念寺の門前での、凞子の黒髪の話を耳にする。

　感動をもってそのことを知った芭蕉は、のち伊勢の門弟・山田又玄《ゆうげん》の家に宿泊した時、病に冒された又玄を、その妻が懸命に看護した結果、病が癒えたことを聞かされた。

　この時、芭蕉が門弟の妻に対して、礼として贈った一句があった。

月さびよ明智が妻の咄《はな》しせむ

明智神社

ちなみに、光秀と凞子夫妻の三女（次女、四女説あり）が玉《たま》であり、のちの細川ガラシャであるが、地元の人々は称念寺の門前に住していたとき、玉は生まれたと語り継いでいる。

では、一乗谷へ移った光秀は、何処に住んでいたのであろうか。一乗谷朝倉氏遺跡は、国指定の特別史跡であり、発掘調査はめざましい成果を挙げているが、目下のところ、光秀の屋敷とおぼしきものは、残念ながら見つかっていない。

一乗谷の中ではなく、外に東大味《ひがしおおみ》（現・福井市東大味町）というところがあった。

ここには、通称「あけっつぁま」と地元では呼ばれている小さな祠《ほこら》が現存している。筆者も参拝したが、祠の中には十三センチメートル程の烏帽子《えぼし》姿で、墨により真黒に塗りつぶされた木彫の座像が収められていた。「明智神社」と呼ばれ、現在でも毎年、六月十三日の光秀の命日に、近所の人々によって祀られている。光秀が住んだという屋敷跡地に、代々暮らしてきた三軒の農家が、これまで四百余年の間、静かに、しかも根気強く、この祠を守ってきたのだという。

ここではないか、と地元の人はいう。そうかと思えば、ここにのちに朝倉氏が滅亡したおり、戦後処理を担当した光秀が、わずかな期間住んだ屋敷跡だ、という意見もあった。また、大味野は美濃から越前に入ろうとするときの関所のような場所であり、光秀は客分の待遇を受けていたから、ここにいた、とも。

いずれにしても、『細川家記』(『綿考輯録』)を信じれば、光秀が朝倉家より五百貫の地を与えられていたとの記述はある。これを信じるか、後世の付会と考えるか、難しいところではある。

『明智軍記』では、朝倉氏と対立する加賀の一向一揆が攻めてきたとき、仕官した光秀が一族の三宅(明智)光春(秀満)、明智次右衛門光忠らと力をあわせて撃退し、手柄を立てた、という。五百貫の知行はその際の戦功かもしれない、と桑田先生は自著で述べていた。

光秀はいつ、朝倉家を見限ったか

仮に朝倉家の客将として、光秀が一乗谷の外・東大味に移ったとする。

しかし彼はここで、頻繁に朝倉家の人々と往来するようになって、朝倉家の現実を知ることになった。『古案《こあん》』という古文書を集めたものの中に、天正元年(一五七三)八月二十二日付で、服部七兵衛尉という人物に、光秀が宛てた書状が収録されていた。

この度は「竹」の身上のことについて、馳走《ちそう》してくれてありがたい。百石の知行を与える、という内容のもの。「馳走」はふるまい、あれこれと努力してくれた、というニュアンスで、感謝した光秀がその見返りに、百石を七兵衛尉に与えたというのだが、目下、この「竹」が誰で、七兵衛尉がいかなる「馳走」をしたのかは、判明していない。

第一、この書状の出されたのは、朝倉義景が自害して、守護朝倉氏が滅亡した二日後である。

このとき光秀は、越前の地理に詳しいこともあり、織田家の一員として戦後処理に越前入りしていた。筆者にとって興味深いのは、この七兵衛尉の主人が「桂田《かつらだ》播磨守長俊《ながとし》」であったことだ。

長俊の前名を前波吉継《まえばよしつぐ》といった。この前波氏は、一乗谷阿波賀《あばか》（現・福井市安波賀町《あばかちょう》）の足羽川を隔てた北岸の、前波村（旧宇坂庄《うさかのしょう》内）を本拠としていた国人で、『大乗院寺社雑事記』では、文明十五年（一四八三）十月二十二日の条に、初見がある。相当に古くから、朝倉氏を「頼《たの》うだ人」として寄子となり、朝倉氏が巨大化するにしたがって自らの地位もあげ、天文八年（一五三九）から同十一年まで、将軍・足利義晴に近侍した「内談衆」の筆頭・大舘左衛門佐晴光《おおだちさえもんのすけはるみつ》が、朝倉家へ発給した九十六通の「書札案文」では、前波氏はすでに朝倉家の使者、奏者として勤仕していた。

朝倉家では領国支配の重要な行政機関として、国主の命を奉じて公事《くじ》や行事の政務を執行する「奉行」が置かれていたが、義景が国主となる直前の天文十五年七月十八日発給の「一乗谷奉公人連署書状」には、前波藤右衛門尉景定《かげさだ》の名があった。この人物は『賀越闘諍記《かえつとうそうき》』（朝倉氏と加賀一向一揆の闘争記）に拠れば、吉継の父であり、九郎兵衛尉吉継には嗣子で家を継いだ兄・藤右衛門尉景当《かげまさ》がいた。

景当は忠義一徹の武将で、このあとみる元亀元年（一五七〇）八月の浅井・朝倉連合軍による織田信長との戦い、近江堅田《かたた》（現・滋賀県大津市堅田）での激戦で戦死を遂げていた。

弟の吉継はどうしたか、元亀三年（一五七二）、信長の軍勢が朝倉軍と江北に対峙したおり、九月十一日に突然、吉継父子三人が織田の陣営に駆け込んで来る。明らかな投降、寝返りであった。

理由は前年三月に、朝倉義景がもよおした鷹狩に、吉継が遅参し、馬上の乗り打ちが見苦しかったことから、義景の勘気を蒙《こうむ》り、いくら詫びを入れても赦免がかなわなかったからだ、と『賀越闘諍記』にあったが、それはあくまで言い訳であろう。吉継は、朝倉と織田の両氏を天秤にかけたのだ。

　吉継は朝倉家の機密事項をあつかう「奏者」をつとめた重臣でもあった。このままでは、と朝倉を見限ったのであろう。朝倉氏滅亡後は、越前国の守護代に就任している。名を桂田播磨守長俊と改めたのは、そのときのことである。

　ついでながら。長俊は、越前府中城主に任命された富田長繁《ながしげ》（元朝倉氏の家臣）と勢力争いを演じ、ついには長繁の襲撃を受けて滅亡している。天正二年（一五七四）正月十九日のことである。

　話は戻るが、光秀はこの桂田長俊こと前波吉継とも、朝倉家に仕えたおりは懇意であったろう。光秀にすれば、藁にもすがる気持ちで、朝倉家の将たちと積極的に交わりをもったにちがいない。

　しかし、希望に胸をふくらませて仕えた朝倉義景は、年少にして加賀一揆の軍勢を打ち破り、大いに武名をあげたものの、祖父貞景以来、三代にわたって朝倉家を家宰してきた一族の朝倉宗滴《そうてき》が病没してからは、箍《たが》がゆるんでしまい、武備を怠り、文弱の世界に遊ぶようになってしまった（関連１１３ページ参照）。

　一族は孝景時代の能力主義を忘れ、いつしか頑固なまでの血統尊重主義に陥り、他国の、しかもどこの馬の骨とも知れない中途採用の光秀を、高くは買ってくれなかった。彼は当然のごとく、己れの前途に不安と不満を感じたであろう。

　しかし、転職するには年齢が問題だったし、何よりもそうたやすく再就職（仕官）できる時勢ではなかった（織田家は例外中の例外）。そのことは光秀の、すごしてきた歳月が物語っていた。

千載一遇の好機

老体国の朝倉家で、悶々とやるせない日々を送っていた光秀に、ある日、絶好の機会《チャンス》が到来した。室町幕府第十三代将軍・足利義輝の実弟である義昭（当時は義秋）が、朝倉氏を頼って亡命してきたのである。永禄九年（一五六六）九月のことであった。しかも幾十人かの取り巻きの中には、幕臣・細川藤孝がいた。光秀には神の福音に思えたであろう。

――これには少し、説明がいる。

詳しくはこれからみるが、過《す》ぐる永禄八年、三十二歳の織田信長が、尾張の支配権を追認してもらうため京都へのぼったおり、十三代将軍義輝は、若さにあふれて健在であった。

ところが、なまじ剣術を塚原卜伝高幹《ぼくでんたかもと》、上泉《かみいずみ》伊勢守信綱《のぶつな》といった〝剣聖〟に学び、印可を得るなどした義輝は、自らの力で将軍家の権威復活をもくろんだために、この頃、畿内を事実上支配していた三好三人衆と、三好家の家宰であった松永久秀（正確にはその子・久通《ひさみち》）によって、二条の館を襲われたあげく、弑殺されるという悲劇的な末路を迎えてしまう。

将軍義輝の生前、信長と前後して軽装上洛した上杉謙信は、将軍の日常を危うんで、

「おそれながら、将軍家に対し尊崇《そんすう》せぬばかりか、逆意を抱いている輩《やから》がいるように見うけられます。もしご下命いただきますれば、それがし、たちどころに奸徒を誅し、京の置き土産といたしとうございますが――」

と言上したこともある。謙信ほどの、一代の天才的戦術家なら、三好三人衆、松永久秀らを撃つことはあながち不可能ではなかったろう。が、将軍は笑って首を横にふった。

「まさか、将軍《よ》に害をなすことはすまい」――義輝は思い、謙信は越後へ帰った。

五月十九日、三好義継を総大将とする松永久通、岩成友通・三好長逸・三好政康らの軍勢が二条館を包囲し、いっせいに館内へなだれ込む。

将軍義輝は足利家重代の鎧《よろい》を身に纏《まと》い、防戦の指揮をとって、ついには代々の名刀十数振りを床に突き立てると、迫りくる軍勢に向かって斬って出た。征夷大将軍で自ら剣をもって、幾十人もの相手を斬った人は、鎌倉以来明治維新に至るまで、この足利義輝をおいて他にはいなかったであろう。

否、剣術が創造されて以来、これほどの働きをした剣客も皆無であったかもしれない。それにしても多勢に無勢、敵には鉄砲もあった。結局、義輝は死ぬ。享年、三十。

信長が美濃稲葉山とその城下・井ノ口を、「岐阜」と命名した二年前のことである。

当然ながら、三好三人衆や松永久秀は、後難を恐れて義輝の肉親を殺害した。実弟の相国寺鹿苑《ろくおん》院の院主・周暠《しゅうこう》（義昭の弟）などは、その日のうちに誘殺されている。そして彼らは、義輝の従兄弟《いとこ》にあたる〝阿波公方《あわくぼう》〟足利義栄《よしひで》を奉じ、十四代将軍とした。ただし、この後、三好三人衆と久秀の対立が激化したため、義栄は摂津富田《とんだ》（現・大阪府高槻市富田町）にとどまったまま。

ところで、ここに今一人、反義輝陣営の追及をかわして、奇跡的に生きのびた義輝の実弟がいた。

奈良一乗院の門跡《もんぜき》・覚慶《かくけい》こと、義秋である。彼も久秀の兵に捕われて興福寺に幽閉されたが、細川藤孝や一色藤長《いっしきふじなが》ら幕臣たちに助け出され、南近江の甲賀《こうか》（現・滋賀県甲賀市）に和田惟政《これまさ》を頼り、その後、近江の観音寺山城に六角義賢（号して承禎）、若狭の守護大名・武田義統《よしずみ》の保護をうけた。

が、いずこも、各々の抱《かか》える家中の問題処理に忙殺されており、とても義秋を十五代将軍につける助力など、できる状態ではなかった。義秋も兄の義輝同様、上杉謙信を心底、頼りとしたが、宿敵・武田信玄が健在であるかぎり、謙信もどうにも動きがとれない。

そこで次善の策として、義秋主従は越前の国主・朝倉義景を頼ったのである。

光秀の切り札はいとこの濃姫⁉

光秀は朝倉家の内情を知るほどに、落胆していた。主君義景は連日のように、愛妾を宴席にはべらせて遊興にふけり、越前を京の都としたい、との抱負はもっていたが、〝天下〟に志はなかった。

一方、光秀のもとへは、美濃や信長に関する情報がもたらされていたであろう。

「再仕官するなら、美濃の稲葉山城を陥して天下を狙おうとしている、旭日昇天の勢いの織田家だ」との思いも、強くなっていた可能性は否定できない。加えて今一つ、背中を押してくれそうな切り札が、光秀にはあった。伝承によれば、信長の正室・濃姫は光秀の従妹であったというのだが……。

しかし、武功もなく出向いても、信長から相手にされないかもしれない。

光秀が幕臣・細川藤孝へ、延《ひ》いては将軍候補の足利義秋（永禄十一年〈一五六八〉四月の元服式後は義昭）に対して、「頼《たの》うだ」朝倉家が上洛に動かないなら、越前一乗谷での寄寓をやめて、織田信長を頼るべし、と説得するうえで、「実は私は、信長公の正室の姻戚＝従兄にあたる」と口にし、それを信用手形として信長のもとに出かけた、との伝承が以前からあった。

『明智軍記』では、美濃を併合した信長から、「旧里ニ帰リ、家ヲ起シ、世上ニ名ヲ知《しれ》ヨカシ」と「再三懇《ねんごろ》ニ」書状が来て、「永禄九年（一五六六）十月九日、越前ヨリ濃州岐阜ヘゾ参リケル。其ノ比《ころ》、光秀三十九トカヤ」とあった。もちろん、筆者は〝物語《サーガ》〟だと思っている。

その信長のもとを訪ねた光秀は、「菊酒《きくざけ》ノ樽五荷《か》、鮭ノ塩引《しおびき》ノ簀巻《すまき》二十献上」し、あわせて、「又《また》、信長ノ御内所《ごないしょ》（御台所《みだいどころ》＝正室）ノ局《つぼね》ハ、光秀ガ従弟《いとこ》（光秀のほうが濃姫＝帰蝶《きちょう》より年上のため、正しくは「従妹」）ナル故《ゆえ》」とことわって、この御台所へのみやげとして、「任国大滝（現・福井県越前市大滝町）ノ髪結紙三十帖《ちょう》、府中（現・同県武生《たけふ》市府中）ノ雲紙《くもがみ》千枚、戸口《とのくち》（現・同県鯖江市戸口町）ノ網代組《あじろぐみ》ノ硯筥《すずりばこ》・文笈《ふみばこ》・香爐《こうろ》箱類《ばこるい》ノ物五十進覧シケリ」とあった。

信長の「御内所」とは、『美濃国諸旧記』に「帰蝶」とある女性で、天文元年（一五三二）に土岐頼芸の媒酌で道三と婚礼した、小見《おみ》（こみ、とも）の方と呼ばれた女性が、同四年に産んだ女子としている。

すでにみた『明智氏一族宮城家相伝系図書』では、光秀の父・光綱の妹（小見の方）としてあげており、その注記には「織田信長室実母」としていた。この系図は、光綱の別の妹が山岸（進士《しんじ》）信周《のぶちか》に嫁いで、そこで生まれた男の子を、光綱の養子にしたとして、光秀を登場させていた。

光綱の実子であったとしても、なるほど光秀と濃姫（お濃）は従兄妹ということになる。

正しいかどうかは傍証がなく、判断のしようがないが、光秀は明智氏から小見の方が出たこと、彼女が濃姫を生んだことは知っていたのだろう。

最近、筆者は信長のもとに嫁いだ濃姫は、初婚ではなく、再婚だったとする説を知った。

彼女は、はじめ土岐頼武《よりたけ》（本書では土岐政房の長男・頼純）の子「土岐二郎（次郎）」こと頼充《よりみつ》（頼純とも）に嫁いだが、天文十八年十一月に、頼充が二十四歳の若さで死んだため、一度、道三のもとに戻って、改めて同十八年に信長のところへ嫁いだという（ただし、土岐二郎の没年を天文十六年十一月十七日とする説もある。頼武とその子・土岐二郎については、各々、同じ諱「頼純」を名乗った時期があるようで、混同、あるいは同一人物視されることも少なくない）。

筆者はこの頼充をよくは知らないが、研究者の中には頼純と同一人物だという人もある。

なるほど、政房の子・頼純も同じ年の同じ月に亡くなっているが、こちらは四十九歳であった。もし同じ人物であったならば、濃姫は父の命令とはいえ、年のはなれた人物に嫁がされたことになる。

ところで、濃姫は信長に嫁いでその後、どうなったのであろうか。

濃姫は生きていた

『信長公記』などの史料には、その後、濃姫は出てこない。信長との間に、子供がいたとの記述もなく、それでいて死んだという具体的な記載もなかった。

ただ、斎藤家の菩提寺の常在寺に、彼女が寄進した父・道三の肖像画が残っていて、肖像には弘治二年（一五五六）四月二十日没と、道三が子の義龍と戦って死んだ日が書かれていた。

とすれば、濃姫は道三が死んだ日までは、生きていたことになる。

また野史によれば、〝本能寺の変〟のときに辻《つじ》ヶ花《はな》の小袖を着て、白い柄の薙刀《なぎなた》を小脇に抱え、明智勢を相手に獅子奮迅の働きをし、壮烈な最期《さいご》を遂げた女房に「お能の方」という女性がいたとある。

この信憑性に乏しい記事を根拠に、濃姫が〝本能寺の変〟で信長と一緒に死んだ、という話を創作した小説もあったが、これは早合点というものであろう。

道三が戦死したその翌年（弘治三年）、生駒家宗《いこまいえむね》の娘・吉野《きつの》（吉乃）が信長の嫡男・信忠《のぶただ》を産んでいる。もし、濃姫が急逝するようなことがあれば、吉野は正室となり得たはずだ。しかし、彼女は生涯、側室「生駒氏」にすぎなかった。

信長の結婚について、『武功夜話』には次のような記事が載っていた。

美濃の斎藤道三の娘・胡蝶との縁組以前のこと、信長の母・土田《どた》氏の里に、土田の縁者にあたる土田弥平次《やへいじ》という男がいて、彼に嫁いでいたのが吉野であった。

ところが、この夫が討死《うちじに》したため後家となった吉野は、父親の生駒家宗の屋敷に戻って来る。

そこへ、ときおり信長が遊びにくるようになり、吉野に手をつけて妊娠させてしまった。

『武功夜話』では、濃姫との縁組は弘治元年頃であり、吉野妊娠の一件は秘密にされ、天文二十四年正月（十月二十三日に「弘治」へ改元）に彼女は信忠を出産したという。

つまり、信長が濃姫と結婚したときには、すでに長男・信忠が、生駒家宗の娘・吉野のお腹にいたことになる。しかも、信長は濃姫と結婚してからも吉野との関係をつづけ、次男信雄《のぶかつ》、長女の徳姫《とくひめ》(五徳《ごとく》) をもうけているのだ。『武功夜話』を信じれば、『信長公記』の天文十八年結婚説が崩れるばかりでなく、濃姫との結婚生活そのものにも疑問が湧《わ》いてくる。

いずれにせよ、濃姫が死亡していれば、吉野はいつでも正室の座に座れたことは間違いない。

筆者は以前、少なくとも美濃併合までは、濃姫は実在していた、と漠然《ばくぜん》と考えていた。前述した反義龍勢力＝親道三派の人々にとって、濃姫は「美濃国譲り状」――斎藤道三が婿の信長に与えたといわれる――の、信長にとっては重要な保証でもあった。

その政治上の価値を考えても、信長は決して濃姫を粗略《そりゃく》には扱わなかったであろう。が、その没年は知りようもなかった。ところが、平成三年（一九九一）に岡田正人氏が『泰巌相公縁会名簿《たいがんしょうこうえんえみょうぶ》』（織田家の過去帳のようなもの）と『総見院《そうけんいん》之図面』（織田家墓所の見取図）をもとに、濃姫の没年月日が、「慶長十七（一六一二）壬子《みずのえね》七月九日」であること、法名を「養華院殿要津妙玄大姉」と定めていたこと、さらにはその墓所が京都市北区の大徳寺《だいとくじ》総見院《そうけんいん》にあることを突き止めた。

岡田氏の解説を読みながら、信長が濃姫を生涯、決して粗略には扱わなかった、という見解は間違っていなかった、と意を強くしたものだ。

換言すれば、美濃を併合することによって〝天下布武〟を可能にした織田家には、美濃出身者がきわめて多く、そのシンボルともいうべき濃姫の存在を、さしもの信長も決して無視することはできなかった、ともいえよう。

斎藤義龍の後家の所持する茶器を、信長が取りあげようとしたおり、濃姫からそんなことをすれば、「兄弟女子十六人自害」（『言継卿記』）と詰められ、信長が断念した挿話もあった。

夫・信長の死後、濃姫は「安土殿」と呼ばれ、信長の次男信雄のもとにあったようだ。

細川藤孝の価値

――流浪の将軍候補・足利義秋が、越前一乗谷へやってきた。

ただし、氏素姓の定かでない光秀が、将軍候補の貴人に本来、目通りがかなうわけもない。

ここで両者をつなぐ役割を担って、細川藤孝が登場する。この人物も、「下剋上」の荒波に翻弄されることがなければ、光秀ごときと言葉を交すことはなかったろう。

堂々たる、武家貴族の一員であったのだから。

天文三年（一五三四）、京都は東山《ひがしやま》の麓《ふもと》、岡崎の里（現・京都市左京区）に藤孝は生まれている。幼名を万吉。父は室町幕府三代将軍の足利義満より分流した、和泉《いずみ》松崎城主で幕臣の三淵《みつぶち》家の当主・大和守晴員《はるかず》（細川元有《もとあり》の子・元常《もとつね》の弟）であった。

天文三年といえば、尾張では織田信長が生まれている。二人は同じ歳であり、一説に藤孝は、十二代将軍足利義晴《よしはる》の〝ご落胤《らくいん》〟ともいわれているが、今一つ、詳《つまび》らかではない。

無論、応仁の乱で一方の総帥をつとめた細川勝元の、直系の家筋とも違う。

足利尊氏に仕え、幕府の管領《かんれい》をつとめた細川頼之《よりゆき》の直系が勝元であり、頼之の弟・頼有《よりあり》の系統から発生したのが藤孝の細川家の系譜であった。

細川幽斎（藤孝）

いずれにせよ藤孝は、幼少期を母の実家・少納言清原宣賢《きよはらのぶかた》のもとで養われ、それが藤孝の、ひいては彼の子孫の運命を決定づけたといえなくもない。

清原家は学問を司る家柄＝明経《みょうぎょう》博士《はかせ》家として著名で、藤孝の祖父も環翠軒《かんすいけん》と号し、〝碩儒《せきじゅ》〟（学問の広く深い学者）として名声が高かった。藤孝はもの心のつく頃から、この祖父に学問の手ほどきをうけ、戦国乱世に生まれながら、時代に超越した教養人としての第一歩をしるしたことになる。

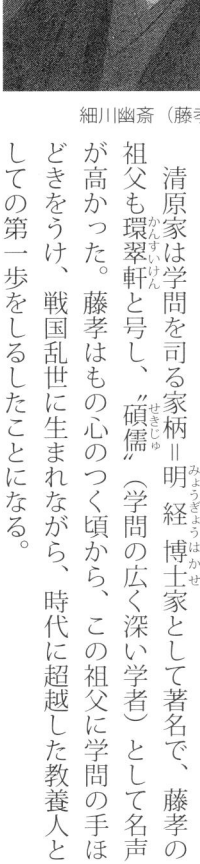

天文七年六月、五歳で将軍義晴に拝謁を許され、翌年、僅《わず》か六歳にして父の兄・細川播磨守元常《もとつね》（和泉国上《かみ》半国守護）の養子となった。もっとも、藤孝は生まれながらの武家である。十三歳で十三代将軍義藤《よしふじ》（のち義輝《よしてる》）の一字を賜り、名を与一郎藤孝と改める頃には、弓馬術、剣術を学んでいた。

この時代、下剋上はようやく深刻さを増し、将軍義輝などは室町幕府の主宰者でありながら、当時、足軽の技術と一般に低くみられていた剣術に執着、昼夜を分かたず打ち込んでいた。

将軍とはいえ、側近は数えるばかりで、幕臣の多くは領地を奪われ、日々の生活にも事欠くありさま。

わが生命《いのち》は自身で守らねばならなかった将軍義輝の思いは、それのみで「下剋上」の激しさがうかがえようというもの。藤孝は〝内次〟の役を仰せつかり、この二歳年下の将軍のかたわらにあった。

この頃、畿内は四国の阿波（現・徳島県）から出た三好氏によって、ほぼ押えられており、将軍家はおりにふれ三好氏と交戦・和睦を繰り返していた（三梟雄の松永久秀は三好家の家宰）。

合戦になると藤孝は、よく使番（伝令将校）に撰ばれた。通常、この役目は百戦錬磨の、老練の武士が請け負う。なにぶんにも、変化の著しい戦況を偵察するのであるから、生半可な器量では、刻一刻と移り変わる局面を、悉《つぶさ》に観察し、的確に把握して、分析することなどできはしない。

味方陣営の間を駆け抜け、敵陣内の士気を見届けると、さらに前線に出て、ときに藤孝は大胆不敵にも、敵の領域内に踏み込み、状況を詳細に察知しては、将軍義輝に戦局報告を行った。

そして、「この辺りが、退き際かと思われます」と、己れの見解まで付け加えることも忘れない。

『細川家記《かき》』によると、藤孝の初陣は十四、五歳のようで、戦功の最初は十六歳。畿内の数々の小合戦に従軍し、十七歳のころには一廉《ひとかど》の武人として、戦場を駆けめぐって相応の働きをしていた。

初陣当初の藤孝には、武芸の素養に加えて人並はずれた、強い腕力があったようだ。後年、「幽《ゆう》斎《さい》」と号した藤孝に師事した、近世初期の文人・松永貞徳《ていとく》は、その自叙伝『戴恩記《たいおんき》』の中で、

「幽斎は若い頃から、非常な大力の持ち主であった」

という意味のことを、感嘆を込めて書きつづっている。

貞徳が藤孝から直接に聞いた話には、車両を曳《ひ》く家牛が勢いよく突進してきたのを、若き日の藤孝は、牛頭の角を握って後方へ押し返すことができたという。

「自分はそれを幾度もやった」

藤孝は多少、自慢気に貞徳に語ったのだろうが、大力であったのは事実のようである。

光秀、藤孝に己れを売り込む

そうした藤孝の身辺で、一大事変が起こった。将軍義輝の弑逆事件である。

このおり藤孝は、自領にある勝龍寺《しょうりゅうじ》（青龍寺）城（現・京都府長岡京市勝竜寺町）に戻っていたため、幸運にも九死に一生を得たが、この時、人生最初の〝切所《せっしょ》〟を経験する。幕臣として、かなわぬまでも謀叛人たちと戦い、将軍に殉じて死ぬべきではないか、といった思いが藤孝を突き上げた。否、ここで死んでは犬死だとも思う。それでは生き恥をさらして松永久秀や三好三人衆に降参し、その軍門に下るか。あるいは、野山にかくれて逃げのびるべきであろうか。

討死か未練の延命か――多くの場合、この危機に対処する方法はこのぐらいしかなかった。が、藤

朝倉義景

孝は冷静に情勢を分析し、的確な判断を下して、より高等な第三の方法を考えつく。

藤孝は、義輝の弟で仏門（奈良一乗院門跡《いちじょういんもんぜき》）にあった覚慶《かくけい》を、三好勢の厳重な監視下から連れ出し、還俗させると将軍候補者に擁立したのであった。

これならば、幕臣としての面子《メンツ》も立ち、世上の評判とて決して悪くはあるまい。

「さすがは、藤孝殿――」

と称賛の声があがった。

還俗した覚慶は、足利義秋を名乗る。

もっとも、将軍候補・義秋を擁した藤孝の前途は、きわめて苦難が予想された。

室町幕府は初代・足利尊氏が野放図《のほうず》なまでに気前がよく、天下六十余州のあらかたを有力家臣たちにわけてしまったため、将軍家の基盤がそもそもなかった。のちの徳川幕府の天領（直轄領）が四百万石あったのに比べれば、ないも同然で、二、三の守護が連合すれば、簡単に踏みつぶすことができた。それほどに脆弱なものであった。が、かといって、将軍家を否定する大名はいなかった。

もし、将軍家を失ってしまえば、諸大名にとって生命《いのち》ともいうべき、「一所懸命」の領地争いの、判定機関がなくなってしまう。自らの地位を確認する官位も、将軍によって帝へ、上申してもらわねばならなかった。義輝は三好らの意に沿わなかったから殺されたが、すぐに十四代将軍義栄が擁立されたのは、まさに将軍の必要性を語っていた。

ここで重要なのは、将軍そのものではなく、その機能であった。将軍など、誰でもよかったのである。

一部の、将軍の権威を尊ぶ大名を除いては、すでに「下剋上」は将軍ですら、ありがたがられない。天下に通用しにくい存在となっていた。

流浪をかさねて、越前・朝倉義景のもとへたどり着いた藤孝は、朝倉家の武勇をもって上洛を果たしてもらい、実力ある大名を京へ召集して、かつての室町幕府の創成期の形に戻したい、そうした抱負を持っていたことは間違いない。

だが、義景はなかなか重い腰をあげようとはせず、永禄十一年（一五六八）に入ると、寵愛していた小宰相《こさいしょう》に死なれ、彼女との間にできた一粒種の阿君《くまぎみ》（男子）も急逝。気落ちした義景は、戦国大名としての覇気そのものを失ってしまう。

藤孝は近江流浪中から、実は織田信長と交渉を持っており、なかなかうまくいかない美濃併合を、成し遂げたならば上洛の供奉をする、というところまで、信長に確約させていた。が、美濃攻略はうまくいかず、約定は頓挫。思案する藤孝の前に現れたのが、光秀であった。

『細川家記』に拠れば、足利将軍家の衰退を嘆き、義秋の諸所での流浪を語った藤孝に対して、

「いま、義秋公の昵懇衆《じっこんしゅう》のうちで、強敵を退けて、義秋公を京へお戻しできるのは、足下《そっか》（藤孝）一人とお見うけする。されど、越前にとどまって朝倉氏をたのみ、功をとげようとしても困難でありましょう」

と光秀は前置きして、頼るは尾張の織田信長だ、と切り出した。

さらに光秀は、

「――それがしは信長の内室と縁故があり、これまでもしばしば、家臣にならぬか、と高禄で誘われていたのですが、ためらってまいりました。どうでしょう義秋公のこと、信長に依頼されては……」

光秀が濃姫と従兄妹《いとこ》かどうか、真相は不明である。

もしかすれば、光秀が藤孝の関心を惹《ひ》こうとして、口から先の出まかせをいったかもしれない。残された肖像画のイメージもあって、どちらかといえば光秀は、線の細そうな人物だと思い込んでいる方も多いようだが、実際はそうではあるまい。海千山千、柔《やわ》な心臓ではここまで来れまい。

ましてこの先、苛烈をきわめる織田家の中で、出世していくことなど出来るものではなかったろう。史実の光秀は、あくまでも逞《たくま》しい人物であったといえる。

賽は投げられた！　義昭主従、尾張へ

そういえば、江戸時代に入って書かれた『校合雑記《きょうごうざつき》』には、
此光秀はもとは、細川幽斎（藤孝）の徒《かち》えもの也。
かの家を出て、信長へも徒の者にすみけり。御意に入れ、頓《やが》て知行を下されて、瘦馬《ひば》一疋の主となりて、次第〳〵にとり立てられ――云々。

「徒《かち》」は馬に乗らない兵卒、しもべ、従者のこと。弟子の意味もあったが、正体不明の光秀は、藤孝の組下で「徒」をやっていたというのだ。

義秋改め義昭のメモにも、「足軽衆」の最後に光秀の名が載っていた。藤孝の組下にまずは臣従し、光秀はそれを足がかりにして義昭に接近、直臣へと昇進したのではないか。これも「下剋上」なればこその、現象であったに違いない。

一方で、光秀が焦ってもいた、といわく付きの『明智軍記』はいう。

朝倉義景の正室であった小宰相の実父・鞍谷刑部《くらたにぎょうぶ》が、光秀の胡乱《うろん》な動きに嫉視したというのだが、もし新参の光秀が朝倉家にくい込んでいたならば、光秀をとんでもない獅子身中の虫、油断ならない佞臣《ねいしん》と決めつける、累代の忠臣が出てもおかしくはなかった。

朝倉氏の前途を見限った光秀は、将軍候補義昭の信長への橋わたしに、己れのこれからを賭けた。信長のもとへ、いつ、光秀が赴いたのか。もとより確固たる記録はないが、諸般の事情を考えると、永禄十年の末から翌十一年のはじめにかけて、と考えるのが適切なように思われる。

永禄十一年七月十三日、足利義昭主従は越前一乗谷を出発し、美濃へむかった（もっとも、この一行に光秀の名はない）。義景は無言のまま、義昭主従を見送っている。

結局、朝倉義景には光秀の使い道も、義昭の価値もわからなかったのであろう。否、そもそもの立志がなければ、見えない未来であったというべきかもしれない。

越前守護の朝倉氏は、守護代から守護へ、先にみた斎藤道三父子二代を超える速度《スピード》で、孝景が越前一国を簒奪《さんだつ》したことに拠った。タネ明かしは、応仁の乱である。

孝景の六代前＝初代広景は、南北朝時代にいきあわせ、足利氏から分かれた斯波《しば》氏の当主・高経《たかつね》に属して戦場を駆け、高経が越前守護となるや、その幕下にあって南朝の新田義貞を越前藤島（現・福井県福井市藤島）で討ちとっている。

広景の子・高景は越前守護代となったが、守護代は複数あり、孝景の代で一気に守護へ。彼は応仁の乱で西軍にあり、大活躍を演じていた。それを危惧した東軍の主帥《しゅすい》・細川勝元から、「もし寝返ったら越前守護に任命する」といわれ、文明三年（一四七一）二月に孝景は寝返って守護となった。以来、朝倉氏は孝景の掲げた家訓（条々）を守り、孝景の孫・貞景《さだかげ》は祖父の思いを受け継ぎ、隣国加賀の一向一揆の侵攻を見事に撃退して、朝倉氏の越前支配を確立した。

ところが彼の孫・朝倉義景の代で、朝倉家は滅亡してしまう。「下剋上」の思い、〝戦国〟の厳しさを、代々に伝えることは難しい。

越前の主となった朝倉孝景の末子で、信玄とほぼ同世代に朝倉教景《のりかげ》（一四七四〈一四七七説も〉～一五五五）という歴戦の名将がいた。孝景の祖父にも同じ名の人がいたが、氏景の弟のこちらは、法名を照葉宗滴《しょうようそうてき》といい、貞景―孝景（宗淳）―義景の三代を補佐後見し、戦国屈指の強国を築きあげた人物といってよい（98ページ参照）。彼は十二度に及ぶ自らの合戦経験を、側近に語り聞かせ、それを教訓として活かさせるべく、筆記録として後世に残した。

「武者《いくさ》は犬ともいへ、畜生ともいへ、勝《かつ》事が本《ほん》（根本《こんぽん》）にて候事」（『朝倉宗滴話記』）

宗滴は戦《いくさ》の本質を朝倉家の人々に、必死に語りつづけた。とにかく、勝たねば駄目なのだ、と。

そして、「下剋上」の世を生きる武将の、厳しさをも端的に主張した。

「大事の合戦之時、又は大儀なるのき口《ぐち》（退き口＝撤退）などの時、大将之《の》心持《こころもち》（きもち）見んために士卒として種々にためすものにて候。聊《いささか》も弱々敷《よわよわしき》体を見せず、詞《ことば》にも出すべからず」

一大事に遭遇したとき、部下は大将の真実の姿を知ろうとし、敢《あえ》て「種々ためす」ものだ、と宗滴はいう。非常事態は、大将にとっても一大事である。表面をかざり、偽わる余裕などはあるまい。しかし、興廃のポイントは「専ら主君の一心」（同上）にかかっていた。

草創期の成り上がり世代には、それが泰然自若《たいぜんじじゃく》とできたものだ。

ところが、代を経て当主が武家貴族化すると、伝承は消えてしまう。

天文二十四年（一五五五）九月八日、宗滴は八十二歳で没するまで、亡父孝景の条々を肝に銘じ、実践して越前大国を守り抜いた。しかし朝倉家は、それからわずか十八年しかもたなかった。

そういえば、中国で長く官吏登用試験「科挙《かきょ》」の受験参考書として親しまれた『文章軌範《ぶんしょうきはん》』（南宋の謝枋得《しゃぼうとく》の撰）に、杜牧之《とぼくし》（杜牧《とぼく》）の有名な賦《ふ》（対句をもちいた韻文）の一節が載っていた。

「六国《りっこく》を滅ぼす者は六国なり、秦《しん》に非《あら》ず。秦を族《ぞく》する者は秦なり、天下に非ず」（「阿房宮賦《あぼうきゅうふ》」）

すべての国――組織でも個人でも――の興亡の原因は、自らのうちにある、との真理だが、守護・守護代の存立滅亡も、その原因は内側――なかでも各々のリーダーにあったことは、例外をみない。

その意味において、光秀や彼を使うことになる信長のほうが数倍、義景よりは野心の強い、だからこそ懸命に可能性を求める人物であった、といえそうだ。

賽は投げられた。すべては信長の双肩にかかっていたが、さて、その彼の心境は……。

永禄十一年七月二十五日、美濃立政寺《りゅうしょうじ》（現・岐阜市西荘《にしのしょう》）にて、信長は義昭に拝謁を得た。

第二章　「下剋上」の完成・織田信長

織《お》田《た》劔《つるぎ》神社こそ、すべての始まり

南北朝争乱のおり、南朝の義将・新田義貞を敗死させたのが、斯波高経―朝倉広景主従であることは、すでにふれた（113ページ）。この斯波氏に朝倉氏ともども随身し、寄子となっていたのが、越前国織田《おた》荘の国人――遠い信長の先祖であった。

が、織田信長の家系も「下剋上」で上昇したもので、もとは織田氏のはるか傍流でしかない。

信長の織田家の遠い先祖については、従来、平家説・藤原説・忌部《いんべ》説の三説があった。

平清盛の孫で、壇《だん》ノ《の》浦《うら》の合戦で戦死した平資盛《すけもり》（清盛の嫡男であった重盛《しげもり》の次男）の遺児が、近江国津田《つだ》荘（現・滋賀県近江八幡市）の郷長《さとおさ》に養われ、のちに越前国丹生《にゅう》郡織田荘（現・福井県丹生郡越前町織田）にある織田《おた》劔《つるぎ》神社の神主に養育されて親真《ちかざね》と名乗った。ついで剃髪《ていはつ》して覚盛《かくせい》と称したが、この覚盛こそが織田氏の先祖だというのが平家説である。

これに対して、元東京帝国大学史料編纂官の田中義成《よしなり》博士は、信長が天文十八年（一五四九）十一月、尾張国熱田《あつた》（現・愛知県名古屋市熱田区）八ヵ村に宛てた制札に、「藤原信長」と署名しているのを根拠に、織田氏は藤原氏だ、と主張。信長の代になって、彼が平家へと改姓したのは、源平交替思想によるもので源氏の室町幕府十五代将軍・足利義昭にかわり、平家の信長が天下を治めることを、正当化するためだった、と結論づけた。

のちに、豊臣秀吉が平家を一時、名乗ったことからも、この源平交替思想は多くの人に支持されてきたといってよい。では、もう一つの忌部説はどうか――。

信長の先祖・織田氏は越前国丹生郡織田荘の、織田劔神社の神官であった忌部氏の出身だから、貴族の藤原氏とは直接の関係がない、と説いていた。

こうした三説のほかにも、平資盛が西海《さいかい》に落ちのびた日、愛妾が近江の津田郷に避難して、やがて資盛の遺児を産んだ。この子が長じて津田親実《ちかざね》（前出と別人）と名乗り、さらに越前国織田劔神社の神主の養子となって織田氏を称した、という説もあった。

いずれにせよ、越前国丹生郡織田荘――織田劔神社が、信長の先祖の秘密を握っていることは、確かなようである。

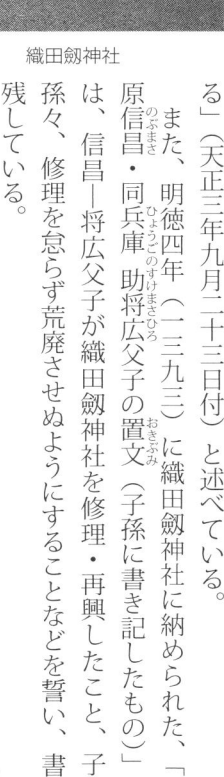

その証左《しょうさ》に、信長自身が、この織田劔神社を氏神として崇敬していた。それは同神社に伝来する、信長の家臣・木下祐久《すけひさ》の書状＝天正元年（一五七三）、信長の越前平定直後のものに、「おのおの存知の如く、織田寺《ママ》の御事は殿様（信長）御氏神について、別して御念を入れられ、御朱印を遣わされ候条《そうろうじょう》」と、記されていることからも明らかであった。信長自身も「先祖別《べつ》して（特に）子細これ有る」（天正三年九月二十三日付）と述べている。

織田劔神社

また、明徳四年（一三九三）に織田劔神社に納められた、「藤原信昌《のぶまさ》・同兵庫助《ひょうごのすけ》将広《まさひろ》父子の置文《おきぶみ》（子孫に書き記したもの）」には、信昌―将広父子が織田劔神社を修理・再興したこと、子々孫々、修理を怠らず荒廃させぬようにすることなどを誓い、書き残している。

余談ながら、この置文からも、信昌―将広の「信」「広」の諱《いみな》の二字に注目して、尾張の織田氏とこの藤原姓の父子を関連づけて考える説が生まれている。この「藤原」の姓から改めて、藤原先祖説が展開できるというのだ。のちに平家を名乗る織田信長の、先祖は果たして忌部であったのか、それとも藤原であったのだろうか。興味は尽きない。筆者は素直に、忌部説だと推測してきた。

いずれにしても、織田家は越前国織田荘を本貫《ほんがん》とする、土豪・地侍《じざむらい》から起こったことは間違いあるまい。地を這《は》うような存在でしかなかった織田氏が勃興《ぼっこう》するのは、尾張の守護代となったからこそであった。室町幕府の職制では、守護代の上に守護（大名）がいた。

そもそも織田氏は、いかにして越前から尾張へと移住したのであろうか。

織田氏の「応仁の乱」

前章でみた斯波高経の孫である義重《よししげ》は、応永五年（一三九八）五月の越前守護についで、二年後の三月、尾張守護をも兼任（斯波氏はのち、遠江〈現・静岡県西部〉守護も一時兼ねている）。

当初、尾張の守護を現地で補佐する守護代には、越前守護代であった有力国人の甲斐《かい》氏が兼務していたが、はやくも応永九年の時点で「織田常竹《じょうちく》」の名が尾張側の史料に現われ、翌十年には「織田伊勢入道常松《じょうしょう》」の名が、尾張守護代として初見される。

また、この常松は、前項（119ページ）でみた明徳四年（一三九三）六月十七日、織田劔神社に納められた「藤原信昌・同兵庫助将広父子の置文」にある将広と同一人物ではないか、との説があった。

筆者もそうではないか、と想像している一人であり、すでに第一章でみた尾張守護代・織田敏広もそうだが、織田一族の嫡流《ちゃくりゅう》にあった人物には、「広」の通字がもちいられたように思われる。

加えて興味深いのは、織田常松は京都にあり、国許《くにもと》にあってその実務を司っていたのが、織田左《さ》京亮《きょうのすけ》（のちの出雲守入道常竹）であった点である。すでに職責の分離は、織田一族の宗家・分家の中ではじまっていたわけで、時代が南北朝合一の直後であり、まだ、下剋上の雰囲気が何処《どこ》にもみえていなかったがゆえに、一族は順調に勢力をのばしていったのであろう。

守護代＝織田氏の嫡流は、その後、織田勘解由左衛門尉《かげゆさえもんのじょう》教長《のりなが》―織田淳広《あつひろ》とつづく（両人同一人物説もある）。さらには、久広《ひさひろ》―郷広《さとひろ》―敏広《としひろ》と在京のまま、織田氏の守護代は受け継がれていった。

いうまでもなく淳広の「淳」は、管領もつとめた守護の斯波義淳《よしあつ》（義重の子）から、諱の一字（偏《へん》諱《き》）を拝領したものである。その後の守護である斯波義郷《よしさと》や義敏《よしとし》などからも、そのときどきの織田家の当主＝守護代は、一字を与えられていた。と同時に、この家系は下の一字に代々、「広」を通字としてもちいており、まぎれもなくこの系統が、越前以来の織田氏の嫡流であると考えられる。

さて、応仁の乱における斯波氏と織田氏である。

斯波家の最大の実力者は、守護代の甲斐常治であり、敏広は同役でありながら、その寄子のように仕えていた。ところが、長禄三年（一四五九）八月に、常治は陣没してしまう。

結果として、越前では朝倉孝景《たかかげ》（越前朝倉氏七代当主・号して英林《えいりん》）が、尾張では織田敏広が抬頭《たいとう》することとなる。しかし、織田家は勢力が拡大した分、これもすでにみた敏定《としさだ》が出て、伊勢守系＝岩《いわ》倉《くら》織田氏と大和守系＝清洲《きよす》（清須）の織田氏に二分する（関連70ページ）。

大和守系は当初、〝又代《まただい》〟（小守護代）と称され、伊勢守系より一段低い地位におかれていたようだが、戦《いくさ》の駆け引きでは敏定のほうが巧者で、敏広より圧倒的に合戦は強かった。

劣勢に立たされた本家の敏広は、前章の斎藤道三のくだりでみた、敏広の娘婿の斎藤妙椿に助けを借《か》り、勢いをもりかえして和議を結び、敏定は斯波氏の保有する尾張六郡のうち二郡（海東《かいとう》〈異説あり〉・愛知）を獲得。以後、中島《なかしま》郡清洲（清須）城（現・愛知県清須市）を根拠地とするようになった。

この伊勢守敏広は、居城を丹羽《にわ》郡岩倉城（現・愛知県岩倉市）に構えていたが、その後、文明十三年（一四八一）頃に死去してしまう。

担がれていた義廉は、根をもたない切り花のように後ろ盾を失い、越前朝倉氏の許《もと》へ走り去る。代って、斯波義敏の子・義良《よしすけ》（のち義寛《よしとお》）は、朝倉氏との戦いに敗れて越前回復の望みを絶《た》たれ、入れかわるように尾張へ入国してくる（文明十五年三月）。

義良は、勢いあがる大和守敏定の側に立った。とにかく、情勢は目まぐるしい。

「船田合戦」を経て信長の曾祖父へ

一応、尾張では守護・斯波治部大輔《じぶのたいふ》義良―守護代・織田大和守敏定の形が誕生した。

一方、伊勢守敏広を失った岩倉織田家は、敏広の弟・広近《ひろちか》の補佐のもと、敏広の遺児・千代夜叉丸《ちよやしゃまる》（のちの兵庫助寛広《とおひろ》）が名跡を継いだものの、先代ほどの覇気《はき》がなかったようで、結局、敏定に膝《ひざ》を屈して和を乞《こ》うにいたる。残された断片的な史料を見るかぎり、勝者の敏定は文武にすぐれた武将であった。畿内で起きる合戦に度々出陣しては、その武勇を近隣に知らしめている。

なかでも、かつて敏広と戦っている最中、敏定は敵に一眼を射られながらも、その矢を抜かず、そのまま奮戦して自軍を勝利に導いた挿話は、つとに有名であった。

もし、この敏定が巧みに本家の岩倉織田家を懐柔《かいじゅう》し、その勢力を減殺していけば、後世、清洲織田家の傍流から現われる信長は、もう少し早く尾張を平定することができたかもしれない。

——この時機《タイミング》で、前章で少しふれた明応四年（一四九五）三月の「船田《ふなだ》合戦」が、隣国の美濃で勃発した。

応仁の乱という濾過装置《ろかそうち》を通過してきた守護家の内情＝「下剋上」は、尾張も美濃もかわらない。

美濃守護代の斎藤利国は、近隣諸国に支援・出兵を要請。越前の朝倉氏、北近江（現・滋賀県北部）の京極《きょうごく》氏はこれに応じている。ところが、先代の妙椿にむりやり和議をさせられた織田敏定は、それならば、とかつて妙椿のもとで成りあがった石丸利光を支援。これに、南近江（現・滋賀県南部）の六角《ろっかく》氏も同調した。

織田寛広はどうしたか。父の恩もある。岩倉織田家の再起をかけて、妙椿の養子・利国への荷担に踏み切った。

この美濃出陣中に、敏定は病没してしまう。それが戦局に響いたかどうか。同年五月二十九日の戦いに利光は敗れ、自害して果てる。

敏定の病死と利光の敗北が、どん底の岩倉織田家を救ったといってよい。この戦いを境に、信長の根本資料＝『信長公記《しんちょうこうき》』（太田牛一《おおたぎゅういち》著）の首巻に述べられた、尾張情勢が定まったといえる。

去る程に尾張国は八郡なり。上の郡四郡、織田伊勢守、諸侍手に付け進退して、岩倉と云《い》ふ処に居城なり。半国下の郡四郡、織田大和守下知《げち》に随《したが》へ、上下川を隔て、清洲の城に武衛《ぶえい》様を置き申し、大和守も城中に候て守り立て申すなり。

右文中の大和守の下の郡四郡は、先の二郡に加えて、それ以前は一色《いっしき》氏の支配力が強かった海東《かいとう》郡・知多《ちた》郡を併せてのことであり、「武衛」とは兵衛府《ひょうえふ》の唐名で、左兵衛督《さえもんのかみ》が極官であった守護斯波氏の当主義廉のことである。この「一色」については、斎藤義龍の項で述べている。

ついでながら、石丸利光に勝利した利国は、その年（明応四年）の冬に、利光に同調した六角高頼《たかより》に報復すべく、京極氏ともども江南《こうなん》（琵琶湖の南＝南近江のこと）へ出陣した。

ところが、まさかの敗戦を喫し、利国とその子の新四郎利親《としちか》は揃《そろ》って討死《うちじに》をとげ、この割れ目から「斎藤道三《どうさん》」が現われたことは、すでに述べた。

話がいささか前後するが、文明十四年（一四八二）――三年前に尾張守護・斯波義良（のち義寛）――同守護代・織田敏定の組合わせが定まり、前年に朝倉孝景（英林）が没した――の清洲城内で、ちょっとした宗教論争が戦われた。

従来、日蓮宗においては身延山《みのぶさん》の久遠寺《くおんじ》（現・山梨県南巨摩《こま》郡身延町）と京都六条の本国寺《ほんこくじ》（のち本圀寺《ほんこくじ》）とが、どちらが本末かを争っていたが、熱心な日蓮宗の信徒であった敏定は、両者に法論を戦わせ、双方の主張を聞いたうえで、本国寺派を勝ちと決した。

この一事は、〝又代〟として一段低く位置づけられていた敏定が、名実ともに尾張の実権力者になったことを物語った挿話だが、実はこの清洲宗論のとき、奉行をつとめたのが、織田弾正忠《だんじょうのじょう》良信《すけのぶ》（西巌《さいがん》）であった。「良信」は守護の斯波義良の偏諱を与えられたと考えられ、この人物が斯波家の被官として、織田敏定の側近くに仕えていたことが察せられる。

――この良信こそ、織田信長の曾祖父であった。

信長勃興の基盤を創った祖父

良信―信定《のぶさだ》（信貞《のぶさだ》とも）―信秀《のぶひで》と継承して、信長にいたる。

『織田系図』では、信秀の父を信定とし、信定の父を大和守敏定としているが、これはいただけない。天下統一を目ざす信長が、自家の系図を作成したおり、主家ともいうべき守護代の清洲織田氏へ強引に系譜《けいふ》をつなぎ、自らの正統性を演出しようとしたものであろう。

異説に、良信の父を織田備後守敏信《としのぶ》とする説もあるが……。明らかなことは、信長の曾祖父は敏定ではなく良信であったが、この人物はまだ清洲織田家の臣下とは断定しにくい。有名無実化しつつあるとはいえ、守護家の被官として、ある意味では敏定の同僚であった可能性も捨《す》てきれなかった。

それが明らかに変貌をとげるのは、次の〝弾正忠〟信定（月巌《げつがん》）の代である。信定は、守護代織田家の三奉行として、歴史の舞台に登場してきた。ただ、ここで見落としてはならないのが、彼の領地である。

信定は尾張の西端に位置する海部《あま》郡勝幡《しょばた》（現・愛知県稲沢《いなざわ》市から愛西《あいさい》市にまたがる）に居城し、尾張の西南部＝津島《つしま》（現・愛知県津島市）一帯を領有して、国内きっての資産家となっていた。

勝幡は木曾川の下流にあり、肥沃《ひよく》な農地に恵まれ、水路交通は開《ひら》け、かつ伊勢湾交易の要衝・津島を擁している。尾張でもこれに匹敵する優れた経済基盤を持つ土地は、少なかったにちがいない。

もし、信定がこの地を獲得していなければ、孫の信長が登場して来ても〝天下布武〟どころか、国内統一すら難しかったであろう。後年の、信長の経済政策や鉄砲《てっぽう》にみられる経済効果の着眼の源は、この信定にあったのではないか、と筆者は考えてきた。

天文七年（一五三八）十一月に、信定は没している。享年は残念ながら不詳である。

ついでながら信定は、一面、次代のわが子・信秀をおもわせる文化人の顔ももっていた。

大永六年（一五二六）三月に、連歌師《れんかし》の宗長《そうちょう》が津島を訪れたおり、信定―信秀父子は宿の正覚寺を訪問している。なお、筆者が信頼している岡田正人氏の「織田信長一族系図」に拠《よ》れば、信定の妻として「いぬゐ」という名があがっていた。彼女は翌大永七年六月二十四日に没したという。

また、信定の弟に織田秀敏《ひでとし》なる人物がいた。

生没は明らかではないが、玄蕃允《げんばのじょう》（玄蕃頭《げんばのかみ》とも）を称し、結構、長生きしたようで、永禄三年（一五六〇）五月の、信長の桶狭間の戦い（後述）のおりには、鷲津砦《わしづ》（現・愛知県名古屋市緑区）を守っていたようだ。あるいはこの時、戦死したのかもしれない。

甥にあたる信秀の没後も、信長の傅役《もりやく》であった平手政秀《ひらてまさひで》の諫死を受け、大伯父の秀敏が信長の後見役をつとめておか、『浅井文書』にに秀敏が斎藤道三に送った書状の返事が伝えられている。

それによれば、信長の家督相続によって動揺する尾張国内の実状を、秀敏が道三に相談したようで、道三は放置せずに調停することを助言している。信長はいまだ若年であるから、あなた（秀敏）のご苦労も察してあまりあるものがある、とも。一説に、秀敏を大和守敏定の子とするものもあるが、清洲織田家が美濃の斎藤氏と因縁浅からぬ関係にあったのは、間違いあるまい。

そういえば後年、天正二年（一五七四）三月に、信長の嫡男信忠が、秀敏の孫・津田愛増《あいぞう》に対して、祖父の知行や家来を安堵している。桶狭間からの十四年、秀敏の家はこの間どうしていたのだろうか。

〝本能寺の変〟ののち、尾張に入った信長の次男・信雄の老臣に、「織田玄蕃頭」という人物がいたが、さて、この人の系譜は秀敏とつながっていたのだろうか。

信長にはこうした、身内の支えもあったのである。

信長の父・信秀が施《ほどこ》した〝英才教育〟とは⁉

信長の父である信秀について、次のような記述があった。

「備後殿《びんごどの》（信秀）は、とりわけ器用《きよう》の仁《じん》にて諸家中の能者《のうしゃ》とも御知音《ちいん》（よく知られていること）なされ、御手につけられ」（『信長公記』）

これまでの信秀に関する評伝でもくり返し述べてきたが、この時代、人を評するのに「器用」という言葉がしばしば使われたが、この「器用」は後世にその意味が衰弱してしまったものの、本来は華やいで実《じつ》がともない、さらには清潔だとの語感があり、このうえない室町期の誉《ほ》め言葉であった。

つまり、信秀は紛れもない、一廉《ひとかど》の人物であったことがしれる。

天文三年（一五三四）五月十二日、信長はこの信秀の第三子として、居城の勝幡城で生まれた。幼名は吉法師《きっぽうし》である。信秀は信長の誕生とともに、那古野《なごや》（現・愛知県名古屋市）に城を築いて、吉法師の居城とし、宿老・林秀貞《ひでさだ》（通勝《みちかつ》は誤伝）、平手政秀、青山与三右衛門《あおやまよそうえもん》、内藤勝介《しょうすけ》を傅役として配置した。そして自身は、新たに古渡《ふるわたり》（現・名古屋市中区橘《たちばな》と古渡町周辺）に新城を築城（翌天文四年）すると、そこを尾張経略の拠点としたのであった。

信秀はなぜ、このような行動をとったのであろうか。これには信秀の、吉法師に対する教育方針が深くかかわっていたように思われる。理屈なしに、自然と父を認め、敬慕し、「父に励まされたい」と思うような、吉法師の子供心を形成すべく、信秀は「偉大な父親像」を演じつづけたのではあるまいか。そのためには、同じ城にいては何かと具合が悪かった。信秀も、生身の人間である。疲れているときもあれば、気分が優れず、少々の自儘《じまま》を家族や家臣の前で振舞う場合もあろう。女遊びや徹夜の酒宴、怒鳴り散らしたり、刀を抜くような蛮行も、ときにないとは言い切れなかった。

――信秀は、それをわが子に見られるのを、恐れたのではあるまいか。

ゆえに、自身は居城を別にし、吉法師に会うおりには、つとめて名将らしい嗜《たしな》みを見せるべく振舞った。信秀は同様に、自らの教育方針にも気を配っていた。

筆者はその証左に、成長した吉法師が世に〝大うつけ〟（阿呆者）と悪評されても、信秀は最後まで信長を理解し、支持しつづけた一事をあげる。信秀には嫡子・庶子ともに、十二男七女と子福者であったが、世継ぎの変更はついぞ考えていなかった。そして、自らも通称とした〝三郎〟を、のちの吉法師に与えている。

信秀の非凡さは、己れの代を〝不安の時代〟、次の吉法師の世を〝危機の時代〟と看破していたところにも如実《にょじつ》であった。尋常一様では、さらなる乱世＝〝危機の時代〟は乗りきれない。克服するためには、並はずれた精神力と体力を持つしかなかった。織田家を飛躍・発展させるか、逆に衰退・滅亡させるかは、次代の吉法師が担っている。それを予測できたのが、信秀であった。

平手政秀ら傅役や後見の大叔父・秀敏がいたとはいえ、吉法師は頭を押えつける者を周囲に見ることなく育っている。『信長公記』には、〝心身の鍛練に余念のない信長の姿が、生き生きと描かれていた。天文十五年、十三歳になった吉法師は、平手政秀、青山与三右衛門、内藤勝介をともなって古渡城に行き、元服している。古渡城では酒宴が催され、同時に加冠の儀式が行われて、吉法師は「織田三郎信長」と名乗ることとなった。

筆者はこの父なくして、後年の信長はなかったと考えてきた。

信秀が幼少の信長＝吉法師を育てている頃、多くの守護・守護代、それに代りうる実力者の家では、しかるべき家臣を養育係につけ、高名な公家や学問僧などをできるかぎり他所から呼びよせて、次代を担う子供の英才教育に当てていた。それはわが子を、立派な武家貴族に仕立てようとするものであった。この時代、〝貴人〟の教養には三つの柱があった、といってよい。儒教と仏教と歌学である。

とくに歌学は、日本語としての磨かれた詞藻《しそう》を育《はぐく》むものとして、重要視されていた。

教科書は『源氏物語』『古今集』『新古今集』、さらに応用として「連歌」の勉強があった。加えて、中国の古典教養。それらを次から次へと詰め込み、暗記させて身につけさせ、かたわら脆弱《ぜいじゃく》にならないよう、武芸にも精を出させている。ある種の、「帝王学」といってもよかった。

信長の宿敵となる武田信玄や上杉謙信、そして朝倉義景、または斎藤道三─義龍父子などは、まさにこうした教育を徹底してうけており、今日に残された彼らの手紙などを見ると、そうした教養の高さが語彙《ごい》の豊富さと共にうかがえる。
ところが信秀は、この一般的「帝王学」の教育を否定していた。

目ざすはバサラ精神

「次から次へと題目《だいもく》（問題）をもうけては、物ごとの本質を考える余裕がなくなるではないか」

もし、信秀に弁明させたならば、彼は信長の父として、このように弁明したにちがいない。

教養を詰め込む記憶力を、教育の成果だと勘違いしているのは、今も昔も変わらない。

だが人間は人工知能ではないので、矢継ぎ早に次から次へと駆り立てられて記憶させられては、自発的な思考、個性や情操といったものを養う余裕がなくなってしまう。

昨今の、スマートフォンでのアプリの使用数しかり。長時間、ひっきりなしにSNSなどをしていると、マルチタスキング（複数の物事を同時に行うこと）となり、脳が疲れてしまい、回復できずにそのまま、「依存」や「中毒」の症状が出ることになる。

信秀は〝学び〟の弊害についても、痛感していたように思われる。その証左に、自らがわが子の教育を細《こま》かく指示することもなく、また、詰め込み式の教育を施《ほどこ》した形跡もみられない。

逆に、自発的に申し出たもの、興味をもったものは徹底して、わが子信長にはやらせている。

筆者は信秀の教育の背景に、南北朝以来の「バサラ」の精神があったことを指摘してきた。

序章では、土岐頼遠をバサラ大名として紹介したが、この「バサラ」とは本来、十二神将の伐折羅《ばさら》大将からきた語句といわれ、別に梵語《ぼんご》の「跋折羅《バジラ》」＝金剛石、神々のもつ武器である金剛杖、独鈷《どっこ》

（ヴァージラ）などが訛《なま》って「バサラ」といわれるようになったともいう。

一言でいえば、不条理に対する抵抗とその打破の精神、より超越洗練された行動様式――。もう一歩すすめれば、何ものにもとらわれない自由な心、ということになろうか。

むろん、宗教ではない。むしろ、「バサラ」は形骸化した宗教や道徳などを打ち破って、それらから解き放たれ、自由に伸び伸び生きようとする念願をもっていた。そのため、傍目には無法、乱暴、奸悪《かんあく》という語感を超えた「物狂い」の沙汰としか見えない場合が多い。光厳《こうごん》上皇の牛車に矢を射かけた頼遠しかり、「バサラ」は南北朝時代、佐々木道誉《どうよ》（＝号、諱は高氏《たかうじ》）などを発祥のように伝えているが、イメージとして頼遠と道誉、そして後世の信長には、よく似た雰囲気が感じとれる。

信秀という人のおかしさは、自分はあくまでバランス感覚に富んだ常識人であったにもかかわらず、後継者を己れと同一の鋳型《いがた》にはめようとはしなかった点にある。わかりやすくいえば、信秀の教育方針の根源は、「出来損い、大いにけっこうではないか」という姿勢にあった。

人としての完璧を求めず、むしろ否定し、人格の完成とか、完全な道徳、正確で多面的な知識といった理想を強制することなく、逆にすべてを捨てさったところにあったといってよい。後年、信長に煩悩《ぼんのう》や劣等感の片鱗《へんりん》さえなかったことを思い浮かべていただきたい。すべては、信秀の教育にあった。

信長の得意とする長所だけを伸ばし、不得手なもの、短所は一切問わない、と徹底したところに信秀の凄味《すごみ》があった。とくに、一心不乱に打ちこんだ武芸は、執念かと思えるほどに凄《すさ》まじい。

朝夕の馬術、三月から九月までの水泳、衣斐《いび》丹石《たんせき》（入道宗誉《そうよ》・美濃十八将の一人）についての剣術、市川大介についての弓、橋本一巴《いっぱ》による鉄砲の操練、平田三位《さんみ》には軍略・兵法を、師匠は皆その技能をもって信秀に雇われた専門家であったから、信長にへりくだりつつ、技術を伝授したに違いない。

――信長は恐いもの知らずの環境の中で、己れの不敵《ふてき》さに磨きをかけた。

これが信長の性格を決定づけ、思わぬ波紋を周囲に投げかけ、〝天下布武〟に王手をかけながら、光秀に謀叛され、破綻《はたん》の生じる原因ともなるのだが、当然のことながら「出来損い」を奨励した名将信秀ほどの人物でも、わが子の三十年、四十年先までは見透すことはできなかったようだ。

日本不変の美意識

ただ信秀のためにあえて弁明すれば、こうした破天荒《はてんこう》にみえる「出来損い」優遇の考え方は、世界史的にみれば稀有《けう》だが、日本史には古代から一つの伝統として存在していた。

芸術の分野をみれば、如実である。

日本風の水墨画《すいぼくが》などは、本家の中国においては文人画《ぶんじんが》の一つであり、現実社会に受けいれられない隠者の、筆のすさびとしたものでしかなかった。

にもかかわらず、日本ではそれが絵画の主流ともなっている。水墨画の世界では山川草木の写実性は、ほとんど実体のない蜃気楼《しんきろう》のようなものでしかない。

日本にあり得るはずのない、峻険な山を描いて平然と、

「これは富士のお山でござる」

と嘯《うそぶ》くのだ。同じことは、浮世絵の魅力にもいえたであろう。

茶の湯における、〝織部《おりべ》〟のような茶器の歪《ゆが》みも同断。世界美術の常識からいえば、不整合、不均

衡、誇張といった、およそ「出来損い」として否定されるべき要素が、これらの世界では逆に肯定され、堂々と自己を主張している。一面、これは日本独特の美意識といえるかもしれない。

蛇足《だそく》ながら、後年の信長─光秀主従が示した茶の湯への関心、執念は、ひとつには「出来損い」同士の相通じ合う心情があったか、とも思われるのだが、読者諸氏はいかがであろうか。

――いささか、迂回《うかい》しすぎたきらいがある。

が、信長の本質の基盤を考えるうえでは――光秀の身上を汲むためにも――触れておかねばならないことばかりであった。

信秀は、俗にいう権威主義を排して、あくまで実力主義、一点集中主義をがむしゃらに実践した。後継者信長の教育だけではなく、家臣の登用についても同様であったといえる。

人柄が温厚で学問があり、ものごとをよく考えて、およそ平衡を失うということのない性格であった平手政秀、林秀貞を重用したかと思うと、熱血漢で武辺者《ぶへんもの》の柴田勝家《かついえ》、佐久間《さくま》信盛《のぶもり》、佐々《さっさ》政次《まさつぐ》（成《なり》政《まさ》の兄）、青山与三右衛門、祖父江《そぶえ》秀重《ひでしげ》といった個性派をもその長所のみをみて、かわいがっている。

のちの信長の時代をみても、戦国時代の尾張は奇跡的なまでに「人材」が豊富であった。

これはひとえに信秀の、端緒の功績といわねばならない。

繰り返すようだが、室町幕府によって封ぜられた守護大名の斯波氏、土岐氏などはすでに衰え、下剋上につぐ下剋上のエネルギーは、つぎつぎと新興勢力を抬頭させて、ついには信秀の出現をみた。

「人材」は「人材」を呼ぶ。信秀という確信者をもつ尾張の織田家には、信長の時代、彼を慕って人物が現われ集《つど》った。そして湧きでた人物は、門地に関わりなく実力主義で召しかかえられ、きわめて低い身分からも出世する可能性が生まれた。秀吉しかり、光秀しかり。

近隣諸国で不遇を託《かこ》つ「人材」は、競って尾張へ流出したといえる。家臣（将校級）の希望者だけではない。この頃、流行の兆《きざ》しをみせはじめた兵卒、応仁の乱に登場した足軽と呼ばれる流民・貧民の次男、三男あたりも、信秀の「器用」の仁の風を慕い、諸国から雲のごとく湧きでてきた。

こうした人材の流入は、次の信長の時代に完成をみる「専属家臣団」、あるいは「専業武士団」の萌芽《ほうが》が、すでに信秀の代に始まっていたことをも意味していた。

都の武芸者も学問僧も、東海道を下れば尾張の信秀のもとを訪ね、彼のめがねにかなった技能者は、信長の師匠に迎えられることもあった。

なかでも特筆すべき人物に、筆者は京都妙心寺派の禅僧・沢彦宗恩《たくげんそうおん》をあげる。「信長」の諱を選び、美濃を信長が併合したおりには、稲葉山を「岐阜《ぎふ》」と改めた人物である。『政秀寺古記《せいしゅうじこき》』（信長が平手政秀の菩提を弔うため創建した政秀寺の寺誌）には、「天下布武」の印文を撰んだのも沢彦であった、と述べられていた。

父・信秀やこの沢彦のような補佐役に見守られながら、自儘に育った信長には、時代を超越した者の魅力＝英雄たる条件が備わっていた。だが、一般にイメージするところの信長と、史実の彼との間には大きな隔たりがある。なかでも顕著なのは、〝天才児信長〟という虚像、錯覚である。

〝天才〟信長の正体

確かに信長は、「中世」を破壊して「近世」の扉を開いたが、それは彼の天性の勘や思いつきといった、先天性の才能から生まれたものでは決してなかった。

信長が少年時代、幾度か行ったとされる竹槍の合戦遊びを例に、このことを少し考えてみたい。竹であれ、棒切れであっても、仕合《しあい》では当然のことながら、技に優れた者が勝つ。ところがあると き、槍術に長《た》けた者たちが、そうでない集団に負けた。周りの者たちはこれを、単なる偶然と一顧《いっこ》だにしなかったが、信長はこの〝例外〟に注目する。なぜ腕の立つ者が、技量未熟の者におくれをとったのだろうか。たまたま油断したのか、それとも体調を崩していたのか。

詳細に検討したところが、この場合に限って、たまたま負けた方の竹槍の長さが三間（約五・四五メートル）であったのに対して、勝った方は三間より少し長い竹槍を使用していたことが知れた。

「そういうことであったか」と、信長は一人合点する。

しかしこれは、彼の早合点にすぎない。槍は長ければ勝ちやすい、多少とも合戦経験のある者ならば、誰しもが一度は思ったことであろう。が、それでいて槍は発明されて以来およそ二百年近く、三間以上の長さが実用化されずにきた。

理由は、槍士＝槍の使い手が各々の器量、技術に応じて槍を使うからであり、槍本来の用途である「突く」ことを実践し、素早く手許《てもと》に引くためには、三間を超える長さが、かえって邪魔になったからである。長すぎる槍は、突いて戻す時に隙を生じてしまう。

にもかかわらず、信長はかたくなに槍の長さに拘泥《こうでい》しつづけた。「長い槍のほうが、有利に決まっている」――信長は確信し、寝食を忘れて槍術の工夫に没頭した。

周りの人々はそんな信長を見て、「大うつけ（阿呆者）」と陰で笑ったことであろう。槍の技法を変えてみたり、さまざまやってみたが、どうしてもうまくいかない。

一見常識のごとくにみえる社会通念の壁は、いつの時代にも厚かった。大抵の者なら、このあたりで諦めたはずだ。「やはり、無理なことであったか」と――。

ところが信長の特性は、なおもがむしゃらに、自説に執着しつづけるところにあった。

そして彼は、ついにあることに思いいたる。相手の槍に技を施す暇《いとま》を与えず、技そのものを封じ込めて、〝先の先〟をとれば、勝ちを制することができるのではないか。こうした発想から生まれたのが、のちにいう、「信長の三間半（約六・三七メートル）の槍」であった。

わかりやすくいうと、槍は突くためのもの、との思い込みを、信長は無視したのである。振り下ろして叩く、はたく、といった、これまでとはまったく異質な技法にたどりついた信長は、さらに集団槍法へとこれを応用した。槍穂を揃え、集団密集態勢で敵に相対し、かけ声とともに長槍を上下させ、手向かう相手を叩きつぶす戦法である。これには個々の槍の技能など、皆目、通用しなかった。

後世、人々はこれを信長の〝独創〟と評価するのだが、〝独創〟は単なる閃《ひらめ》きや、通り一遍の工夫で成し得るものではなかった。平素の努力（根性・学習）が大切であり、何事によらず極める姿勢が不可欠であったといえる。いいかえれば、信長の「独創性」とは、〝愚直〟なまでに物事を徹底して考えつづける姿勢そのものにあったといえる。

信長一代の偉業は、すべてその根源に「独創性」＝〝愚直〟を持ちつづけたところにあった、と筆者はみてきた。

不思議を否定する信長

いま一つ、信長は父の教育のおかげで、徹頭徹尾の無神論者となった。亡霊、鬼神《きしん》あるいは不思議の力などを生涯、毛の先ほども信じなかった信長を創ったのも、信秀の教育であったといえる。生者必滅《しょうじゃひつめつ》の道理を悟り、人生を五十年とわりきって考えた信長は、生涯この種の、たとえば死霊の祟《たた》りなどという精神的な拘束を、うけることがなかった。この成果は大きい。イエズス会の宣教師ルイス・フロイスは、本国ポルトガルに送った手紙の中で、信長の人物を次のように批評している。

すばらしい理解力と明晰《めいせき》な判断力をもち、神仏その他の偶像を軽視し、異教いっさいの占いをまったく意に介さない。本人の宗門は法華宗《ほっけしゅう》（日蓮宗）だが、これも大して意味はない。宇宙には造主もなく、霊法も不滅もない。死後の世界は何ものも存在しないことを確信をもって説いている。

（『耶蘇会士日本通信』より筆者の任意引用）

まだ、信長が少年時代のこととして、次のような挿話《そうわ》が残されていた。ある古池のそばを通りかかった信長が、村人からその池には主《ぬし》の大蛇《おろち》がいる、と聞かされた。「左様《さよう》なものはおらぬ」との信念が、信長にはあった。それを実証してやる、といい出すなり、彼は村人を動員して、池の水をすべて掻出《かいだ》させた。

そのうえ、作業がじれったい、と信長はついには、自ら刀を一本背負って古池にとび込み、徹底的に大蛇不在の実地検証を行った。何時間かかったか、記録には定かではないが、信長のことだ、納得するまでやったにちがいない。あげく、「やはり、おらなんだ」と己れにいいきかせて、信長は城へ帰っていった、と伝えられている。

もうひとつ。これは晩年のことだが、無辺《むへん》と号する旅の僧が、近江の安土近く、臨済宗《りんざいしゅう》石馬寺《いしばじ》に逗留《とうりゅう》し、「奇特不思議」な「秘法」を行っては、諸人の崇敬を集めているとの評判がたった。

群集が門前に朝早くから行列をなしたそうだから、さぞや霊験《れいげん》あらたかであったのだろう。

当然、信長の耳に入った。この覇王は、笑って聞き流したりはしない。すぐさま、無辺を安土城に呼びよせた。「生国はどこか」と問う信長に、無辺はただ「無辺」とのみ答えた。

重ねて、「唐人《とうじん》か天竺人《てんじくじん》か」と信長が糺《ただ》したが、無辺は、「修行者と申す」とのみ答える。彼はどうやら、禅《ぜん》問答のつもりでもあったのだろう。あるいは、迷信や神仏を恐れる当時の人々には、こうした態度が、尊い僧らしくうけとられたのかもしれない。だが、相手が悪かった。悪すぎた。

「生国が三国以外とは不審《ふしん》である。さては化物《ばけもの》か、ならば火あぶりにしてやる」

と信長はいい、その用意を命じた。

無辺が驚いて、「出羽羽黒《でわはぐろ》（現・山形県鶴岡市）のものです」と慌てて釈明したが、信長は手を緩《ゆる》めない。「その方は奇特の術をほどこすとのことだが、何かやって見せよ」と責めたてた。

最初から、神仏を認めない信長にかかっては、さしもの無辺も、その眼力に恐れをなしたものか、ついに何もできなかったという。この結果を受けての、信長のセリフがふるっている。

「――だいたい、奇特不思議なことを行うものは、その顔かたちから目の色まで他にすぐれて、尊いものだ。人物も、もちろんである。ところがお前はどうだ。山賊《さんぞく》よりも卑《いや》しいではないか」

ただちに無辺の頭髪をところどころ剃《そ》らせ、裸にひんむいて縄をかけ、追放処分にしている。

この物語には、信長らしい後日譚《ごじつたん》があった。追放された無辺が懲《こ》りもせず、「丑時法《うしどきのほう》」といういかがわしい儀式を行い、深夜に女性を集めてみだらな所業に及んだことが、信長に発覚した。反射神経の鋭すぎる彼は、影響下の国々の全領主に通達を発し、無辺の行方《ゆくえ》を捜させると、捕縛《ほばく》を命じた。やがて捕えられた無辺は、信長から死刑に処せられている。

このような信長の合理主義、実証精神を語り伝えるエピソードにはこと欠かない。

信秀の葬儀での信長の振舞い

こうして信長は、その生涯を貫く人間形成を成し遂げ、天文二十年（一五五一）三月、十八歳を迎えた年に、父・信秀を流行病《はやりやまい》で亡《な》くした（『大雲禅師法語《だいうんぜんじ》』〈信秀の墓所がある萬松寺の開山で、信秀の伯父である大雲永瑞《だいうんえいずい》の記録〉・『織田家雑録』〈江戸前期の水戸藩に仕えた歴史家・佐々宗淳《さっさむねきよ》がまとめた織田家の記録〉）。享年は四十二。

天下を望めたかもしれない名将にしては、信秀の生涯はあまりに短すぎた。だが、この名将の偉大さは、己れの最期《さいご》を迎えるまでの間に、後継者信長の骨格をつくりあげていた点にある。

それればかりではない。信秀は独創性を生み出す反動として、常識人からは受け入れられない危うさを孕《はら》んでいる信長を守り、周囲に潰《つぶ》されることなく、世に立っていけるように、との布石《ふせき》も生前に打ちつくしていた。財力も、その一つであった。

信秀が生前、どのくらい潤沢な財力をもっていたか。たとえば天文十年（一五四一）、信秀は伊勢神宮の外宮《げくう》仮殿造営費として四千貫（七百貫とも）の大金を朝廷に献じ、二年後にも前関白太政大臣《さきのかんぱく》・近衛稙家《このえたねいえ》の仲介で、皇居修理費として同額の四千貫を再び、献上して世間を驚かせている。

余談ながら、平安時代に朝廷の中枢を独占していたのは藤原氏であった。天皇の外戚として摂政《せっしょう》・関白に就《つ》く政治手法を編み出した彼ら藤原摂関家の嫡流は、鎌倉時代に入ると、近衛・九条・鷹司《たかつかさ》・一条・二条の五家に分かれた。これら〝五摂家《ごせっけ》〟の本家が近衛家であり、その十五代目当主が稙家であった。なお、ついでながら、稙家の嗣子《しし》が近衛前久《さきひさ》であり、後年、信長と密接な関係をもつ。信秀はその先鞭《せんべん》までつけていた、といえなくはなかった。

この信秀の朝廷への献金が、国境を挟んだ西は美濃の軍勢、東に今川氏との、連年の合戦をしているさなかに、行われたと聞かされれば、誰しもが驚嘆したにちがいない。

奈良興福寺の塔頭《たっちゅう》・多聞院《たもんいん》の、ときの住職英俊《えいしゅん》は、信秀の幾度にもわたる多額の献金を、「不思儀《ママ》（議）の大営か」と感激しつつ、書き留めている。信秀の財力が京・大坂方面にまで、すでに知られていた証左でもあった。後年、信長が光秀と共に、将軍候補・足利義昭を擁して、上京工作を朝廷へ働きかけたとき、使われたルートはこの父の〝遺徳〟ルートであった。

いま一つ信秀が信長に遺《のこ》したものが、天文十七年（一五四八）秋、信秀が斎藤道三との間に成立させた和平交渉であった。その証《あかし》として道三の娘・濃姫が、信秀の後継者信長のもとに嫁《とつ》ぐことになった。もとより道三は、〝蝮《まむし》〟とあだ名される、一筋縄ではいかない人物であったが、信秀が急死したことで、土台の揺らぐ信長にとっては、かりそめとはいえ力強い後見人となったのは事実であった。

これも信秀の、熟慮周到な遺産といえなくもない。

にもかかわらず、尊父の葬儀の刻限に、「喪主《もしゅ》」の信長は遅れ、居並ぶ大勢の人々の胆を冷やしたあげく、とんでもない大事をしでかした。


信長御焼香《しょうこう》に御出《い》づ。其《そ》の時の信長公御仕立《したて》、長つかの大刀、わきざしを三五なは（しめなわ）にてまかせられ、髪はちやせん（茶筅《ちゃせん》）に巻き立て、袴《はかま》もめし候はで、仏前へ御出でありて、抹香《まっこう》をくはつと御つかみ候て、仏前へ投げ懸《か》け、御帰る。（『信長公記』）

「くわっ」と信長が抹香を鷲摑《わしづか》みにし、それを仏前に投げつけたときから、〝天下布武〟の幕が切って落とされた、といってよい。式場を遠まきにしていた群集も、この光景にどよめいた。威儀をただした信長の弟・勘十郎信行《のぶゆき》（正しくは信勝《のぶかつ》）に、視線を移した者も多かったであろう。

この日を境に、信長に対する家臣の思い――多くは不信感――は、燎原《りょうげん》の火のように尾張国中に広がっていった。先代信秀と信長があまりに外見上、相違していたので、戸惑《とまど》い、先代を慕う思いが信長の不人気に拍車をかけたのであろう。

心ある人々は織田家の行く末を心配し、信秀の葬儀に参列した人たちの関心事は、数多い「織田」姓のうち、誰が信秀の跡を継いで、国内統一を成し遂げるのか、にあった。

傅役・平手政秀の自死の真相

このような大切な局面で、二十歳になった信長は、さらに傅役で後見人の平手政秀を自害で失う。

従来の〝信長もの〟では、「大うつけ」の行状が改まらない信長を、政秀が生命《いのち》にかえて忠諫状を残し、天文二十二年（一五五三）閏《うるう》正月十三日に自刃して果てた、と述べてきた。享年は六十二である。

筆者はこの一件、そうではなくて信長は、政秀の企てた「下剋上」を実力で食い止めたものだった、と主張してきた（『信長の謎〈徹底検証〉』講談社文庫）。

『信長公記』に拠れば、平手政秀の長男・五郎右衛門が良馬をもっていて、信長が欲しがったが、五郎右衛門がそれを拒んだため、遺恨に思った信長が、以後、政秀とも不和になったという。

ここで立ち止まって考えねばならないのは、信長その人の性癖であろう。彼は短気な男には相違ない。自分の思ったとおりに物事が進捗《しんちょく》しないと、もの狂おしいほどに立腹する。

しかし半面、信長はいたって慎重な男でもあった。釣師に似ている、と評した人もいた。名人釣師で気の短い人というのは、いざ釣場で糸を垂れると、ひどく気長に作業をするというのだ。

万事、良い結果を早くあげるためには、準備に余念がないのが才器ある者の常ともいえた。

信長の生涯にわたる戦いぶりをみてみると、その慎重かつ用意《ようい》周到《しゅうとう》さに驚かされる。

事前に十分、外交交渉を展開し、相手方を偵察して、情勢によっては謀略を用いて相手側の内部分裂を進め、しかもいざ合戦となれば、つねに敵を圧倒できるだけの兵力を集結して、万全の処置をこうじたうえで、初めて烈火の如き攻撃を敢行した。

そうした信長の、事前の〝気長さ〟から考えると、はたしてこの内憂外患の多難な時期、たかだか馬ごときに遺恨を残して、大切な老臣の平手政秀を自害に追いこむような、軽率な行為や態度を信長はとるだろうか。彼が政秀を殺さねばならなかった理由は、他にあったのではないだろうか。

結論から先にいえば、信長の尾張統一事業――第一目標は下半国の制覇――に対して、実は平手政秀が最大の障害となっていたのではないか、と筆者には思われてならなかった。歴史学の解釈風にいえば、「信長は、下剋上のさらなる発展を阻止しようとした」ということではなかったか。

先に『言継卿記《ときつぐきょうき》』を紹介したが、尾張の〝触れ頭〟として売り出し中の、織田信秀のもとを訪れた山科言継は、同時に、平手政秀の邸の大きさに驚嘆している。

『信長公記』も政秀を評して、「借染《かりそめ》にも物毎《ものごと》に花《か》奢《しゃ》なる仁」と述べている。花奢は派手者をいうが、同時に財力の豊富さをうかがわせる。信秀が在世なればこそ、従順にその意を汲んできた政秀だが、信秀の死後、はたしてどれほど信長を保護後見したかは疑問がある。

前章では、石丸（のち斎藤）利光の例をみた。斎藤道三しかりである。

後々のことになるが、信長が本能寺で横死後、重臣の中で、織田家の行く末を心から案じたのは、ひとり柴田勝家だけであった。主従の美談とされた――事実、主君信長の生存中はそうだったが――信長子飼いの羽柴（豊臣）秀吉は、なんのことはない、結局、主家を乗っ取ってしまった。

この種の事例には、枚挙に遑《いとま》がない。先代に忠勤を励み、同様に後継者をも無条件に盛りたてるなどの、忠義一筋の主従関係は、江戸期に成立した朱子学の成果でしかない。混沌とする戦国乱世の世の中にあっては、きわめて少ない例外を除いてはありえないことであった。

現に織田信秀も、主家である清洲織田氏（大和守系）をないがしろにして勢力を伸ばした。主人の信秀の「下剋上」を側で見てきた政秀が、同じ野望をもったとしても不思議はなかったろう。信長はこれ以上の、尾張国内での「下剋上」を阻止する必要から、政秀を自殺に追いやったのではなかろうか。筆者が政秀自害をこのように推察した動機は、自害後の平手家に対する信長の仕打ちに、首を傾げたからであった。諫死にしてはいっこうに、信長の素行は改まっていない。

また、政秀の遺子三人に対して、とりわけ信長が反省し、優遇した事実もみられなかった。むしろ、政秀の二男（実子）の久秀の子・汎秀《ひろひで》などは、三方ヶ原の戦いで織田家の先陣に立ち、死地へ追われたような形跡すらうかがえた。

余談ながら、政秀には政利という弟があり、これが平手家の養嗣子となった。が、のちに姓を「野口」に改めている。筆者は、信長の平手家追及の激しさを垣間みたような気がした。

加えて、信長が「政秀寺」を建立したのも、かえってわざとらしい。

生涯、神仏を信じなかった信長が、危急存亡の秋《とき》に直面しながら、取ってつけたように寺院を建てたことのほうが、政治的なニュアンスを感じさせるのだが、読者諸氏はどう思われるであろうか。

道三との同盟戦略から、尾張統一まで

平手政秀の自害からほどなく、舅・斎藤道三から会見を申し込まれた信長には、〝美濃の蝮〟に気に入られ、その後見を得ることとなった。

しかも信長と道三は、〝近交遠攻〟の戦略を採用する。この同盟戦略がのちに、信長と徳川家康と

の同盟に応用され、〝天下布武〟の原動力となるのだが、さしもの信長もこの頃はまだ、この戦略の持つ意味合いの深さを、吟味する余裕はなかったにちがいない。この時期、尾張半国すら完全に掌握できていなかった信長は、この同盟効果を、国内反抗分子への対応に向けた。

とくに東の脅威である今川義元《よしもと》を頼って、寝返る国人たちを攻めるには、美濃からの援兵はありがたかったはずだ。また、道三の側としても、虎視眈々《こしたんたん》と天下統一の野望に燃える今川氏の攻勢から、美濃を守るためには、前衛となる尾張の信長を必要としていた。

天文二十三年（一五五四）七月、信長にとって緊張状態がつづく内戦の中、尾張の守護・斯波義統《よしむね》が、下半国の守護代で清洲織田氏の織田彦五郎信友《のぶとも》（広信）と、その家臣で小守護代の坂井大膳《だいぜん》に、清洲の守護館を攻められ、自刃するという事件が勃発した。

信秀の死によってたがのゆるんだ尾張国は、それまでの血縁、親類間の小ぜりあいから、一挙に血で血を洗う壮絶な抗争へと突入していく。

このとき、川狩りに出かけていた義統の子・斯波義銀《よしかね》（岩龍丸《がんりゅうまる》）は、清洲へ戻ることができず、信長を頼って那古野城に逃げ込む。信長は義銀を保護し、国内で最高の貴人である守護義統が、弑逆された旨を大義名分《スローガン》に、一気に清洲城を攻め、守護代の織田信友を誅殺して謀臣の坂井大膳を逐《お》い、清洲城に入城を果たした。

もっとも、この一連の事件は、万事に実証的＝執念深い信長が、仕組んだ陰謀だとする見解が今日では圧倒的である。なにしろ、尾張随一の堅城にしては、落城が呆気《あっけ》なさすぎた。

しかも、信長が率いた当時の直属家臣団の数がわずかであっただけに、それをカバーするためにも巧妙な陰謀がめぐらされたことは想像にかたくない。

おそらくは、信長が坂井大膳を唆《そそのか》すか、買収するかで、事を起こさせたのではあるまいか。美濃の斎藤道三に軍兵を拝借したうえでの、謀《はかりごと》であったかもしれない。

信長のこの種の巧緻な手口は、実際に清洲城を奪取したときにもいかんなく発揮されている。

彼の猛攻に閉口した織田信友は、信長の叔父にあたる守山城主の織田孫三郎信光《のぶみつ》（信秀の弟）に応援を依頼した。信長を葬れば守護代にする、と誘ったのだ。信光は申し入れを受け、清洲城へ入城したが、その内実は信長と通じていて、信友の裏をかき、城中において内応の兵を起こしている。

一説に、信長は信光に下半国四郡のうち、二郡を分け与える、という約定を交わしたともいわれているが、清洲城に入った後、信長はこの約束をあっさりと反古にしている。信光は信長の命《めい》により那古野城に移ったが、その後、家臣に討たれて、あえない最期を遂げている（『享禄以来年代記』〈『続群書類従』所収〉）。

「不慮の仕合出来《しあいしゅったい》して――」と、『信長公記』は死因を故意にぼかして伝えている。

おそらく、平手政秀を葬ったと同様、独裁制を目ざす信長にとって、叔父であっても一定の勢力をもつ信光は、やはり邪魔な存在であったのだろう。この時期、信長には余裕というものがなかった。

信光殺害の裏に、信長がいた可能性はきわめて高い。ときに彼は、二十二歳。

ところが翌年、その信長の活躍を支援していた道三が、嫡男の義龍によって討たれるという突発事件が起きてしまう。四月、道三は討死した。享年六十三。

信長は舅を支援するため出陣したが、途中で討死の報を聞き、軍を返している。

当の舅を討たれては、その後の合戦で得るものはない。戦《いくさ》は〝名目〟と〝利害〟によって行われることを、信長は知っていた。

しかし、同盟者で後見人の道三を失ったことは、勢いにのる信長を動揺させ、いまだ彼に靡《なび》いてこない人々を、再び反抗へと駆り立てることになった。

信長は弟・信行（信勝）を討ち、その家老であった柴田勝家を許し、永禄元年（一五五八）五月、岩倉城主・織田信賢《のぶかた》（信安《のぶやす》）を破り、ようやく尾張一国統一に目処をつけた。

父の名跡を継いでから、七年の歳月が経過している。

将軍義輝への拝謁と桶狭間の戦い

もっとも、信長の尾張平定はその実、全領域の七割もあったかどうか疑わしい。

尾張下半国四郡のうち、三河国に隣接する河内《かわち》郡は、まだ完全には信長に服属していなかったし、最南端の知多《ちた》郡は駿河・遠江・三河の三国に権勢を誇る守護大名・今川義元の支配下にあった。

また、上半国のなかには依然、岩倉織田氏を奉って――信長の支配を潔しとしない、隠然たる国人勢力も存在した。では、こうした情況の中で、信長は次にどのような動きを示したのであろうか。

信長は京都へのぼり、室町幕府第十三代将軍・足利義輝に謁見《えっけん》を願い出ていた。永禄二年（一五五九）二月二日のことである。二年後とする説もあるが、信頼できる『言継卿記』『厳助往年記《ごんじょおうねんき》』（醍醐寺理性院《りしょういん》の院主・厳助《ごんじょ》の日記と追想をまとめたもの）などからは、この年が正しいように思われる。

上洛した信長の目的は、将軍義輝に対面して、尾張支配を公認ないし黙認させることにあった。

『清洲合戦記』（江戸後期の国学者・中山信名《のぶな》による軍記物）という、のちの本には、信長が将軍に参勤し、尾張守護職をもらい、「是《これ》ヨリ尾張ヲバ一円ニ進止《しんし》（指図）アリケルゾ、目出度《めでた》カリケル」と記している。戦国乱世とはいえ、朝廷は細々ながら存在し、将軍もこの時は京都に生活していた。

上洛によって尾張一国の支配権を公的に認証させ、大義名分をたてた信長は、領内の百姓を撫定《ぶてい》（安んじ静める）して、岩倉城攻めを一気呵成《いっきかせい》に決行したという。

ついに岩倉城は破却され、岩倉織田氏（伊勢守系）は衰退した。辛うじて尾張を統一した信長だったが、ここで生涯最大の危機——東海一の太守・今川義元が、いよいよ上洛戦を敢行すべく出陣する、という事態を迎える。

古くから今川家は、足利将軍家に継ぐ名族であった。出来星《できぼし》大名の織田家などは、端《はな》から相手にしてはいない。朝廷、公家間にも人脈、閨房《けいぼう》の根をはっている。たとえば前述の『言継卿記』の著者で、権大納言の山科言継《やましなときつぐ》は、義元の妹を母としていた。名門であるとともに、膨大な領土と軍事力を擁する義元は、おそらくこの時期における日本最強の大名といっても過言ではあるまい。のちの総石高に直せば、百万石をはるかにこえ、兵員動員力は常時二万五千をくだらない。

尾張の鳴海城《なるみじょう》（現・愛知県名古屋市緑区）による山口教継《のりつぐ》—教吉《のりよし》父子の、信長への離反も、今川家の働きかけによるものであり、信長にすれば刻一刻と迫る義元の上洛進発を前に、可能な限り領内の反信長勢力、不穏分子は潰しておきたかったに違いない。

局面打開に信長は、一計を案じて、山口父子を二重スパイのように演出、彼らを今川家に殺させたという。似たような挿話は、いくつもあった。が、いかに抵抗を試みても、おおかたの戦国出来星大名は、相手が義元と知れば、はなから勝てない、と観念したであろう。

先代の信秀の場合は「人望」があり、奇略縦横の合戦指導にも定評があった。だからこそ、国土防衛という危機に直面したとき、彼は〝触れ頭〟として絶大な力を発揮することができ、些少なりとも今川勢に立ち向かう態勢が整えられた。

ところが信長の場合は、国人連合の合議制を否定し、土豪や地侍たちの人気を得ることもなく、一切の旧習を認めずに、ひたすら直属の家臣団創成に新しい工夫と狂気のような訓練をつづけていた。

これでは、周囲の者もついていけない。

「あの大うつけにつけば、わが家が滅ぶ」——とくに非織田系の国人は、大多数が中立ないしは今川家に内通していた、といっても過言ではなかったろう。

いずれにせよ、信長にとっては生涯初の正念場となった。万に一、義元を撃退できれば、その偉業ひとつで尾張一国の完全支配は約束される。それどころか、東方の脅威は去り、西の美濃攻略に専念できる千載一遇の好機《チャンス》が生まれる。

永禄三年（一五六〇）五月十二日、義元はついに軍勢二万五千を率いて駿府を出発した。「総勢四万五千」と、誇大に宣伝しながら——。

迎える信長は五月五日、早々と三河吉良へ侵攻し、実相寺《じっそうじ》（現・愛知県西尾市）を焼いて気勢をあげている。今川勢の先遣部隊は四月十日に国許を進発、三日後には天龍川畔まで到達した。

本隊は五月十六日に岡崎、十七日に鳴海、十八日に沓掛《くつかけ》（現・愛知県豊明《とよあけ》市沓掛町）、十九日の早暁には、今川方は一斉に織田方の最前線基地である丸根、鷲津《わしづ》の両砦に攻撃を開始した。

このとき丸根砦を攻め、織田方の将・佐久間盛重を討ちとったのが、今川方の部将・松平元康（のちの徳川家康）であった。元康は六歳のおり義元のもとに人質に送られる途中、捕えられて織田信秀のもとへつれて行かれ、ついで織田方であった三河の安祥《あんじょう》城（現・愛知県安城《あんじょう》市）を今川勢に陥《おと》されたおり、城主であった信長の庶兄・織田三郎五郎信広《のぶひろ》が捕えられ、人質交換により、改めて義元の住む駿府に人質として送られた。義元は元康に己れの姪（義元との関係には諸説ある）・築山殿《つきやまどの》を娶《めあわ》せている。

義元の上洛戦には、のちの家康の人生も、大いに係《かか》わっていた。義元が予定どおりに京洛へ旗を進め、天皇、将軍の勢威を復し、再び足利尊氏の世に戻すことができたあかつきには、家康こと元康はその一門として——とはいっても、属将ではあるが——小国領主程度の将来が約束されていた。

それでも彼にとっては、現在よりは〝大きに〟出世である。元康は今川勢の先鋒として、織田勢の包囲網を掻《か》いくぐり、義元が入城する予定の大高城へ、兵糧を運び込むことに成功する。

余談ながら近年の研究では、義元の目的は上洛になかったという説がある。それによると義元は、織田方に奪われていた尾張東部の、今川方の領地を奪還し、海上交易の要衝・知多半島のつけ根にある大高城を押えて、織田方の交易上の利益を殺《そ》いでしまおう、と考えていたというのだ。

信長の思慮

——いずれにせよ、瞬《またた》く間に丸根砦が落ち、鷲津砦も今川勢の軍門に降った。

あとは、大高城に入って軍勢を整えればよい。今川勢も、総大将の義元も、連戦連勝気分に酔いしれ、もはや勝利を疑うものはなかった。沓掛から大高へむかう途中、義元の本隊は桶狭間の北方・田《でん》楽狭間《がくはざま》付近で昼食をとることにした。

休息して英気を養い、このまま一気に清洲城を屠《ほふ》り、信長の首級をあげるのはいとたやすい、と義元が考えたとしてもおかしくはなかったろう。

それにしても、と筆者は思うのだが、義元は信長を常識的な範疇でしか理解していなかったようだ。いい換えれば、信長について詳しく調査した形跡がなかった。

――話が少し、遡《さかのぼ》る。

沓掛まで進んだ今川勢が、明日は総攻撃というその夜――永禄三年（一五六〇）五月十八日のこと。尾張随一の堅城・清洲城での籠城戦を拒み、夜半、丸根砦に今川の先遣部隊が攻めかかったと知るや、信長は不意に幸若舞《こうわかまい》の『敦盛《あつもり》』をひとさし舞い、途中、熱田神宮で将兵三千の揃うのを待ち、幟《のぼり》を集めさせ、軍勢が多数ここにいるように擬装《カムフラージュ》したうえで、「義元に向かって駆けよ」と全軍に出陣命令を発した。

途中、丸根と鷲津の両砦が陥《おち》た、との悲報がもたらされる。信長は「死ねば同じよ」と一向に意に介《かい》さぬふりをして、「敵味方の強弱を論ずべからず。違反する者は斬る」と厳命を下し、なおも行軍の速度をはやめた。

どこへむかって鞭をふるうのか、信長自身にもわからなかったのではあるまいか。おびただしい数の斥候は放っている。だが、正午近くになっても、敵の総大将・義元の所在はようとして摑めなかった。今川の本隊に、目ざす大高城へ入られてはすべてが水の泡となる。

いらだつ信長に、凶報が相次いだ。なかでも鳴海方面へ向かった織田方の三百――佐々政次・千秋季忠らが戦死、潰滅したという報は、うちつづく前線砦の落城に加えて、まさにだめ押しをうけるようなものであった。

普通《なみ》の神経では、この辺りが限界であったろう。いかに自らを律していても、自信をぐらつかせ、捨てばちになるのが関の山であった。事実、信長も自爆的戦闘を開始しようとした形跡はある。が、辛くも暴発しようとする己れの感情を抑えつづけた。すでにみた、『信長公記』の著者牛一が感動した場面である（36ページ参照）。

と、そこへ、信長の生涯と日本史の舞台を大きく転換させる状況報告がもたらされた。

「今川義元どの、ただいま田楽狭間にあり」

信秀の代から忠勤を励んできた、沓掛村の国人・簗田《やなだ》四郎左衛門政綱《まさつな》の一報であった。政綱は、この情報ひとつで後世に名を残した、といえるかもしれない。

信長は、義元の本陣に突撃する旨を明確に指示した。間もなく雨が降りはじめる。織田軍はすっぽりと雨の中に姿を消した。

他方の義元は、田楽狭間で在所の百姓がもち込んだ戦勝祝いの酒肴《しゅこう》を広げ、軍兵を大休止させていた。小説家のなかには、このおり義元へ機嫌うかがいにきた百姓も、信長の命令に従ったもので、総じて彼の計略だと、まことしやかな説をのべるものもある。が、それは穿《うが》ちすぎというもの。このときの信長は、それどころではなかったろう。

この男の凄《すご》さはむしろ、目を覆いたくなるような敗戦の報が続々と寄せられてくるなかで、もはやこれまでと決しつつも、今少し今少しと、さらに新たな情報がもたらされるまで耐え、一報があると、それを瞬時に分析し、斟酌《しんしゃく》しうる冷静さを残していたことにある。

未刻《ひつじのこく》というから、現在の午後二時――。

信長の三千に満たない軍勢が、公称四万五千（実質二万五千）の大軍の、心臓部＝わずか三百余りの旗本に守られただけの、義元の本隊中枢を奇襲した。瞬間、一五対一の劣勢比率が一対十に大逆転した。

そこへ追い討ちをかけるように、今川勢の陣中から、「裏切り者が出た」という驚嘆の叫び声があがった。義元にとっては、不運というほかはない。

今川勢にすれば、信長は清洲城に、援兵は熱田かせいぜい善照寺あたりに、こそこそと逃げこんでいるもの、と思い込んでいた。織田方の突撃を、味方の反乱と勘違いしたのも致し方なかった。

激しい風雨で、部隊間の連絡は遮断されていた。不安は疑惑を生み、混乱を助長《じょちょう》していく。

信長らしい論功行賞

あちらこちらで味方同士が衝突し、日本最大・最強を誇った今川軍は、その軍事組織を瞬時にして崩壊させてしまった。信じられないような、あっけなさの中で――。

今川義元は織田方の服部小平太忠次に一番槍をつけられ、毛利新介良勝に首を刎《は》ねられて、四十二年の生涯を閉じた。多分、何もかも割りきれない憤怒の死であったろう。信長は勝ちに乗じて戦場にとどまるを得策と考えず、風のように駆けて熱田を経由し、清洲城へ凱旋した。

義元の敗死には、結果論としていくつかの指摘が可能である。けれども、一言で敗因を語るとすれば、やはり固定概念から抜けられなかった、この一事に尽きるであろう。

彼は圧倒的な装備と兵力を背景に、終始、信長のことを積極的に識《し》ろうとはしなかった。あるいは信長に己れを置きかえて、自分ならどう対処するかを、考えたのかもしれない。それがかえってよくなかった。なにぶんにも、相手が尋常ならざる男であったのだから。

また、義元が実戦に不慣れであったのも、敗因としては大きい。

今川軍はおおむね「軍師」「黒衣の智将」などと称された臨済宗の僧・太原崇孚《たいげんすうふ》（号して雪斎《せっさい》）が、これまで義元に代わって全軍の指揮をとっていた。義元が信秀に奪われた三河の安祥城を奪還したのも雪斎であり、すでにふれたように、このおり雪斎は捕えた信長の庶兄・信広と尾張に人質となっていた竹千代（のちの徳川家康）を人質交換している。

義元にとって不幸であったのは、弘治元年（一五五五）閏十月、この一代の名宰相にして大軍師がこの世を去っており、この度の上洛に関する大プロジェクトを総括すべき、実戦に長けた大将が、今川家にはいなかったことがあげられる。義元は数に驕《おご》って、不慣れな自身が大軍を率いて出陣してしまった。実戦経験の不足は、現場認識の甘さにつながる。

勝利した信長は、今川義元の行動を通報した梁田政綱を第一の功、義元に一番槍をつけた服部小平太を第二の殊勲、そして義元の首級をとった毛利新助を第三の手柄とした。

これも戦国の習いからみれば、異例なことといえなくはなかった。

慣例では、義元の首をあげた毛利こそが第一の功となる。次は一番槍をつけた服部であったろう。

信長はそうした習いをことごとく無視して、「情報最優先」の姿勢を打ちだし、これまでの合戦に前例のない合理的な論功行賞をおこなったわけだ。

もうひとつ、大切なことがある。

信長が義元の本隊を捕捉しようと走っている間――ざっと十四時間――信長方の動向が、ついぞ今川方に察知されることがなかったことだ。なぜ、信長の動きは敵方に知られなかったのであろうか。

「信長は山間部を選《よ》って、進んだからではないか――」

研究者の中には、そういう意見もある。当然、敵にみつかりにくいルートを厳選したであろう。

だが、それにしても三千の織田軍である。行軍の途中、尾張の領民にただの一人も出会わなかったとは思えない。この時代＝「下剋上」の世は、家臣が平気で主君を見捨て、領民がいつ領主を裏切ってもおかしくはなかった。たいていの合戦には、必ずといっていいほど褒賞めあての〝注進〟＝密告があったが、義元のもとへ信長の動向を知らせる者はついに出なかった。

考えてみるとよい。馬鹿で阿呆で嫌われていた、と伝えられる〝大うつけ者〟に、玉砕覚悟で三千の将兵がともに戦野を駆けるであろうか。

たった一つしかない生命《いのち》を賭けて、武士が功名しようとするのは、家族や子孫のことを考えてであった。潰《つぶ》れるような戦国大名家では、将士も困るのである。

しかし、桶狭間を目指した信長の軍勢三千弱は、ついぞ減ることなく、全員が火の玉となって今川の本隊へつっ込んだ。これは信長に絶大な信頼、頼むにたる何かがあったことを雄弁に語ってはいなかったろうか。

信長は強大な今川勢を討ち破り、あまつさえ大守義元の首をあげた。

尾張国中の信長をみる目が、一変したのはいうまでもない。信長にいわせれば、義元の性格、欠点を知り、細かいデータを積み重ね、そのうえ、天の味方＝雨を得たのが勝因となるのだが、家臣も領民も「あれは大うつけよ」といっていたその同じ口で、今度は、

「殿は、軍神摩利支天《まりしてん》の再来におわす」

と、掌をかえすように、評価を一変させた。

尾張の弱兵、美濃の強兵を制す

東からの脅威は、ひとまず去った。今川家は総帥の義元を失って、空中分解の危機に陥ってしまう。組織が大きければ大きいほど、巨大な統率力が消えると、内部分裂、派閥抗争が起きるものだ。

現に松平元康（徳川家康）は、今川家の属将の立場を逃れ、岡崎城に戻って自立の道を歩み始める。

信長はようやく、一方の美濃攻略に専念できるようになったのだが、彼が二十七歳で着手したこの課題は、三十四歳まで七年間を費やして、ようやく克服される。この七年間を早いとみるか、遅すぎると論じるかは、それぞれ論点の違いといわねばならない。

ただ、この地方で最も強兵とされる美濃の将士を相手に、ほとんど一本調子の単純な攻撃を七年間も続行したというのは、ただごとではあるまい。〝馬鹿のひとつ覚え〟という言葉がある。

虚仮《こけ》の一念と、言い換えてもいい。信長の発想は先の〝三間半の槍〟も鉄砲操練も、美濃攻めも、基本的には変わらなかった。とにかく飽きもせず出兵しては、新国主となった斎藤義龍、その死後は

龍興にたたきかえされ、打ち負かされることを何十回、いや何百回くり返したか知れなかった。

──これでは信長の独創性など、何処にも発揮されていないのではないか。

そう思われる読者がいるかもしれないが、もしそう思われるならば失礼ながら、その方は独創の意味をいまだに理解されていない、といわねばならない。くり返すようだが、独創は日々の研鑽こそすべてである、とすでに述べた。怒濤のように、侵略の手を休めない信長の「愚直さ」、果断さにこそ、独創の源はあったのである。信長はただ意味もなく、力攻めをくり返していたのではなかった。

当時の戦国大名家の軍団の主力は、百姓による「農兵」であった。彼らは大自然のもとで開拓に従事し、苦しい耐乏《たいぼう》生活をつづけてきた習性から、総じて寡黙で我慢強かったといえる。

しかし、農兵は年中、合戦に参加できたわけではなかった。百姓の本業は農業であって、田植えや稲刈りを放置するわけにはいかない。

かの有名な武田信玄と上杉謙信が激突した、第四次川中島の合戦（一五六一）においてさえ、戦《いくさ》が長引いては田畑が心もとない、と謙信の命令を無視して、勝手に帰国した越後兵が少なくなかった。

一方の信玄の側でも、のち天下統一へむけて上洛軍を興したおり、来年の田植えまでに戻れねば、兵は出せない、といった部将（国人）の言葉が記録されている。そういう時代であった。

そのなかでひとり、信長だけが農事、農繁期に関係なく、しゃにむに出兵をくり返している。

これは、その行為だけでも凄まじい。美濃方にすれば、たまったものではなかったろう。追っても追ってもやってくる蝗《いなご》の集団のようなものだ。一刻も早く稲を刈らねばならない収穫期に、性懲《しょうこ》りもなく不意に織田軍は現われた。田植えの季節にもやってくる。美濃方は慌てて動員の触れをだし、農民たちは田畑の仕事を中途で投げ出して、尾張兵を迎撃しなければならなかった。

戦えば無論、美濃側が勝つ。尾張勢はその強さに、とても歯がたたない。だが、軍装をといて農業にいそしみはじめると、またぞろ尾張兵はやってきた。際限がなかったのだ。しかも、美濃兵は勝利しても国土防衛戦であったため、主家の斎藤氏から恩賞を貰《もら》うことができなかった。

信長側はすでに、「専属家臣団《コンビネーション》」の編成を終えている。意のままになる部将（多くは牢人）と、銭で雇い入れた足軽の組み合わせは、極言するといくらでも補充がきいた。足軽の十人や二十人が戦死しても、まったく織田家は痛痒《つうよう》を感じなかった。幾度、負けようが不都合もない。尾張国に、信長に、財力がつづくかぎり、この戦法は何年でもくり返すことができたのである。

たまらないのは、このような信長に目をつけられた美濃国であったろう。

次第に厭戦《えんせん》気分が国中に蔓延《まんえん》しはじめる。斎藤氏に忠誠を誓う律義な武士は、毎回、出撃してはその軍費に悩まされることになり、出陣すれば逃げ出す尾張兵に対して、最初から出陣しない国人も出はじめた。戦費の自弁を強いられる国人にすれば、こうした対応の差はしかたのないもので、彼らを責めることはできない。動員令を発しても、次第に美濃兵の集まり具合は悪くなっていく。

家臣である部将は、百姓を代表する国人層である。兵力の動員をめぐって、互いに亀裂が生じたとしても不思議はなかった。忠義の部将には負担が増し、動員令に応えられない者は国内で孤立していく。内部分裂が、一方を敵側に走らせるのはよくある話で、自然の成り行きといってもよい。

結果、ついには自己の行く末、一族の未来を考え、信長に下る国境近くの国人、地侍が現われはじめた。愚直一本の戦略ではあったが、信長はもち前の執拗さ、果断さで、みごと美濃攻略に王手をかけたことになる。それにしても、父信秀の死、家督相続から七年間の歳月を、力攻め一筋にしぼり込んだやり口は、やはり異常と見做《みな》すしかないかもしれない。

滝川一益と木下藤吉郎の参入

信長の美濃攻めには、忘れてならないもうひとつの、彼一流の独創が隠されていた。

それは「人材」の新たな発掘と、その登用であった。尾張一国を統一した信長は、新しい時代の感覚をもつ部将が、身近にきわめて少ないことに気がついていた。柴田勝家・丹羽長秀・佐久間信盛——のちの織田方面軍司令官まで残り得たのは目下、この三人のみ。

美濃攻めで信長は、さらなる「人材」を求め、得がたい二人の家臣を加えることができた。ひとりが滝川一益であり、もう一人が木下藤吉郎、のちの光秀の好敵手《ライバル》となる羽柴秀吉であった。

これまで、あまり注目されてこなかったが、信長より九歳年上の滝川一益は、よほどの器量人かと思われる。出身も近江国の甲賀と尾張から離れており、わずかな期間で登用、抜擢されている。

一説に、人を斬って故郷を出奔したのを、柴田勝家が推挙して信長に仕えるようになったともいわれている。『名将言行録』によれば、鉄砲をもって伊藤内蔵という者を撃ち殺したとあるから、あるいは鉄砲に関して、一益は専門知識をもっていたのかもしれない。

のちに彼は、信長の方面軍司令官に数えられるが、新参の美濃攻略時の小歌では、その名が抜けていた。

木綿《もめん》藤吉、米五郎左《こめごろざ》、掛《かか》れ柴田に退《の》き佐久間

木綿は絹ほど美しくはないが、丈夫で色々な役にも立って調法である。すなわち、木下藤吉郎はどの地位《ポジション》でも使える万能選手《オールラウンドプレーヤー》というのがおもしろい。次の五郎左こと丹羽長秀は、米と同じだという。これが無くては、いささかも生きてはいけない。よほど集団での潤滑油的存在であったのだろう。「掛れ柴田」は勇気盛んな勝家の、のちには〝鬼柴田〟とまで異名をとった猛攻ぶりを指した。佐久間信盛は逆で、退却戦での指揮ぶりがいかにも的確で冷静沈着だというのだ。

四人とも後年は、信長の六方面軍司令官として活躍する部将だが、小歌に欠けていた一益のとりえは、自己を虚しくすること、人より一歩さがって出処進退を行うところにあった。

ここで読者諸氏に記憶しておいて欲しいのは、美濃攻略戦の時点で明智光秀を除く、将来の織田軍団の長が出揃っていたことである。

それにしても一益の採用は、当時の世相では異例のことであった。これは光秀にもいえるが、あり得ない登用は、その前提として、信長の執拗《しつよう》なまでの「人材」探し、貪欲なまでの「機能」好きがあればこそであった。信長には人間をも、ひとつの機能と見做《みな》していたふしがある。人並はずれた機能を備えた人物がいれば、それだけで充分。出自や門地、前歴などはどうでもよかった。それどころか、性格に多少の疑問を感じても、あえて咎《とが》めだてにしなかった。

これから信長と合流する明智光秀、松永久秀、荒木村重《あらきむらしげ》らは、すべて主人を裏切り、あるいは見限った前科をもっていた。他国ではこのような〝あぶない〟人物は、なかなか仕官できなかったにちが

いない。まだまだ土地と武士が切り放されて存続できる時代でもなかった。

それでも信長は、そのようなことに頓着なく、彼らを能力のみで判断し、戦列に加えている。藤吉郎秀吉しかりである。秀吉は尾張国愛知郡の中村在《ざい》で、小規模な自作農をやっていた弥右衛門の長男として生まれたという。誕生年については天文五年（一五三六）元旦、天文六年二月六日という説もある。先祖は近江の出身で、鍛冶師であったかとも考えられているようだが、桶狭間の合戦前後の彼の身分は、信長の草履《ぞうり》取りであった。

秀吉は前半生を、流浪のなかに過ごしている。したがって、四角な文字を並べた兵書は読めなかったが、その代わり人の顔色をみて、今、この人は何を考え、何を欲しているかなどを、瞬時にして知ることができた。育ちがはぐくんだ特技といっていい。家臣が信長に戦慄するなかにあって、秀吉はどうすればこの難しい主人に気に入られるかを、懸命に考えた。

豊臣秀吉

「この人を好いて好いて、好きまくるより外にはあるまい」

秀吉は信長が終生、家来に冷たいといわれながら、たとえば幼い頃の悪童仲間（前田利家や池田恒興）には、意外に人情もろいという一面に注目した。そのうえで、この人に懐《なつ》こうと必死の忠勤を励んだ。

信長は単純ではない。情の深いところがあっても、だからといって、別段のえこひいきはしてくれない。人情にもろいことは裏をかえせば、相手が生命《いのち》賭けで信長のために働くといった、しっかりとした手ごたえがいる。それなくして、安易に甘い点をつける男ではなかった。

中途採用の秀吉は、他者に比べて出遅れているため、尋常一様の働きぶりでは信長に認められない。それこそ、他人より何倍もの、身を粉にする仕事ぶりを示さなければ、振りむき、目をとめてはもらえなかった。信長に草履取りで存在を知られた秀吉は、ついで主に台所方の仕事にあたったようだ。

国人層の出身でもなく、牢人生活を送っていたと胸を張れるほどの身分でもない秀吉は、たぶん、武芸は十人並、武士の嗜《たしな》みも怪しいものであったろう。その秀吉が頭角をあらわすには、裏方しかなかったともいえる。信長は人間を「機能」の良否で判断する。秀吉を有能とみた信長は、美濃攻めの頃には秀吉を、台所奉行（課長相当）にまで出世させていた。

しかし、それだけでは部将にはなれない。

そこで秀吉は、転属を願い出る。総大将信長の軍兵をあずかり、合戦においては一翼をになう指揮官を〝部将〟と呼ぶ。信長の人事には、形式やルール、慣例などというものはなかった。本人が進んでやりたいといい、それ以前にいかほどかの実績をあげていれば、機会《チャンス》は平等に与えられた。秀吉はどうにか、一軍の足軽組頭程度にはなったが、上を見あげればなお、幾層もの上司、階級がある。

「さて、次はどうしたらよいものか」

思案する秀吉に、美濃稲葉山城攻略の機会が与えられた。

秀吉は城へ登れる獣道《けものみち》を猟師――一説に堀尾茂《も》助《すけ》（吉晴《よしはる》）――に教えてもらい、見事、一番乗りを果たして、信長の部将となった。

第三章　〝天下布武〟を目ざして

岐阜と「天下布武」の印文

永禄十年（一五六七）九月、斎藤龍興傘下の〝西美濃三人衆〟が、信長に降伏した。織田軍は稲葉山城の南、瑞龍寺山《ずいりょうじやま》を包囲する。龍興はついに稲葉山城を脱出、舟で伊勢長島へ逃れた。ようやく信長は、美濃を手中にしたが、思えば長い歳月――道三の敗死から、実に十一年の歳月が経過していた。

ところで、国外へ亡命した龍興は、何年に美濃を去ったのであろうか。少なくとも、稲葉山城落城以前であったことは間違いない。従来から、落城については永禄七年説と十年説があった。『信長公記』には稲葉山城攻略の日を八月十五日と記しているものの、年代が明記されていない。

これに対して、秀吉に信長の目付として配属されたもと斎藤氏の家臣・竹中半兵衛《たけなかはんべえ》（諱は重治《しげはる》）――その子である重門《しげかど》が著した『豊鑑《とよかがみ》』や、『美濃国諸旧記』、『土岐斎藤軍記』、あるいは小瀬甫庵の『信長記』では永禄七年と述べていた。こちらが主流といえなくもない。

一方の永禄十年説は、流布したのが意外に新しく、明治四十一年（一九〇八）に東京帝国大学の黒板勝美《くろいたかつみ》の『国史の研究』に採用されたあたりからで、本書の参考に目を通した『濃飛両国通史』も十年説であった。

近現代の書物が、こぞって十年説を主張した根拠は、河野島の合戦で斎藤軍が織田軍を打ちやぶった永禄九年閏《うるう》八月十八日の報告が、龍興の四家老――安藤定治《あんどうさだはる》（守就の子）・日根野弘就《ひねのひろなり》・竹腰尚光《たけごしなおみつ》・氏家直元《うじいえなおもと》の連署状として、現存していたからである（『中島文書』）。

つまり、この時点までは、国主龍興は健在であったと考えられた。

加えて、宣教師ルイス・フロイスもその書簡の中で、岐阜を訪れる二年前に、稲葉山城が信長によって武装占拠されたことを報告していた。フロイスは永禄十二年に、美濃・井ノ口を改称した岐阜へいたっている。資料を読み比べた場合、永禄十年説の方が正しいように思われた。

『岐阜市史』を執筆した勝俣鎮夫氏に拠れば、現在の岐阜県岐阜市周辺に、信長の安堵状や禁制が永禄十年九月頃から集中し始めた、とのこと。『瑞龍寺紫衣輪番世代帳』の中に、「永禄十丁卯九月、織田上総《かずさ》（信長）乱入」と記されていることから、十年の九月を主張されているが、筆者もそのように思われる。

では、亡命後の龍興はどうなったのであろうか。

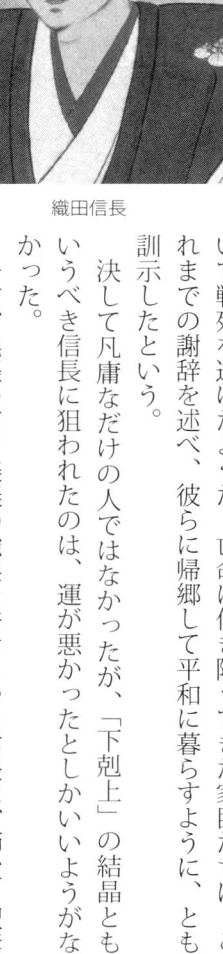

永禄十年の後半に朝倉義景の許へ辿りついた龍興は、永禄十二年正月五日、これからみる本圀寺《ほんこくじ》の合戦で十五代将軍候補の足利義昭を攻めながら目的を果たせず、天正元年（一五七三）に刀禰坂《とねさか》の戦いで戦死を遂げたようだ。亡命に付き随ってきた家臣たちに、これまでの謝辞を述べ、彼らに帰郷して平和に暮らすように、とも訓示したという。

織田信長

決して凡庸なだけの人ではなかったが、「下剋上」の結晶ともいうべき信長に狙われたのは、運が悪かったとしかいいようがなかった。

一方、尾張の富と美濃の強兵を併せもった信長は、師父・沢彦宗恩の撰による、〝天下布武〟の印文を永禄十年の十一月から発給しはじめる。坂井文助（利貞《としさだ》）宛ての朱印状だが、一般には、同日付の兼松又四郎《かねまつまたしろう》（正吉《まさよし》）宛て朱印状が第一号ともいう。

印の形は、楕円形で輪郭は一重。元亀元年（一五七〇）からは馬蹄《ばてい》形になり、天正五年（一五七七）からは双龍が取り巻く形も採用されている。

美濃併合にともない、同時に、稲葉山下の城下町・井ノ口の名称も「岐阜」と改められた。印文とこの改名には、大変重要な意味があった。

いわば、信長の生涯を貫いた行動原則《ポリシー》といってよい。戦国武将の印判は、いずれも個性をもっているが、なかでも信長の印は直截《ちょくせつ》、簡明にその意図するものを示していた。

天下に武を布《し》く――信長が日本中を武力征伐する意気込みを宣言した――と、一般には理解されているようだが、これは当時の慣用語を知らない者の解釈でしかない。

「天下」すなわち「天の下」は、その頃の日本の中心＝首都である京都をさしていた。

よく戦国期の武芸者などが、「天下をとる」と景気のいい高言を吐いたが、これなども実のところは「京都での評価を得る」というほどの意味にすぎなかった。

つまり、〝天下布武〟の真の目的は、京都における朝廷政治を抑えてみせる、といった信長の意思表示にほかならなかった。もっとも、朝廷を取り込むことは、日本全体を支配する意思を示した、と受け取れなくもない。信長は京都に入って政権を担う意思を、印文で内外に示したのであった。

同様に、岐阜の命名も、従来の稲葉山下「井ノ口」が古くから「ギフ」と呼び名のあったところへ、古代中国を統一した王朝である周の発祥の地、陝西《せんせい》省岐山《きざん》にあやかって「岐の阜《さと》」と書いて「ギフ」

とあてたとの説を流した。この永禄十年を境に、織田家は勃興期とも混乱期ともつかぬ、最高潮に達した戦国乱世の渦の中に巻き込まれていく。

信長はいろいろな手だてをもって、そうした織田家の置かれている立場を、家臣や領民に知らしめようと努力していたともいえる。

信長流の上洛戦法

この年の五月、信長の娘である五徳《ごとく》（のち尾張御新造様、岡崎殿とも呼ばれる。生母は生駒の方）が、わずか九歳で松平元康改め徳川家康の嫡子・信康《のぶやす》と結婚している。稲葉山城落城をはさんで、九月には織田・浅井同盟が成立。信長は愛妹お市を、浅井氏の若き当主・長政のもとへ送り出した。

お市

信長はかつて父・信秀と斎藤道三が結んだ「近交遠攻」の策を継承するかのように、隣国と「同盟戦略」で手を握り、あるいは伊勢、近江にはお気に入りの滝川一益を使って、武力に訴えて進攻し、畿内を平定すべく上洛しようという意思を天下に示した。いわく、

「畿内を制する者が、天下を制するのだ」

もとより、そこは用心深い信長のことである。

今川義元亡きあと、天下最強となった甲斐の武田信玄の勢力圏と、美濃の一部が触れあうや、二年前の永禄八年九月には盟約を成立させ、己れの養女（妹婿・苗木《なえぎ》勘太郎《かんたろう》＝遠山直廉《なおかど》の娘）を信玄の嫡子勝頼に嫁がせて、後方の脅威をとり除くことも忘れていない。

何事にも、熱中するのが信長である。まずは周到な外交辞令を尽くして、周囲を静まらせたうえで、「尊王・佐幕」二大スローガンを掲げて、京都をめざした。

三河の徳川家康・北近江の浅井長政との同盟につづいて、永禄十一年（一五六八）二月には北伊勢の名門・神戸《かんべ》友盛《ともも り》の嗣子に己れの三男信孝を、同様の長野氏には弟の信包《のぶかね》を入れて地盤固めをしている。途中、行く手を遮《さえぎ》るのは、南近江の六角承禎（義賢）ただひとり。

信長は自ら近江の佐和山城に出向き、観音寺城の承禎に「所司代」を約束し、同心を求めたが、京畿に一定の勢力をもつ三好一族と手を結んでいた承禎は、信長の求めに応じなかった。承禎は信長を蔑視していた。無理もない。なにしろ名門・六角氏の祖は、南北朝の佐々木道誉に行きつく。

ついでながら、北近江の浅井氏は二つにわれた、佐々木氏の一方を「下剋上」した家であった。心情的にも承禎は、信長の申し出に乗る気にはなれなかったのであろう。

それから一ヵ月後の九月七日、尾張・美濃の兵に滝川一益らが切りとった伊勢の軍兵、同盟者徳川家康、浅井長政らが派遣してくれた軍勢を率いて、信長は一気に近江路に殺到した。総勢四万とも、六万ともいわれている。

六角承禎は戦慄したに違いない。まさか、と高《たか》を括《くく》っていた足利義昭の奉戴、上洛戦を、信長は義昭を引きとってわずか二ヵ月で、早々に実行してみせたのだから。

承禎は勇名を轟かせた老練の戦術家であったが、疾風怒濤の進撃をみせる数万の信長勢を防ぎ、支える手だてなどは思いもよらなかった。十二日夜には、六角氏の支城・箕作《みつくり》城（現・滋賀県東近江市）が陥落。翌日には主城の観音寺城も攻め落とされてしまう。巧緻の戦術を駆使しようにも、大軍の大洪水が六角方の諸陣を瞬時に席巻し、すべてを押し流してしまった。

施すべもなかったのが、実際であったろう。「戦《いくさ》は兵力の大きい側が勝つ」――信長の戦術思想は、平凡このうえない。それだけに、徹底していた。小味で変幻自在な戦法など、ついぞ身につけることもなかったし、関心そのものが彼にはなかった。

信長はただただ、必要な場所に最大の装備・兵力を迅速に動員、集結させ、息もつかせず一気に攻めることだけを工夫しつづけた。敗れたらどうするのか、理屈はいらない。さっさと逃げ出せばよかった。面子《メンツ》などに、こだわる男ではなかった。六角承禎―義弼《よしすけ》（義治《よしはる》とも）父子は城を捨てて、ほうほうの体で逃亡した。

信長は月の変わらぬ二十六日には、義昭を奉じて入洛に成功している。

京都に入っても、信長軍の勢いは止まらなかった。山城国勝龍寺に〝三好三人衆〟の岩成友通《いわなりともみち》を攻め、摂津、河内の諸城を屠《ほふ》り、降服した三好家の家宰・松永久秀を許すと、その軍勢をも加えて大和国へ雪崩《なだれ》のごとく侵攻した。

十月十八日、足利義昭は流浪の身から従四位下に叙せられ、参議、左近衛権中将に任じられ、さらには征夷大将軍を宣下されて、同二十二日には参内を果たしている。

一方、先の十四代将軍・足利義栄はといえば、結局、一度も入京できないまま、義昭の入京と相前後して摂津富田に病没してしまう。こちらは、享年三十一。

将軍在職は、わずか七ヵ月であった。

浅井長政

「御父織田弾正忠殿」

と新将軍義昭は信長を呼んだ。義昭は信長より三歳年下でしかない。

名と実をともに得た信長

信長が「御父」を、どのように聞いたかは不明である。

朝廷との外交儀礼にも参加しながら、矢継ぎ早の政策も発表、行政処置も断行しなければならない。彼はきわめて、多忙であった。諸国関所の撤廃、近江における検地、撰銭令《えりぜにれい》、神社仏閣への矢銭（軍事費）請求、自由都市といわれた堺にも同様の矢銭を課している。

ちなみに、大坂本願寺には五千貫。堺の会合衆《えごうしゅう》には、二万貫であった。信長はすでに富有の都市を直轄地とし、経済的基盤を強固にする構想を固めていた。堺は当初、信長の要求を拒絶している。

しかし強大な軍事力を背景にした信長には抗しきれず、翌永禄十二年（一五六九）には二万貫の賦《ふ》課《か》を果たした。

この年、岐阜へ帰国した信長の留守をついて、三好一族や亡命中の斎藤龍興らが堺の後援もあり、京都へ攻めこみ、将軍義昭が臨時の居館として使用していた本圀寺を囲むという事件が起きた。このことはすでに序章でもふれている（関連44ページ参照）。

信長は「将軍危急」との第一報をうけるなり、果断にも大雪の中をただ一騎で駆け出し、ふだん三日の行程を二日で京都に到着してみせた。『信長公記』に光秀が、さりげなく登場した場面《シーン》である。間もなく遅れて到着した五万とも八万ともいわれる織田の大軍をもって、畿内の反信長勢力を徹底的に掃蕩する大挙に出たのはいうまでもない。

どうもこの一件、筆者は信長が仕組んだ巧妙なワナであったような気がする。

将軍義昭を囮《おとり》に使って、反織田勢力をいぶり出すといった――。

しかも、畿内に殺到した軍勢は、単に信長の家臣団だけではなかったのである。同盟者の徳川家康や浅井長政からの派兵も、大勢が参加していた。なんのことはない、信長は他人の軍勢でもってぬれ手で粟式に反対勢力を追い、京都をはじめ畿内の要所を占拠したのであった。実に信長らしい、巧緻な軍略上の策謀といわねばならない。

将軍邸造営のときも、信長は同じ手法を用いている。尾張、美濃、伊勢、三河、近江、山城、摂津、河内、大和、和泉、若狭、丹後、丹波、播磨の十四ヵ国から造営人夫が調達され、膨大な量の建設資材が京都に搬入された。信長は自身で、工事現場に赴いて督励するのだが、それを見た京の庶民の目には、信長こそが天下人とみえたであろう。

彼はいま、己《おの》れが周囲にどのように見られているかを、たえず計算し、演出できる技術を修得《マスター》していた。築城工事を見物していた婦人に、一人の人夫が戯《たわむ》れたのを遠くで見つけたときも、信長の措置は凄まじいまでに明瞭かつ迅速であった。足早に歩みよると、件《くだん》の人夫を大喝、衆人の見ている前で一刀のもとに首を刎《は》ねている。

また信長は、「一銭切《いっせんぎり》」という刑罰も布告した。京の市中で、一銭でも窃盗する者があれば斬刑に処するという。およそ、類型のない厳しい法令であったと伝えられている。

「乱世を治めるには、まず秩序を正さねばならない」

信長は、そのことを知悉《ちしつ》していた。「織田さまの軍規は峻厳《しゅんげん》である」――京洛の人々は今さらのように、信長の識見の冷徹さに驚嘆し、その登場に挙《こぞ》って拍手をおくった。「人気」とはいかなるものか、どのようにして形づくられるものなのか、を信長はよく心得ていたといえよう。

宿泊先へ上洛の祝賀に訪れる京童たちにも、信長はかつて領内の盆踊りでみせた気さくさで、一人ひとりと対面している。公卿や門跡、神官、仏僧から学者、医者、商人にいたるまで、信長は時間の許すかぎり、挨拶をうけてやった。光秀はその様子を、終始、側近くで見守っていたことになる。

信長を見つめる光秀の視線

築城用の巨石を運搬するのに、信長が派手なイベントを催した話はつとに知られている。巨石に大綱を何本も結び、紅白の綿布で装飾、石下に丸太を敷き並べ、配下の将兵や町人に引かせたのである。なお、景気づけのため、笛や太鼓による囃子まで調えた。この珍妙な巨石運びは、娯楽の少なかった当時のこと、市中の庶民層に爆発的な人気を博した。

「天下は泰平になったのではないか」と錯覚した人々もいたという。

将軍・足利義昭は信長の行いに感涙し、どうにかしてこの恩に報いようとした。しかし信長に、打診された管領《かんれい》の職にはいっこうに興味を示さなかった。

将軍義昭によれば、〝三管領〟の一《いつ》・斯波氏の家来筋であった織田家を思えば、信長は喜んでこれを受けると考えたようだが、信長は陪臣ふぜいが冥利につきる、と体よく断っている。副将軍の職も呈示したが、見向きすらしなかった。

義昭が強《し》いてと迫ると、信長は無表情なままさりげなく、「では堺、大津、草津に代官を置くことをお許しいただきたい」といった。

将軍義昭は世俗に疎《うと》い。信長の所望を「欲のないこと」、「お安いこと」と許可している。

しかし、この三つの都市を詳細にみると、第一の堺は南蛮貿易の一大拠点である。次の大津は琵琶湖の南にある宿場で、湖港として発展した地であった。この頃の日本の海運は、日本海ルートが主流であり、国内物産にかぎれば、敦賀で陸揚げされ琵琶湖を南下、京都に入るルートほど巨大なものはなかったろう。信長が望んだ三つ目の草津は、中仙道と東海道の分岐点にあたった。

つまり信長は、この三大商業要衝地を直轄領にして、運上金（商品税）を吸い上げるつもりであった。

——ところで、光秀である。

織田家へ晴れて仕官したこの武将は、信長の上洛戦に参加していたかどうか、実は定かではなかった。将軍義昭の近臣としての立場もあり、おそらくは後方にあって信長の戦勝報告を聞いていたのではなかろうか。なにしろ上洛の時点で、信長はまだ光秀の将才を十二分には理解していなかったのだから。光秀の出世の糸口は、意外にも木下藤吉郎＝羽柴秀吉と同じであった。

ほどなく将軍義昭は二条城（現・京都市上京区烏丸出水から新町丸太町にかけて）へ移った。

『明智軍記』ではこの縄張りを光秀がしたとあるが、これまた傍証はない。この普請奉行は信長自身がつとめ、実際の指揮は村井貞勝《さだかつ》と島田所之助が大工奉行として行っている。おそらく光秀も、将軍家の直臣をかねる立場上、奉行の一人として築城に参画はしていたのではあるまいか。

光秀初見の文書は、すでにふれたが、彼は京都奉行（複数）として、いわば行政官僚として登用されたことが知れる。なるほど、尾張・美濃を主体とする織田家には、京都の朝廷や将軍家と交渉のできる〝都会人〟は皆無に近かったろう。信長が光秀の外交交渉能力、接待の才覚をまず見い出したとしても、おかしくはなかった。否、むしろ自然であったろう。

こうした抜擢を、光秀自身がどう受け止めていたか。越前朝倉氏は五百貫文（のちの石高に直すと約一千石）の客将としてしか、己れを遇《ぐう》してはくれなかった。

『明智軍記』が正しければ、明智城の所領は一万貫あったことになる。

信長も朝倉氏と同じ五百貫文で迎えたが、意欲は義景と断然、異なっていた。

立身出世の野望に燃える光秀は、己れも一枚加わった将軍候補の義昭と信長の橋渡しにより、その双方から大切にされている。義昭は将軍となったことで光秀に感謝し、「東寺百合文書《とうじひゃくごう》」などによれば、「光秀が上意として」とあるように、室町幕府から扶持を与えていた。

一方の信長も家臣として処遇し、上洛戦に名をかりた畿内侵攻で、またたくまに多大な領土を得た。

もしこのまま、将軍義昭と信長の関係が良好でありつづければ、「両属」の光秀は双方から優遇され、特別な立場で己れの栄誉を謳えたに違いない。だが、世の中はそうそう甘くはなかった。

足利義昭の苛立《いらだ》ち

足利義昭

信長は将軍の居城二条城につづいて、禁裏御所の修復にとりかかった。

修理奉行には、引きつづき織田家の内務官僚ともいうべき村井貞勝があたり、ほかには織田家出入りの法華宗・朝山日乗《ちょうざんにちじょう》らが任命されている。中央政権を掌握し、天下に号令をしようとする信長にとって、「尊王」は「佐幕」以上に大切な宣伝文句《スローガン》であった。

この頃になると、信長は将軍義昭の人となりをおおよそつかんでいた。

「利巧だが、人物が軽躁《けいそう》すぎる」――担《かつ》ぐ将軍には不適格だ、というのが信長の結論であった。

彼が将軍の器に望んだのは、とび抜けた器量人か、さもなくば凡庸な人物かのいずれかであった。

将軍義昭が飛び抜けた器量人であれば、時勢を諦観《ていかん》し、自らを堅忍不抜に徹して実政権の座を信長へ明け渡したであろう。逆に凡人、愚鈍であれば、信長のしつらえた将軍権力――ほとんど実体は傀《かい》儡《らい》――の座を甘受して、何の疑いもなく飾りものの神輿《みこし》の上で、将軍職を全うしたに違いない。

しかし義昭は、いずれでもなかった。中途半端でありすぎた、といえる。なまじに頭の回転が速く、何よりも自信家であった。こういう人物は、信長にかぎらず、自らが権力を目ざすものにとっては、一番の厄介者であったといえる。「Poison of Power」（権力の毒）という言葉がある。

地位が向上して栄達すると、人が人を支配する。これを「権力」と呼んでいるわけだが、この力はときに、人間の正常な判断を阻害し、堕落させることもあった。つまり、「毒」となるわけだ。

公明正大な人物でも、「権力」の比重が高まるにしたがって、思慮のバランスを崩す。「毒」が全身にまわる、と思えばよい。まして普通の人が「権力」を握るか、望める地位につけばどうなるか。

「毒」のまわりは、きわめて早かった。将軍義昭は、諸国を生命《いのち》からがら逃げまわった過去を忘却し、信長の力で将軍の地位に就いたにもかかわらず、やがて恩人の信長を「天下の権を狙《ねら》う者だ」――さも逆臣であるかのような眼差しで、みるようになる。

永禄十一年（一五六八）の段階では、まだ義昭も目立った動きを表面化させていなかったが、翌年になると、あろうことか武田信玄や上杉謙信へ、秘かに「御内書《ごないしょ》」（将軍の私的書簡）を発し、頻繁《ひんぱん》に連絡をとり、信長の勢力を殺《そ》ごうとし始める。将軍家は織田家の勢威が落ちれば、己れの存在が消し飛ぶことに思い至らなかったようだ。

これなどは、権力のなせる業＝「毒」としかいいようがない。

信長は「殿中の掟」を作成、将軍職の権限範囲を明確に定めて、義昭の思いあがりを覚《さ》まそうとするが、さしもの信長も、義昭のもつ体質がのちのちにまで、自身の〝天下布武〟に手ごわく作用するとは、さすがに考えおよばなかった。

翻《ひるがえ》って両者の関係悪化をみてみると、最初にそれが表面化したのは、永禄十二年の十月三日、滝川一益率いる織田軍が伊勢の北畠具教《きたばたけとものり》を降した際、信長の三男・茶筅丸（信雄）を養子へ迎えるように、と具教に約束させたことかもしれない。

義昭にすれば、旧権力の室町幕府が再興されたうえは、旧守護もまた、そのまま国を与えられてしかるべきだ、とする考え方が強かった。にもかかわらず信長に、南北朝以来の名門＝伊勢の国司家を乗っ取られたのは腹立たしかったであろう。

立腹のあまり、すでにこの年の正月十四日に定めていた幕府の「殿中御掟」（九ヶ条と追加七ヶ条の掟書）をないがしろにし、信長へ抵抗の姿勢を、義昭は示したのである。十月十三日、朝廷に参内した信長は天盃を賜ったが、同十七日には急遽、帰国してしまった。『多聞院日記』によれば、「上意トセリアイテ下リ了《おわんぬ》ト」と、義昭との衝突が原因であったと述べている。

「殿中御掟」は幕府の旧慣を重んじた、極くありきたりの内容であったが、信長が作成し義昭が袖判したところに意味があった。それを知っていて、義昭は踏みつけにしたのである。

翌永禄十三年正月二十三日、信長は五ヵ条の「条々」を義昭に承認させた。

将軍が諸国へ書状をおくる場合は、信長の添状をつけること（第一条）。既告《きこく》の下知（すでに下した指図）は悉く《ことごとく》「破棄」し、新たに定めること（第二条）。あるいは、次のような内容であった。

「天下の儀、何様ニモ信長ニ任セ置かるるの上は、誰々によらず、上意をうるにおよばず、分別次第に申しつくべきこと」（第四条　以上は『成簣《せいき》堂《どう》文庫所蔵文書』所収）

光秀、将軍義昭を見限る

一方で信長は、同日付の触状（ふれ書き）を畿内近国二十一ヵ国の諸大名・国人たちに送りつけた。

「禁中御修理、武家御用、そのほか天下いよいよ静謐《せいひつ》のため――」（『二条宴乗日記抜書《にじょうえんじょうにっきぬきがき》』〈興福寺一乗院坊官の日記抜粋〉）

要件は、来月中旬に各々、上洛して朝廷と幕府に礼参せよというのだ。

この触状にもとづいて上洛することは、取りもなおさず幕府への臣従＝信長への服属を認めることになる。逆にみれば、上洛しなかった場合、信長はそれを名目として征伐を行う腹であった。

将軍義昭はこの「条々」が出たあたりで目を覚まし、己れの分限をわきまえるべきであったろう。それが自身を全うし、足利将軍家の名目存続に不可欠であるならば、なおさらのことであった。

ところが義昭は、信長の仕打ちを〝屈辱〟と受けとる。両者はその後も洛中で調馬《ちょうば》（馬を乗りならすこと）を見物し、二条城の造営記念に観能会《かんのうえ》を催し、表面的には親睦のふりをつづけていくが、暗闘は日を追って深まるばかりで、とどまることがなかった。

信長は遠からず、義昭を将軍の座から追わねばならなくなる必然を、この時点で予測していた。だからこそ、将軍を凌駕する地位の「天皇」に重点を移し、その存在を世に知らしめるため、御門の大修復などを開始、総工費で一万貫を投じている。

現代の貨幣価値でいえば、一貫文を三万五千円として、約三億五千万円となる。

なにしろ、当時、京都の帝に対する認識は一般的に低かった。

武士や領民は、「神主の親玉だろう」くらいにしか、天皇をみていなかった。将軍の特権とされた任官権もその実は、将軍家から天皇へ奏上して、はじめて叙目されたのだが、それすらこの時代の武将たちの多くも、一般の民衆も知らなかったのだから無理もたない。

「天子は幕府を開く、などとはいわれぬわ」

信長にいわせれば、そこに天皇の、最大の魅力があった。

どうすれば、天下万民の宗家ともいうべき天皇を、満天下にいたるまで知らしめることができるか、この頃、信長はしきりと考えていたふしがある。それさえ可能になれば、将軍などいらない。

一方の義昭は、信長を斃《たお》さねば己れがやがて追われることを、敏感に察知していた。両者の虚々実々のかけひきが展開される。その中で最も注目に値するのが、明智光秀の動向であったろう。

光秀は信長の家臣に加えられながら、一方では将軍義昭の近習＝「中次《もうしつぎ》」のような立場にもあった。双方が蜜月であれば、光秀の立場は他の誰よりも尊重されたであろうが、一度バランスを失うと、彼の立像《りつぞう》は双方から攻めたてられる、いわば針の莚《むしろ》に等しい劣悪な環境になってしまう。

義昭の「御内書」作成及び送信に、光秀は荷担していたかどうか、難しいところである。

おそらく当初は参加していたであろうが、信長が「条々」を義昭に押しつけた頃には、避けていたのではあるまいか。否、義昭に疑われていたともいえる。「条々」は形式として、信長の側で文案を作成し、それを文章化して、義昭がそれをみ、納得したうえで袖印を押した、という形をとっていた。

興味深いのが、その「宛名」である。朝山日乗と光秀になっている。この二人はいわば、証人といった立場であったろう。少なくも〝中立〟として、この「条々」を保証したことになっていた。

光秀は少なくともこの「条々」作成の過程で、義昭より以上に信長に近づいた形跡が感じられる。

内容は義昭を束縛するための取り決めであり、これに手を貸したとなれば、もはや光秀の行く道は限定されてしまう。よほどの〝返り忠〟でもないかぎり、義昭は光秀を裏切り者と思い、信長と同列で非難するに違いなかった。

誤解のないように述べておくが、光秀には室町幕府を再興したい、などという高邁な理想や志士的な想いは、そもそもなかったとみてよい。彼が欲したのは乱世における己れの立身出世であり、朝倉義景より将軍義昭の方がその可能性が高い、と値踏《ねぶ》みしたから飛びついただけなのである。義昭を信長へ乗りかえたのも、道理は同じであったろう。

光秀は織田家を知れば知るほど、信長に魅了されたはずだ。なにしろこの家には、能力第一主義が貫かれており、この結果すべての考え方の前では、出自や門地は何の役にもたたなかったのであるから。光秀は越前で十年、燻《くすぶ》っていた己れを悔やみ、猛省したであろう。

「織田の殿なればこそ——」

光秀の信長への感動は、このあと、歴史の表舞台で具体的に表明される。

常に第三の道を用意した藤孝

いま一人、信長の越前侵攻の前に、ふれておかなければならない人物がいた。細川藤孝である。

彼こそが、十五代将軍・足利義昭生みの親といっても過言ではなかったろう。が、藤孝にも光秀同様、時勢はみえていた。しかも、ただの素浪人とは違い、藤孝には確固たる名門の出自があった。

なんとか幕府存続のために、折にふれて彼は将軍義昭を説得し、信長との和解に心を砕いたであろうが、将軍からは顧みられぬばかりか、むしろ遠ざけられる有様。ここで藤孝は、義秋擁立時と同様、またしても「死生之際」「死地」に立たされる。義昭が、信長打倒を企んだのだ。

あくまで室町幕府の臣として生きるならば、不本意でも主君の義昭に殉じねばならない。しかし、その結果はみえていた。時勢に乗る信長に、義昭が勝てる道理はなかった。

諸国の大名を将軍義昭が糾合すれば、信長を倒すことは可能である。が、この時点ではのちの〝反織田包囲網〟が企てられるほど、諸大名たちに信長への危機感はなかった。

細川という「家」を滅亡から救うには、信長のもとに密告して出るより他に手立てはなかった。だが、この場合、主家を売ったという〝不忠者〟のレッテルを貼られてしまう。凡人なら、いくら考えても、対処法はこの二つしかなかったろう。

ところが藤孝は冷静沈着に、より高等な第三の方法を導き出す。

どうしたか――居城・勝龍寺城に引き籠ってしまったのである。しかし、蟄居《ちっきょ》して信長対義昭の戦いを傍観していたとあっては、どちらが勝利しても、藤孝の未来は開けない。場合によっては、とばっちりをうけて、未来は閉ざされてしまうかもしれなかった。

彼は蟄居に先だって、己れの立場を越前以来の盟友・明智光秀に打ち明けた。光秀は当然のこととして、自らが振り出したサイコロ――信長に急報する。

つまり藤孝は、直接、信長に密告しなかったことで己れを辱めずにすみ、その後、義昭が信長に降参してからは、あえてその助命嘆願に奔走することで、その〝徳〟ある人物を賞賛されている。

なお、こうした藤孝の言動は、信長にとって決して印象の悪いものではなかったろう。それどころか、藤孝が信長を選んだという事実は、諸国の大名に伝わり、将軍義昭の生みの親ともいうべき、忠臣藤孝の織田家への随身は、次代の天下は信長のものとの思いを、多くの人々はより鮮明にしたともいえる。藤孝はこの絶体絶命の「死所」の中、生命《いのち》を永らえ、名誉も守り、さらに身代を増やすことにまで成功したわけだ。これが細川流である。光秀はこのおり、藤孝のやり口を学習すべきであった。

なにしろ次に、藤孝が第三の方法で「死所」を乗り切るのは、〝本能寺の変〟であったのだから。が、光秀はそれどころではなかった。いつまでも通訳や奉行職では、武士の本懐が遂げられない。武将として実力のあるところを、信長に見せねばならない。

幸い信長は、将軍義昭との対立を胸に秘し、京都と尾張・美濃を結ぶルートを確保すると、自己のさらに四方への勢力拡大を企図していた。具体的には、次の目標を越前国の攻略に絞《しぼ》っている。すでに途中の、北近江には同盟者の浅井長政がいた。

越前の国主・朝倉義景は再三の上洛催促にも応じず、国許を動こうとはしなかったため、武力侵攻の大義名分もたった。朝倉家については、それこそ光秀・藤孝からの詳細な情報も得られている。

加えて、先にものべたように、当時の海運は日本海ルートが主流で、義景はその要衝・敦賀港をおさえており、信長にはこの地が垂涎《すいぜん》の的《まと》であった、との事情もある。

また、義昭の不穏な動向のなかで、朝倉家との交信の往来が多いのも、信長には気がかりであった。義昭主従が信長を頼る以前は、義景の庇護の下にあったのだから、他の戦国大名以上に、朝倉家を恃《たの》む気持が義昭に強かったのも、至極当然のことであったろう。

永禄十三年（一五七〇）四月二十日（この年、同月二十三日に元亀元年と改元）、信長は織田軍団のほかに三河の徳川家康、飛驒の姉小路頼綱《あねがこうじよりつな》、伊勢の北畠信雄（信長の三男）、河内の三好義継（三好長慶の養嗣子）、大和の松永久秀らの軍勢を京都へ集結させた。そして諸軍が揃ったところで、信長は京都を出撃する。

琵琶湖の西方から湖北へいそぎ、越前の敦賀に侵入すると同二十五日、朝倉方の手《て》筒《づつ》山城を攻撃、難なくこれを抜くと、さらに金ヶ崎・疋田の両城に侵攻。文字どおり、破竹の進撃ぶりを示した。

越前侵攻の誤算

敦賀は越前朝倉氏の、領国西部および若狭の拠点である。この信長の侵攻作戦は、常識的にみれば、敵の真っただ中に飛びこむに等しく、一面では無謀というほかはなかったろう。それを承知で信長は、思い切りよくつっ込んだ。なぜか。越前の国情を読みきっている、との自負があったからだ。

大国越前は、北陸の地の利に安住してか、この世情騒乱の戦国の中で眠っていた。この度も敦賀の平野に、突如、数万の織田連合軍があらわれて、はじめて事態の重大さに色めき立つありさま。否、異様なまでに狼狽《ろうばい》した。このままでは都城一乗谷は、旬日を経ずして陥落するであろう。

いましも金ヶ崎城には、織田方の千挺をこえる鉄砲が向けられ、狭い柵や大手門などは無数の鉛弾を浴びて、蜂の巣のようになり、息つく間もなかった。城は一日で落ちている。

主将の朝倉景恒《かげつね》（義景の又従兄弟《またいとこ》）が、味方の救援の遅さに落胆し、敵の激しい鉄砲玉の洗礼にたまりかね、絶望して開城、降伏を申し入れたのであった。

信長は、景恒が朝倉一族の凡将であること、感情の起伏が激しい人柄であることを調べつくしていた。おそらくネタ元は、光秀であったろう。前線はかくのごとくである。それでも国主たる朝倉義景は、重い腰を上げようとはしなかった。自身の出馬を億劫《おつくう》がった、と伝えられている。

ようやく周囲にせきたてられ、一応は出陣したものの、途中であれこれと難癖《なんくせ》をつけて、結局は一乗谷へひき返してしまった。金ヶ崎とともに、疋田城も一日で落城する。

一挙に全軍の士気が堕《お》ちた朝倉軍に反して、ますます意気盛んな織田連合軍は、間髪をいれず、木ノ芽峠から十六里（約六十四キロメートル）を驀進し、一乗谷を屠る計画で諸隊の部署わりをおえていた。先鋒には、この一戦で織田家に足場を得ようと躍起になっている光秀があり、あるいは、光秀と同じように、将軍義昭から摂津の三守護の一に任じられていた池田筑後守勝正の姿もあった。勝正も実戦で、信長に忠誠を示さねばならない立場にあった。ほかに、木下藤吉郎（秀吉）の姿も。

元亀元年（一五七〇）四月二十八日、織田連合軍の将士はそれぞれが功名を夢みて眠りについたろうが、夜十時頃、藪《やぶ》から棒《ぼう》の大変事が出来《しゅったい》した。これまで織田家と密接な同盟関係にあった、北近江の浅井長政＝信長の義弟が、にわかに窮地に立った、より古くかつてからの同盟朝倉家に呼応し、織田連合軍の退路を断つ挙に出たのであった。

「浅井長政が離反？　……まさか」

信長は信じられない面持ちで、しばし呆然と立ちつくした、と伝えられている。

無理もない。信長は浅井家と朝倉家が同盟関係の長かったことを熟知していた。

だからこそ、浅井家には戦闘に参加を頼まず、沈黙＝中立を守ってほしい、と事前に働きかけていた。併せて、長政の篤実な性格も読みとっている、と自負してきた。

彼には義兄の掲げた〝天下布武〟が理解できる素養と抱負があった。それゆえ愛妹のお市を嫁がせ、将来の構想も語り、徳川家康と同様に左右の手と期待し、最も頼りとしてきたのだ。それが突如、寝返ったとは――。

敦賀平野は三方を山襞《やまひだ》に囲まれ、一方は日本海である。前方から敵を迎えるだけでも、本来は防戦の難しい地形であった。前後から挟撃されれば、まさに袋のねずみで、何処にも逃げ場はない。今度の作戦も、朝倉氏の緩慢な体質、浅井氏の協力＝沈黙と中立を前提としたものであった。信長は己れを知り、敵（朝倉義景）を知りつくしたと自負していたが、どうやら味方のなかの潜在敵対勢力＝浅井家の旧守派の存在には気がつかなかったようだ。

若い当主の長政は、個人として義兄の信長に心服し、あこがれてもいた。だが、父である浅井久政《ひさまさ》は永禄三年（一五六〇）に隠居したとはいえ、家中に隠然たる影響力をもっており、古い時代の人間として、信長のやり方にはことごとく内心では、反発していたのである。

その鬱屈《うっくつ》の思いが、長年の同盟者である朝倉氏を、信長に攻められたことによって爆発した。長政はそれを抑えることができなかった。否、彼も信長と同じ「下剋上」の洗礼を受けた人間であったのだ。義兄に〝天下布武〟がやれるならば、自分にも……と、考えたとしてもおかしくはなかったろう。

信長が戦国大名の次元を超えるのは、旧室町幕府の実質支配地域――畿内・北陸・東海を制してからのことであった。長政はまだ、その手前で悪戦苦闘する信長しか知らない。今なら自分も信長になれる、そう思ったとしても不思議はなかった。

信長の真骨頂は金ヶ崎の敗走にあり

浅井長政の裏切りが明白になると、信長は躊躇することなく、神業のような迅速さで戦線を離脱した。少数の親衛隊がつき従ったのみで、いわば連合軍全員を敦賀に置き去りにしたに等しい。

この時代、「卑怯者」や「臆病者」呼ばわりされるほど、名誉の武将にとって屈辱的なものはなかった。将士は他人《ひと》に笑われぬために戦場で勇み、潔く、卑怯はせず、平素から言動を慎んで〝武辺道〟を心がけた。もし、侮辱されれば相手を斬り、自らも死を選ぶのが正しい作法とされていた。

それを知らない、信長ではなかった。が、知りながらこの男は部下、友軍を置き去りにして、早々に遁走、敵前逃亡した。この行為をいかに評価すべきか。

参考とすべきものが、往昔の中国にあった。杜牧《とぼく》の詩「烏江亭《うこうてい》ニ題ス」である。

勝敗　兵事　事期《ことき》セズ　羞《しゅう》ヲ包ミ恥《ち》ヲ忍ブ　是《こ》レ男児
江東ノ子弟　才俊多シ　捲土重来《けんどちょうらい》セバ　未《いま》ダ知ルベカラズ

漢の高祖となる劉邦と天下の覇権を争い、戦い敗れた項羽が、垓下《がいか》に逃がれたものの、「四面楚歌」の歌を聞き、最愛の虞美人《ぐびじん》とも別れなければならなくなった、という名場面である。

「虞《ぐ》ヤ虞《ぐ》ヤ　若《なんじ》ヲ奈何《いかん》セン」

烏江まで落ちのびた項羽は、ここを渡れば故郷の江東へ帰れるというところまで来ながら、

「我、何ノ面目アリテカ、復《ま》タ見《まみ》エン。独リ心ニ愧《は》ジザランヤ」

と自害してしまう。中国の史書は、この項羽の最期《さいご》を潔いものとして賞賛し、日本の多くの読みものも同様に追従した。だが――、と杜牧はいう。

項羽が恥を忍んで故郷の江東へ帰り、もう一度、捲き返せば、果たして漢の天下は通史のように成

立し得たか否かわからない。男子にとって生きるのが苦しく辛いのは、名誉を捨てねばならないときであろう。なまじ生き延びれば、傍目には恥も外聞もない者とうつるかもしれない。そういうとき、生き恥をさらして再戦を心に期するのは、並大抵のことではなかろう。責任感や名誉心の強い者ほど、生命《いのち》を捨てるほうがはるかに楽だ、と思うにちがいなかった。項羽は自決し、信長は逃げた。

京都へ、そして岐阜へ、逃亡する信長の胸中はいかばかりであったろうか。おそらく、この苦い敗戦をどうやって挽回するか、それのみが去来していたに相違ない。

逃げのびる途中の、信長のエピソードをひとつ――。

琵琶湖の東岸が浅井氏の領土であるため、信長は西岸の嶮路をいかねばならなかった。途中には敵か味方か、いずれとも定かでない国人・地侍たちが、城砦を構えている。なかでも朽《くつ》木《き》谷の領主・朽木元綱《もとつな》は向背定まらず、さしもの信長もどう通過したものか思案に暮れてしまった。

後年のことになるが、元綱は関ヶ原の合戦のおり、西軍に味方しておきながら、合戦のさなか東軍へ寝返っている。そういう性癖の人物であった。

「――では、それがしが参って説きましょう」

このとき、元綱を説得する役をかって出たのが松永久秀であった。

〝戦国三梟雄〟に数えられ、主家の三好氏を滅亡させ、奈良の大仏殿を焼き、十三代将軍の足利義輝を弑逆《しいぎゃく》したほどの悪党である。何を仕出《しで》かすか、知れたものではなかった。

一説に逃走を信長に進言したのは、この久秀であったとも。さて、信長はこの急場に久秀をどうしたか。なんと信頼して、元綱との交渉を任せている。実に大胆な起用といわねばならないが、信長にすれば当然の判断といえなくもなかった。再三、久秀を誅《ちゅう》するようにと将軍義昭にいわれながらも、その久秀の畿内にもつ潜在的な影響力を評価して、生かしておいたのである。

「毒は使い方では、薬になります」

信長は義昭にいいたかったかもしれない。「人材」＝「機能」ととらえる、信長の面目躍如たるものがある。久秀がどのように説得したのか定かではないが、朽木元綱をともなって信長のもとへ戻ると、元綱の案内で無事、信長を京へ入れることに成功した。

もっとも久秀はこののち、信長を裏切っているが……。

信長の対浅井戦略

同じ頃、明智光秀は池田勝正、木下藤吉郎（秀吉）らとともに、取り残された織田連合軍の殿軍《しんがり》をつとめていた（『武家雲箋《ぶけうんせん》』所収文書）。

これは大役といってよい。なにしろ、味方をより遠くへ、安全な地帯へ逃がすため、現地＝敵地に踏みとどまって、攻めよせる敵軍の攻勢を迎え討ち、支えなければならない。しかも、支えつつ、自らも逃げねばならない。彼ら殿軍が浮き足立てば、全軍が潰滅《かいめつ》するおそれは十分にあった。

のちに天下人となった秀吉は、自己宣伝に〝金ヶ崎退き口《のぐち》〟をしきりに活用したが、この秀吉の「九死に一生」の功名は、同時に光秀の必死の働きによるものでもあったのだ。

そして、この退却戦に光秀・秀吉が主力となった意義は大きかった。彼らは行政手腕のみならず、一廉《ひとかど》の武将としても見做《みな》されることとなる。人間、何が幸いし、災いするか、簡単には計れない。

「禍《わざわい》と福《さいわい》とは隣《となり》をなす」（『荀子《じゅんし》』）

である。光秀の武将としての道は、この殿軍で開けたといってよい。

元亀元年（一五七〇）の五月二十一日、信長は九死に一生を得て、岐阜へ戻った。直ちにとりかからねばならない課題は、唯ひとつ。「断乎たる報復」――それも時を移さずに、である。世を覆《おお》いかねない「信長潰走」「織田軍惨敗」の悪評を拭い去り、反織田陣営に弾みをつけさせないためには、浅井・朝倉両氏――わけても、まず滅ぼすは浅井長政であったろう。

信長は敵状視察と情報収集を執拗におこない、引きつづいて内訌《ないこう》を画策。浅井家に従う近江の国人・坂田郡鎌刃《かまは》城（現・滋賀県米原市）の城主・堀元積《ほりもとつむ》（元積が死去してのちは秀村《ひでむら》）やその家老である樋口直房《ひぐちなおふさ》を長政から引き離す交渉を、秀吉や竹中半兵衛に担当させている。

効果が表れると、信長はすかさず、尾張、美濃の国境辺りの浅井方の砦をすばやく攻略した。あげく、織田軍は浅井氏の居城・小谷《おだに》城（現・滋賀県長浜市）まで深く侵攻し、坂田《さかた》郡・東浅井《ひがしあざい》郡・伊香《いか》郡といった領内の村々に火を放っている。火攻めは信長の、最も得意とする戦術であったといっていい。この戦術は、障害となる物すべてを焼き払い、戦場を一面焼け野原にするという、進軍上の利と、敵に精神的な打撃（怒り、悲しみ、恐怖）を与える面とがあった。

信長は一度、小谷城下を襲撃し、一転、後退して横山城を包囲した。なぜ、横山城なのか。

岐阜から関ヶ原を経て米原《まいばら》（現・滋賀県米原市）に出ると、琵琶湖にそって南北に近江平野が延びている。この平野は米原を境に北と南に区分され、一方の北近江のほぼ中央を、東西に貫流して姉川が流れているのだが、信長は早くから、来たるべき浅井・朝倉連合軍との決戦を、この姉川に想定していた形跡があった。

浅井氏の本拠地・小谷城は、姉川の北八キロに聳《そび》える小谷山にあった。

小谷山の東南にある大依山《おおよりやま》は事実、合戦の前日に浅井・朝倉連合軍が陣を布いたところであり、彼らは大依山を下りて姉川北岸に陣を展開した。対する織田方の拠点はどこか、姉川の南方に臥龍山《がりゅうざん》（現・滋賀県長浜市と米原市の境）がある。北端を龍ヶ鼻といい、信長はここに本陣を据える気でいた。問題の横山城は、この臥龍山の山頂にあったのだ。

北側には北国街道が通じ、南側には京都に通じる中仙道（中山道）が走っている。信長はこの戦略的価値を見逃さなかった。時を移せば、横山城は岐阜と京都を結ぶ織田家のルートを遮断する脅威となりかねない。加えて、龍ヶ鼻の西には国友村《くにとも》（現・滋賀県長浜市）があった。

ここはあえて述べるまでもなく、日本でも最高水準の技術をもつ鉄砲鍛冶の集団が住んでいた。いわば工業団地、技術基地であり、今川義元亡きあと、天下一の名を得ている武田信玄との来たるべき対決を睨《にら》んでも、信長はどうしてもこの村＝大量の鉄砲を確保しておきたかったのである。

あまり指摘されていないが、国友村の支配も浅井氏撃滅の重要な要因のひとつであったのだ。

信長の戦略は、どこまでも冷厳であった。長政を挑発すれば、あの腰の重い朝倉義景も、ついには出陣せざるをえなくなる、とみた（もっとも、朝倉軍は一族の朝倉景健《かげたけ》が率いたが）。

そのうえで、同盟者の徳川家康に援軍を要請している。

姉川の合戦から〝反織田包囲網〟結成まで

信長の卓越した戦略眼は、家康に援軍を求めた段階で、織田軍二万九千に対して、浅井・朝倉連合軍を一万八千程度と算定していたところにもあった。兵力を一時期、一ヵ所に集中し、敵兵力をどれほど上回れるか、この近代戦の知識をすでに一五〇〇年代、信長はもちあわせていたことになる。

家康の援軍五千を加えれば、織田・徳川連合軍は三万四千。浅井・朝倉連合軍は一万八千。戦わずして両者の兵力差が、二倍近くあったことは注目しなければなるまい。

元亀元年（一五七〇）六月二十六日、朝倉景健着陣。翌二十七日、徳川家康着陣。

合戦は六月二十八日、未明に始まり、午後二時頃まで激戦がつづいていた。当時としては、長時間の戦闘といえる。部分的には、浅井・朝倉連合軍の勝利ととれなくもない局面はいくつかあった。が、しょせんは兵力が隔絶していた。

後半戦になると、数の威力がものをいう。全力を傾注してかかる浅井・朝倉連合軍には、予備兵力が皆無であったが、信長側には疲れた部隊を交替させ、新手をくり出すだけの余裕があった。

終盤、織田の予備軍が浅井軍の右翼を衝き、家康の部将・榊原康政《さかきばらやすまさ》の一隊が朝倉軍の側面に進出したため、敵は俄《にわ》かに浮足立った。

崩れは崩れを誘発する。たちまち浅井・朝倉連合軍は、なだれをうって小谷城へ総退却となった。

崩れ立ち、われさきに逃げだす敵兵を、織田・徳川の将士たちはいっせいに、追撃戦へと移る。

この日の戦死者数、浅井・朝倉連合軍は一千七百余人。織田・徳川連合軍は八百余人。信長は浅井・朝倉の軍勢に損害を与え、挫折感をうえつけたことで満足し、小谷城の攻略、朝倉氏の撃滅は次のこととして、深追いを戒めた。もっとも、この一戦に明智光秀がいたかどうか、実は明らかではなかった。武将としての彼の真価が問われるのは、これから先の比叡山との争乱であったといえる。

横山城を陥した信長は、光秀ではなく秀吉にこの城をまかせると、自ら軍勢を返している。

その後の、信長の勢威拡大は、凄まじいばかりの速度であった。

――いきおい、反対勢力も鋭鋒化せざるをえない。

なかでも、本願寺の姿勢は徹底していて、侮りがたいものがあった。

本願寺第十一世・顕如《けんにょ》（名は光佐《こうさ》）は、信長と戦わない門徒は破門する、とまで言い切っている。

門徒は破門されれば、地獄に落ちるしかなかった。彼らは必死となる。

焚付けたのは、将軍義昭である。本願寺に浅井・朝倉連合軍を加え、河内の畠山・遊佐《ゆさ》氏、さらには比叡山延暦寺の僧兵団までも口説き、「反織田同盟」＝〝反織田包囲網〟を構築。信長はこの包囲網の中で、いつしか身動きがとれなくなってしまう。

主力軍だけではない。畿内を中心に展開した織田軍の各戦線は、三好義賢の遺子・長治を擁する阿波の篠原長房《しのはらながふさ》、六角承禎、さらには三好一族の残党らを向こうにまわして膠着状態に陥っていた。

そうした状況の中で九月十九日、織田方の南近江・宇佐山《うさやま》城（現・大津市南志賀）――近江と京を結ぶ要衝――が浅井・朝倉連合軍に襲われ、城将の織田信治《のぶはる》（信長の弟）、森可成《もりよしなり》が討ち取られてしまった。

十一月二十一日には織田信興《のぶおき》（信長の弟）の守る尾張小木江《こきえ》（古木江《こきえ》）城（現・愛知県愛西《あいさい》市森川《もりかわ》町《ちょう》）が伊勢長島の一向一揆門徒に襲撃され、信興が自害して果てる事件が起きた。が、信長は動けない。弟たちを救うことすらできない、苦境のなかにあったのである。まさに、四面楚歌であった。

だが信長は、苦しい日々の中から、ついには突破口を見い出す。それは、これまでいかなる戦国武将もおそらくは考えつきもしなかった、突拍子もない奇策であったといえよう。

「将軍を動かし、天皇にすがる」

いうまでもなく、〝反織田包囲網〟を画策した張本人は将軍義昭である。それを承知のうえで信長は、義昭をおどし、朝廷のもつ伝統的権威をかりて、和睦の周旋を強要したのであった。

義昭は信長の手の内にある。求められるまま、朝廷への手続きにあたった。ときには、足利重代の二《ふた》ツ引両《びきりょう》の定紋を染めた源氏の旗幟を、織田本陣に掲揚《けいよう》するのを許している。最悪の環境のなかで、信長の外交戦略手腕はほとんど、芸術的なまでに高められ、緻密で巧妙化していたのが知れる。

比叡山焼き打ちと光秀

この外交成果によって、一時的にしろ四面楚歌をまぬがれた信長は、この機を逸《いっ》しなかった。

元亀二年（一五七一）正月早々、横山城の木下藤吉郎（秀吉）に近江の姉川を封鎖させ、姉川から琵琶湖畔に通じる海陸の交通を遮断。二月二十四日には、浅井家の重鎮・佐和山城将・磯野員昌《かずまさ》を牽《けん》制《せい》させるため、同城へ丹羽長秀を入れている。

一方、五月に入ると信長は、伊勢長島の一向一揆に反撃を加えるべく出陣したが、こちらは頑強な抵抗にあって失敗。柴田勝家が負傷し、〝西美濃三人衆〟の一人、氏家卜全《うじいえぼくぜん》らが戦死している。

この時期、光秀は何をしていたのであろうか。

元亀元年九月に、信長が比叡山の麓に築かせた砦の一つ、穴太砦《あのう》（現・大津市穴太）に、佐久間信盛・河尻秀隆《かわじりひでたか》・佐々成政らと配備されていたことがしられている。同様に、比叡山西麓に築かれた勝《しょう》軍山《ぐんやま》（地蔵山）城（現・京都市左京区北白川）を守っていた。勝軍山は別名を瓜生《うりゅう》山といい、古の城跡を改築したもので、「公方衆」の担当となっており、光秀はここを講和が成るまで守っていたようだ。

この間、光秀は勝軍城を抜け出して、吉田兼和の屋敷で石風呂に入っている。光秀の日常に比べ、信長の多忙さはどうであろう。彼は生涯にわたって安息の時間をもてなかったが、わけてもこの時期の八面六臂の活躍ぶりは、戦国武将としても比類なきものであったろう。五月に伊勢へ姿を現わしたかとみれば、八月には北近江に出馬している。しかし、信長の真の狙いは、そのいずこでもなかった。比叡山延暦寺である。

前年、信長は叡山に、「わが方に味方をすれば、領国内の山門領を返還する」「それが無理なら、中立を守れ」「いずれも聞かないなら、利敵行為とみなし焼き払う」と宣言していた。それを実行に移したのである。

叡山焼き打ちは、さすがに織田軍の中でも反対する者が少なくなかった。俗説には佐久間信盛、明智光秀の両名が、伝教大師＝最澄以来の鎮護国家の大道場への火攻めに強く反対、意を決して諫言したが信長は聞かなかった、というのがある。

作家の中には、このおりの光秀の恨みが、のちの〝本能寺の変〟に彼をかり立てた、などと述べる者もいるが、史実の光秀は他の誰よりもこの一戦で大活躍をしていた。その証左に、比叡山の焼き打ちこそが、光秀を織田家の最高幹部――のちの方面軍司令官に引きあげる糸口となったのである。

先に少しふれたが、京都と近江を結ぶ拠点の一つ、宇佐山城にあった織田信治、森可成が討死したことにより、光秀はこの城の城将に大抜擢をされる。すでに横山城に秀吉、長光寺城へは柴田勝家、佐和山城に丹羽長秀、永原城へは佐久間信盛、安土城（現・滋賀県近江八幡市安土町地区）には中川重政が入っていた。

宇佐山城は織田方の城の中で、最も京都に近い重要拠点であった。この人事に信長は、これまでの奉行としての経歴に加え、先の金ヶ崎における光秀の殿軍《しんがり》の巧みな采配を、大いに評価して、この抜擢に踏み切ったのであろう。ここから武将としての、光秀の本格的な人生が始まった。

四十四歳から五十六歳と諸説あるが、いずれにせよ遅いスタートであったことは間違いない。

——焼き打ちの主役は、実は光秀であったのだ。

「そんな馬鹿なことはない、光秀は仏神を貴ぶ武将だった」

読者の中には、そのように思われている方も少なくないようだ。また、

「光秀縷々《るる》諌《いさめ》を（信長へ）上《たてまつ》りて云う」（『天台座主記』）

とも。しかし、史実は違った。

『新修大津市史』（第七巻近世前期）には、宇佐山城に入った光秀が、比叡山東麓の雄琴《おごと》（現・大津市雄琴）に蟠踞《ばんきょ》していた土豪・和田秀純《ひでずみ》に宛てた書状が掲載されている。

日付は九月二日——九月十二日の焼き打ち決行の、まさに十日前のものである。

内容は秀純に宇佐山への入城を命じるとともに、反織田方についた仰木《おおぎ》（現・大津市仰木町）を攻めて皆殺しにせよ、という激越なものであった。光秀は、叡山に最も近い城をまかされた立場を十二

分に認識していた。そのための準備も周到にしており、九月十二日の総攻撃に臨んでいる。

「任怨分謗《にんえんぶんぼう》」と光秀の「一国一城の主《あるじ》」

「僧俗男女、三、四千人伐《き》り捨つ」（『言継卿記』）――とんでもない殺戮《さつりく》であったが、信長もその部将たちも罪の意識など持ちあわせなかった。叡山の僧侶は現実に、槍刀をたずさえて殺生を好み、魚鳥を食い、女人を近づけて破戒三昧の暮らしをしていた。

「さような無頼坊主に、七百年このかた仏罰も当てず、過ごさせたのは、寺仏どもの怠慢である」

信長は毅然と虐殺を断行し、仏都叡山を焼き払った。その是非はひとまず措《お》く。

その行為に関してのみ、述べたい。「任怨分謗」という四字の語がある。

「任怨」とは思いきって新しいことをやる場合、決まって旧守勢力の〝怨〟を買う。だが、怨嗟をひとつひとつ気にかけていては、とても新しい事業など成し遂げられるものではない。それなら、「敢えて、その〝怨〟をうけて立て」というのである。

「分謗」は逆に、〝怨〟に任じて攻撃を一身に浴びている人間を、見捨てて逃げてはいけない、という意味だ。ひとたび「決定《けつじょう》」したからは、組織は一心同体、〝怨〟も分けあう気概がなくては大事は成就しない。織田軍団の将士は、光秀も含め、叡山焼き打ちに連帯責任を負った。

「仏法破滅」をやってのけた信長だが、さすがに事後の処理には手ぬかりはなかったようだ。

信長にとって一番厄介であったのは、朝廷が叡山焼き打ちを非難することであった。

焼き打ちから間もなく、信長は身におよぶ非難を躱《かわ》すため、洛中洛外から大量の米を集めると、京の町衆に貸しつけ、利米を朝廷の費用に充当する施策を実行し、朝廷の機嫌をとっている。

その一方で武家の、ひいては信長の恐さを朝廷に知らしめる事件をひき起こした。この年、竹内事件が発生している。公卿久我家の家宰（諸大夫）をつとめる竹内季治《たけうちすえはる》（公家）が、

「信長の勢力および地位は、すでにその極《きわ》まりに達し、熟した無花果《いちじく》のように落ちるほかはない」

と将軍義昭に語ったことを聞きとがめ、季治を斬首の刑に処している（『耶蘇会士日本通信』）。

叡山焼き打ち後の信長は、朝廷の上位者に対しては機嫌をとり結び、下位層には矛先《ほこさき》を転じて厳罰をもって言論を封《ふう》じる政策をとった。この「飴と鞭」両面の処理方針は、一応の成果をあげる。

元亀二年（一五七一）の終り頃に光秀は一度、義昭のもとを致仕《ちじ》して剃髪する決意を固めていた。桑田先生は義昭の近臣・曽我《そが》兵庫頭助乗《すけのり》を通じて、暇乞《いとまご》いの取り成しを依頼したのではないか、と自著で述べられていたが、時期的には叡山焼き打ちの功により、

「去《さ》て志賀郡、明智十兵衛に下され、坂本に在地候なり」（『信長公記』）

となった頃に合致していた。志賀郡はのちの石高制でいえば五万石相当である。信長からの恩賞は破格のものであった、といってよい。なにしろ宿老の柴田勝家・丹羽長秀・佐久間信盛でも、城付知行、俗にいう「一国一城の主」にはいまだなっていなかった。一郡とはいえ、城を築くような含み《ニュアンス》の拝領は、織田家第一号の栄誉といってよい。

併せて、ここで見落としてはいけない点は、拝領の志賀郡の大半は旧山門領荘園であったことだ。

つまり、比叡山延暦寺の寺領そのものを、光秀は相続したに等しかった。彼が仏神を貴び、仏門領に手ごころを加えた――そんな史料は、どこにもなかった。

現存するのは、容赦なく山門領の荘園を接収する光秀に対して、

「それは山門領ではないから没収しないでほしい」

という、正親町《おおぎまち》天皇や青蓮院《しょうれんいん》・妙法院《みょうほういん》・曼殊院《まんしゅいん》の三門跡などからの、信長への訴えであった。

光秀は志賀郡一円の経営を、急いでいた。主君信長からの期待に応えなければならない、そうした思いが強かったのではないか。坂本城の築城も、すぐさま開始され、光秀はこの多忙な中で京都奉行も兼任していた。行政官として、光秀はよほどに有能であった。天才といえるかもしれない。

いわば、敵地に等しい志賀郡を、天正七年（一五七九）に彼は早々と安定支配にもっていっている。

これは『兼見記』にみえる話だが、光秀と個人的に親しかった吉田兼和の小姓・与次が、逐電するという小さな事件が起きた。天正七年二月二十二日のことである。

与次は志賀郡雄琴の出身ということもあり、兼和から探索の依頼をうけた光秀は、すぐさまふれを出したが、雄琴の代官・大中寺某と川野藤介の二人が与次をさがし出して、一件落着となった。

光秀は浅井氏が扇動《せんどう》する堅田（現・大津市）の一向一揆にもなやまされている。彼らの操《あやつ》る「堅田湖賊」を制圧するため、信長に命じられては琵琶湖湖上、湖畔に新生の水軍をひきいて戦わねばならなかった。そのためにも「一国一城の主」たる光秀は、自らの家臣団を編成しなければならない。

領内の土豪はむろん、採《と》り込んでいる。また、地縁・血縁のある美濃からも、のちには将軍義昭の敗北後、「公方衆」と呼ばれた旧幕府衆も、新たに家臣団に組み込んでいった。

第四章　織田家筆頭の地位

「天正改元」と信長の躍進

さて、光秀の好敵手《ライバル》の秀吉はどうしていたのか。

遅れること二年、天正元年（一五七三）九月に、滅んだ浅井長政の旧領＝北近江三郡（伊香郡・東浅井郡・坂田郡）を拝領し、小谷城主からのち琵琶湖畔の「今浜」を改称して「長浜」とし、ここの城主となった。光秀に次ぐ、織田家の第二号になったわけだ。

ただし、こちらは石高制で十二万石と、光秀を大きく上まわっていた。

信長は二人を、競わせようと意図していたようだ。

いずれにせよ、琵琶湖をはさんで西に光秀の坂本城があり、東に秀吉の長浜城――そして、その中間ともいうべき安土に、やがて信長の居城が築城されることになる。

ところで、朝廷は信長の意向もあって、年号を「元亀」から「天正」に改めた。七月二十八日のことである。もともと「永禄」が改元されるおり、信長は「天正」を次の年号の候補にあげていたが、将軍義昭《よしあき》の反対にあって「元亀」に制定された経緯《いきさつ》があった。

義昭に意見した「異見十七ヵ条」にも、信長はそのことを糾弾しているのだが、よほど「天正」という年号には思い入れがあったのだろう。

確かに、「天正」への改元（七月二十八日）は、信長の〝天下布武〟に大いに幸いした。

叡山を焼かれて危機感をつのらせた義昭は、信長を取り囲む〝反織田包囲網〟の中心に、甲斐の名門・武田信玄を上洛させることで、一気に信長を殲滅しようと画策する。

先の「異見」は追いつめられた信長が、いわば悲鳴を堪《こら》えて義昭に突きつけたようなものであったが、元亀三年（一五七二）十月に、甲府を出陣した信玄は、結局、上洛の途次、病《やまい》に倒れてしまう。信長は九死に一生、息を吹きかえした。

将軍義昭は、「元亀」最後の年の四月、二条城に挙兵するも、信長に攻囲されて降伏。以来、鳴りをひそめていたが、昨年十二月の三方ヶ原の戦いで、武田軍が徳川家康（信長の援軍も含め）を痛撃したことを聞き、元亀四年六月に入ると、信玄の再進を当てこみ、信長との誓約を一方的に破棄。再度、兵を挙げる準備をはじめる。「天正」となった七月には、家臣の三淵藤英《みつぶちふじひで》を二条城に配し、自らは宇治のすぐ北の槇島城《まきしま》（現・京都府宇治市槇島町）に拠って挙兵するにいたった。

この時、すでに信玄はこの世にいなかったというのに――。

信長はかねて準備の兵団を送り、義昭の籠る槇島城を包囲したが、この時点で信長は信玄の他界を確認している。信長にはもはや、義昭を恐れねばならない理由はなくなっていた。和解を望んだ前回と違って、今度は義昭を容赦することもなかった。

義昭は信長の猛烈な攻撃に堪えきれず開城すると、大坂から堺、そして毛利氏の領土へ海上を逃れていった。室町の十五代将軍・足利義昭は京を逐《お》われたのである。

だが、義昭はこのとき、征夷大将軍を解任されたわけではない。それがやがて、あの〝本能寺の変〟の黒幕説を生み出す要因ともなるのだが、四月十二日に武田信玄が没し（享年五十三）、八月二十日には信長に猛攻された朝倉義景が自刃（詳しくは後述・享年四十一）、九月一日にはそれを追うように、織田方に攻められた浅井長政の小谷城が落城、長政は自害している（享年二十九）。

この間、信長を裏切った松永久秀は許されている。翌年には、伊勢一向一揆も鎮圧された。

元亀四年六月二十八日、連歌師の里村昌叱《さとむらしょうしつ》（紹巴《じょうは》の弟子で娘婿）が坂本城に来て、「天主の下に立つ小座敷」で歌仙連歌三十六句を興行したことが、参加した吉田兼和の日記に出ていた。忙中に閑――光秀は戦場に赴きつつも、憩う時間をそれなりに持っていたようだ。

それにしても、と思う。「天の暦数《れきすう》、汝の躬《み》に在《あ》り」という言葉が、儒教の古典「五経《ごきょう》」の一《いつ》・『書経《しょきょう》』にあるが、天の運数――すなわち天命は、あなたの身に備わっている、との意で、戦国武将・朝倉義景はこの言葉を、そのありあまる教養をもって、どのように解釈していたのだろうか。

彼が国主をつとめた越前は、すでに見てきたように、日本屈指の大国であった。四代前の朝倉孝景が近隣を切り従え、国内を統一。覇府を一乗谷に置いて、歴史に残る家憲を定めた。そして人材登用、軍略・兵法に意を注ぎ、揺るぎのない北国の大国を一代にして築きあげた、といえる。

が、あまりに見事に、朝倉家を整えてしまったため、それにつづく国主たちはほとんど、自分たちのすることがなく、苦労や逆境の経験のないまま、揃って凡庸《ぼんよう》に生き、そのまま死んでいった。

好機《チャンス》を活かせなかった朝倉義景

重臣たちも、大国ゆえに偸安《とうあん》（目先の安楽を求めること）の暮らしに慣れ、戦国乱世の世の中にあって、越前だけは主従ともに泰平の世を謳歌していたといえる。

それらを可能にしたのは、当主義景の補佐役もつとめた朝倉教景（号して宗滴）の存在であった。後期朝倉氏の栄光は、この人物に負うところがきわめて大きかったことは、すでにふれている。

興味深いのは、天文二十四年（一五五五）九月八日に、宗滴がこの世を去り、義景の親政が始まっても、朝倉家の権威は微動だにしなかったことだ。なぜか、今一つの朝倉家の強味＝越前の経済力、この途方もない財力がものをいっていたからである。

当時の海運の主流、日本海側にあって朝倉家は、その要衝・敦賀港を押さえていた。

その財力は、比叡山延暦寺の僧兵たちの金主《きんしゅ》をつとめるほどで、僧兵たちは自分たちの生活費を捻出するため、高利貸しを行っていたが、新たなる利が利を生み、当然のごとく越前の金主に、巨富をもたらした。義景にその気がありさえすれば、朝倉氏は北陸路を南下し、他の大名の誰よりも早く、京の都に旗を翻《ひるがえ》すことができたにちがいない。

だが、彼はむしろ、京の都を越前に再現しようとした。なにしろ義景は、京都文化について造詣が深く、雅《みやび》であり、知識と教養あればこそ、戦国乱世の中、公家たちを保護したり、その文化伝承を支援したりすることに、己れの存在意義を認めていた。が、天下に野心というものを持たなかった。

それゆえ、庸劣《ようれつ》無能のように、同時代の織田信長からは決めつけられたが、室町幕府の十五代将軍・足利義昭が、信長の野望＝己れの天下取りを知ったとき、最も頼りとしたのは義景であった。

もし、信長が唐突につっ込んで来た金ヶ崎で、彼を仕留めることができたならば、その後の姉川の敗戦もなかったろう。朝倉は強兵である。たとえ信長を取り逃がしたとしても、あそこで織田軍を完膚なきまでに叩いていれば、その再建の計画は大きく狂ったはずだ。にもかかわらず……。

それでも天は、この覇気のない義景に、もう一度、チャンスを与えている。元亀三年（一五七二）十一月のことである。

朝倉氏も含め、ぐるりと〝反織田包囲網〟に取り囲まれ、動きを止められた信長に、〝戦国最強〟

といわれた武田信玄の甲州軍団が、上洛を目指して迫ってきた。もし、その猛攻――「反織田包囲網」の同盟軍をあげて――にさらされれば、信長は壊滅的打撃を蒙《こうむ》ったはずだ。

いよいよ「死地」に追いつめられた信長は、織田家と良好な関係にあった上杉謙信を動かすことを考えつく。馬に目のない謙信に、南蛮渡来の名馬を贈り、

「なんとか朝倉義景を、帰国させてはもらえますまいか」

と密書を送って泣きついた。信長は、信玄と謙信が、ともに天を戴《いただ》けぬ間柄であることを熟知している。それ以上に信長は、これまでの戦いで、義景の性根を見極めていた。彼は万事に動きが鈍い。

「あの男なら崩せる」――信長には、そうした見込みがあった。

義景を帰国させることが出来れば、朝倉軍に振りむけた兵力だけでも余裕ができる。信長は、謙信に喰《く》いさがった。謙信と義景には、利害の相反する関係がない。越中（現・富山県）の一向宗を挟んでは、むしろ誼《よしみ》を通じ合っているほどであった。謙信は信長からの依頼話に乗ったようだ。

「一度、国許《くにもと》へ戻って、兵馬を休められてはどうか」

もし、この時、謙信の申し入れを義景が拒絶していたなら、歴史は大きく方向を変えたはずだ。

が、気力に乏しい義景は、冬の到来もあり、謙信にいわれるまま兵を引く（元亀三年十二月）。

これにより鉄壁を誇った〝反織田包囲網〟も、信玄の進発二ヵ月後に、その一角が崩れてしまった。

信玄は激怒して、義景に書状で詰《なじ》ったが、すべては後の祭り――。

滅亡の原理は同じ

年が元亀四年（一五七三）に改まり、四月十二日に武田信玄は病没。どうにか苦境を持ちこたえた信長は、「天正」改元の七月にはすでにみたように、将軍義昭を追放し、ようやく四面楚歌から脱出する。

八月、岐阜城を出撃した信長は、浅井氏を攻め、救援にかけつけてきた朝倉勢（義景は不在）との間で激戦を展開。ついには、朝倉軍を潰走《かいそう》させている。この間、浅井長政は小谷《おだに》城（現・滋賀県長浜市）を包囲されていて、一歩も動けなかった。

信長は腹を括《くく》っていた。今度こそ、徹底した追撃戦で、朝倉勢を完膚なきまでに撃砕する決意であった。傾《なだ》れをうって敦賀に乱入した織田軍は、連日の猛攻で疲労困憊《こんぱい》する自軍を叱咤激励すると、ようやく現われた義景を刀禰坂《とねざか》（現・福井県敦賀市刀根《とね》）にて打ちまかし、なおも執拗《しつよう》に敵将義景を追撃しつづけた。十四日、敦賀に到達。約四十キロの行程を十三、四時間で走破した。この間に、織田軍は約三千八百の朝倉将兵を打ち倒している。

敦賀にあって信長は、諸隊の追撃態勢を改めて整頓。そのまま、越前本国へ突撃を敢行した。木ノ芽峠を越えて、十八日に府中（現・福井県越前市）へ到着。義景は父祖累代の地＝一乗谷に留まることもできず、大野郡（現・福井県大野市）へ。そして亥《い》ノ山《やま》城へと逃げたが、分家であり、長く一門の首班に列していた重臣の朝倉景鏡《かげあきら》に裏切られ、ついに八月二十日、自害して果てる。

天下に野心を露《あらわ》にしなかった以外、なんの罪も犯さなかった義景だったが、厳しい戦国時代の国主としては、「下剋上」を肯定しないこと自体が、立派な罪であったといえよう。

あたら大国の主に生まれながら、一度まで巡ってきた信長打倒の好機を活かすことができず、家は滅亡、自らをも死に至らしめてしまった。

七転八倒　四十年中《ねんのうち》　無自無他《じもなくたもなし》　四大《しだい》（仏教用語で物質の四元素）本空《もとよりくう》。

ときに義景は、四十一歳であった。

働き者の信長はこのあと、伊勢長島の一揆勢力を粉砕し、摂津や加賀、越前の本願寺勢力へ当面の監視軍を派遣。併せて徳政令を発して、公家たちの経済救済にあたり、畿内の民心安定を計りながら、残る三好一族の小城の潰滅作戦にとりかかっている。信長は、畿内はもとより支配地の若狭、近江、美濃、尾張、伊勢、丹後、丹波、播磨の各国から数十万の軍兵を動員し、ローラー作戦よろしく、わずか一ヵ月ですべての抵抗する小城を、ことごとく屠ってみせた。

次に仕掛けたのが、武田勝頼に関する長篠・設楽原の戦いだが、ここではその詳細にふれるよりも、滅びゆく者の共通点について考えておきたい。

朝倉義景も武田勝頼（信玄の四男）も、伝統ある国を受け継いだということでは、彼らなりに立派に職責を果たしていた。朝倉氏には加賀の一向一揆という仇敵があり、国境を挟んで対峙していたが、戦国最強の武装宗教勢力を向こうにまわして、義景は代々の朝倉家の遺産を減らしてはいない。

勝頼も信長が台頭して来る中で、その同盟者の徳川家康を抑え、父・信玄亡きあとの武田家を戦国時代にふさわしい組織に改めようと、懸命の努力を払っていた。

――にもかかわらず、揃って信長に滅ぼされたのはなぜか。

常識と思い込んでいた習慣、慣例に、まどわされたからである。

戦《いくさ》は兵の強さ＝調練の鮮度だ、と思い込んでいた武将たちが、鉄砲の進化、改良に気がついたときには、すでに後手を踏んでいたのと同じだ。

顧客を目の前に商いを展開してきた、銀行・証券会社、百貨店など、「昭和」までの日本を支えてきた名門・老舗が軒並みに、インターネットによる取り引き、新興通販などに苦戦を強《し》いられているのに似ている。

「ＩＴビジネス、こんなものは大したものではない。大切なのは、目の前のお客さまだ――」

という固定概念が、すべての商機を奪ってしまうことにつながった。

信長が長篠・設楽原の戦いで示した、鉄砲の集中活用――俗にいう三段撃ち――が、そうであるように、戦法が一変すると、それまでの強味は一気に弱味となる。支店の場所代、配属している人々の人件費、費用対効果《コストパフォーマンス》――云々。

にもかかわらず、

「燕雀《えんじゃく》、顔変《へん》せず。禍《わざわ》いの己《おの》れに及ぶを知らざるなり」（『孔叢子《くぞうし》』論勢《ろんせい》）

大きなお堂に巣くう燕《つばめ》や雀《すずめ》は、竈《かまど》の火が炎上し、お堂が焼けているのに、顔色一つ変えずにいる。危険が迫っていることを、まったく察知していないのだ。気がついたときは、後の祭り――。

そういえば『論語』に、次のようなものがあった。

「遠き慮《おもんぱかり》なきときは、必ず近き憂《うれい》あり」（人は遠く先々のこと、広く周囲のことに、深く思慮をめぐらさなければならない。そうしないと必ず、身近なところに心配事が起こってくるものだ）

しかし、組織の上に立つ人に「遠き慮なき」人は、まずいまい。にもかかわらず、実際には「近き憂」が起きてくる。これはなぜか。

「非常の人あり、然《しか》る後《のち》、非常の事あり。非常の事あり、然る後、非常の功あり」（司馬相《しばしょう》如《じょ》「蜀《しょく》の父老《ふろう》を難《なん》ず」・南宋の謝枋得《しゃぼうとく》撰『文章軌範《ぶんしょうきはん》』所収）

これがわからない、実践できないからである。

文意はやさしい。非凡な人がいて、はじめて常人の思いも及ばないことができ、そうした非常のことがあって、はじめて非常の功績が挙がる——だが、凡庸の人に、非常の人＝〝非常の才〟は見い出せない。朝倉義景に明智光秀が抜擢登用できなかったように。逸材は何処にでもいるのだが、それを評価できる人がいない。

人間は本来、自分より能力の高い部下は使えないものだ。かならず、「下剋上」される。が、歴史の世界は雄弁に語っている。それでも——軒を貸して、母屋をとられる覚悟で〝非常の才〟をさがし出し、仕事をゆだねなければ、〝非常事態〟は乗り越えられない。難しいところである。

光秀の家臣団編成

応仁の乱という非常事態に遭遇した将軍・守護は、下位の〝非常の才〟でどうにかその場を切り抜けた。だ、代を経る過程での努力を怠ったため、気がつけば取って代わられてしまった。

信長の安土城に先がけて、天主を築いた坂本城主の光秀は、丹波方面軍司令官に任じられるのだが、それに応じて、これまで信長からつけられていた〝与力《よりき》〟を、自らの家臣団に改めなければならなくなった。のちの五万石相当の城主であれば、一万石あたり二百五十人の軍役を当てはめれば、一千二百五十人の家臣が必要となる。

　とりわけ直臣の将であり、血縁でもつながる一族衆として、光秀がもっともたよりにしたのが、のちに女婿となる明智秀満であり、今一人、明智光忠《みつただ》（二郎四郎、次右衛門とも）も、光秀の「叔父光《みつ》久《ひさ》の子」という伝承を信じれば、従兄弟の関係となる。彼も秀満同様、光秀の娘（次女）を娶ることになる。

　光忠は天正三年（一七五五）の丹波過部《あまるべ》（余部《あまるべ》）城（現・京都府亀岡市）攻めで活躍し、信長から激賞され、名を「次右衛門」から「治右衛門」と改めるよう、信長がのべた感状と安吉《やすよし》の脇差をもらっている。のちの〝本能寺の変〟では、信長の嗣子信忠を二条城に攻め、銃弾を受けて後送され、知恩院にて治療を行っていた。したがって、つづく山崎の合戦には光忠は出陣しておらず、光秀の敗北を知って自害したという。享年四十三。

　二人の身内に対して、やや距離があったのが、筆頭家老などといわれる斎藤内蔵助利三《くらのすけとしみつ》であろう。

　美濃守護代・斎藤利隆（利安とも　斎藤道三、またはその父・長井新左衛門尉に殺された）の孫で、伊豆守利賢《としかた》の子であり、当初は斎藤義龍に仕え、ついで〝西美濃三人衆〟の一・稲葉一鉄（一鉄の従兄妹が利三の妻）の家臣に直ったが、途中で信長へ、さらには天正八年、一万石をもって光秀に迎えられたという。『川角太平記』では、一鉄と光秀の間に利三をめぐって一悶着《ひともんちゃく》あり、信長が一鉄側に立ち、光秀が勘気を蒙ったという〝物語〟が語られている。

　利三の母が光秀の叔母にあたるともいわれ（光秀の妹との俗説もある）、それが正しければ一族衆となる。江戸幕府の三代将軍・徳川家光の乳母である春日局《かすがのつぼね》（お福《ふく》）は、利三の娘であった。ちなみに、春日局の夫・稲葉正成《まさなり》は、一鉄の庶長子・重通《しげみち》の婿で、「稲葉」姓となった人物。

ついでながら正成は、関ヶ原の戦いのおり、西軍の小早川秀秋《こばやかわひであき》を東軍に寝返らせた功労者で、戦後、秀秋が急死して小早川家が改易となり、浪々中に徳川家康の配慮で、正成のかわりに徳川家に採用されたのが、春日局であった。

また、利三の異父妹（父は石谷光政《いしがいみつまさ》）は永禄六年（一五六三）の時点で、土佐の戦国大名・長曾我部《ちょうそがべ》元親《もとちか》の妻となり、嫡子信親《のぶちか》ら九人の子を生んでいる。利三は光秀同様、文武に優れ、戦場での軍功に加え、茶の湯も津田宗及らと嗜《たしな》む〝数寄者《すきもの》〟であった。

〝本能寺の変〟の原因に、四国の切り取りを信長にまかされていた元親が、己れの敵である十河存保《そごうまさやす》、三好康長《みよしやすなが》の信長への降参により、いきなり土佐一国と南阿波の二郡（海部《かいふ》・那賀《なか》）だけで我慢しろ、と信長にいわれ、当初から長曾我部氏との申し次ぎ（とり次ぎ）であった光秀が双方の板ばさみになり、謀叛に及んだとの説があるが、これもいただけない。

なぜならば、元親は信長の命令に従う旨の約定を認《したた》めていた（天正十年五月二十一日付・斎藤利三宛書状）。

そのほか光秀の直臣としては、藤田伝五《でんご》行政《ゆきまさ》と溝尾庄兵衛茂朝《しげとも》が知られている。

もっとも、前者の出自は光秀以上に不詳。浅井・朝倉攻めのおりには、すでに光秀のもとにあったようで、天正元年（一五七三）七月の山城静原山城（現・京都市左京区）攻めで功名をあげ、この城を預けられている。〝本能寺の変〟のあと、藤田が大和郡山の筒井順慶に援軍を要請に行くが、不調に終わった。

山崎の合戦では、光秀軍の右翼を受けもち奮戦したが、全身に六ヵ所の傷を負い、淀《よど》（現・京都府京都市伏見区）に後退して、自決した。

後者は、光秀を語る〝物語〟では、信長に仕官する以前から、光秀の家人《けにん》であったとされ、出自は不明ながら、永禄十年二月の北伊勢侵攻以降、光秀が戦場に立つときは必ず、傍《かたわ》らにあったという。天正十年五月の、徳川家康への安土城での饗応役も、光秀と共につとめている。

山崎の合戦では一番の中備を担当したが、敗戦。光秀と共に戦線を離脱し、光秀が山科の小栗栖で竹槍にやられると、介錯してその首を藪の溝に隠し、自らも自害して果てたという。

坂本城主となった光秀が採用した人物には、雄琴の土豪・和田秀純や河嶋刑部丞《かわしまぎょうぶのじょう》などがあった。また、将軍義昭の追放後、それに従わず残留した旧幕臣の多くは、光秀につけられた。

代々室町幕府の政所執事をつとめた家柄の伊勢貞興《さだおき》、武田信玄に滅ぼされた信濃の名門の流れである諏訪飛驒守。そのほか御牧景重《みまきかげしげ》（三佐衛門）、一色藤長、一色昭秀、上野秀政《うえのひでまさ》、三淵藤英《みつぶちふじひで》などの人々の名があがっている。多くは出生ほか、光秀の〝三日天下〟のためか情報が少ない。

御牧景重の父は、益景《ますかげ》。天正五年十月の松永久秀が叛乱を起したおり、光秀に従って大和片岡城を攻撃し、このおり城将の森勘右衛門を討ち取る武功をあげている。

山崎の合戦では右翼を守り、味方が総崩れになったおりに、山城勝龍寺城に逃れることを、光秀に進言した。そして自らは時間をかせぐべく、敵中に飛び入り、討死を遂げている。

弟に勘右衛門景則《かげのり》がいたが、こちらは秀吉に降参して、その馬廻衆となったようだ。

かつては斎藤義龍があこがれた「一色」——その流れの藤長は、丹後宮津城主。十三代将軍義輝に仕え、幕府の御供衆《おともしゅう》。世が世であれば、光秀は庭先から礼をするしかない、高貴な身分であった。彼は細川藤孝と共に、義昭の将軍擁立に苦労を重ね、越前にも一緒したが、光秀のもとをいつ去ったのか、義昭復帰を策して奔走し、文禄五年（一五九六）四月七日にこの世を去っている。享年は不詳。息子の範勝《のりかつ》は徳川家康に仕えたものの、三代のちに無嗣断絶となっている。

ただ、藤長の甥が、家康の顧問ともいうべき金地院崇伝《こんちいんすうでん》であったことは間違いない。

上野秀政（清信）は室町幕府供衆として、十三代将軍・足利義輝に仕えた上野信孝の息子ではないかといわれ、上洛間もない義昭が襲われた本圀寺でも、三淵藤英と防戦にあたっている。将軍義昭の前で、「信長討つべし」と主張。細川藤孝に強硬に反論されたこともある。のちに馬廻になったとも。

三淵藤英は藤孝の異母兄であり、義輝・義昭に仕え、義昭が決起して宇治の槇島城に立籠った時は、御所の守りについている。その後は藤孝と一緒に行動し、なるほど光秀のもとにはいたようだが、天正二年七月六日、わが子の秋豪《あきひで》と近江坂本で自決している。

信長が柴田勝家に与えた掟九ヵ条

信長は武田勝頼を撃退したのち、一向宗門徒に蹂躙《じゅうりん》された越前を瞬く間に奪還。論功行賞として、北ノ庄を中心に越前八郡を柴田勝家に与えた。

この宿老は、永禄十一年（一五六八）九月の信長上洛に従い、京畿の軍政を司《つかさど》り、浅井・朝倉連合軍との戦《いくさ》にも参加。しばらく長光寺の城将をつとめ、六角承禎の軍勢を破るなどして、三万貫（六万石）の加増をうけた、と小瀬甫庵の『信長記』にある。

この時期の挿話として、長光寺城を囲まれ、水源を断たれた勝家は、残る水瓶をことごとく割って、必死の覚悟を部下の将兵に示し、城から打って出て大勝したという。〝瓶割り柴田〟と後世にいわれる挿話《エピソード》だが、史実であったかどうかは定かではない。

叡山焼き打ちののち、勝家は旧山門領の分配を受け、一時、対本願寺戦争にも出陣するが、天正三年（一五七五）八月、信長の越前乱入に従い、平定後に八郡を得た。居城は北庄城である。

また、勝家の与力の前田利家・佐々《さっさ》成政《なりまさ》・不破《ふわ》光治《みつはる》の三人には、各々二郡支配がまかされ、彼らは〝府中三人衆〟とも呼ばれた。大野郡には金森長近《かなもりながちか》、原長頼《はらながより》を配置して、ともに勝家の目付としている。

越前平定後、信長は勝家に「掟条々《おきてじょうじょう》」をあたえたが、この九ヵ条はいつの時代、いつの組織でも大筋が当てはまるものといえる。興味深いのは、最後の一ヵ条である。

一、事新しき子細に候と雖《いえど》も、何事においても、信長申す次第に覚悟肝要に候。さ候とて、無理非法の儀を心にをも（思）ひながら、巧言《こうげん》申し出づるべからず候。其《そ》の段も、何とぞ、かまひ（支障）これあらば理《ことわり》（意見を聞くこと）に及ぶべく、聞届け、それに随ふべく候。とにもかくにも、我々を崇敬して、影後《かげうしろ》にても、あだにおもふべからず。我々あるかたへは、足をもさざるやうに、心もち簡要に候。其の分に候へば、侍の冥加《みょうが》ありて、長久たるべく候。分別《ふんべつ》専用の（候）事主君を崇敬しろ、と信長自身がいっている。影でも徒《あだ》や疎《おろそ》かに思ってはならない。自分のほうへ足を向けないようにする心がけがあれば、侍として長く栄えるだろう、と。

文中の「我々」とあるのは、信長自身を指している。

家臣に絶対的ともいうべき忠誠心を求めたのは、別段、信長だけではないが、信長があえてここに記したのは、「下剋上」の進化が、主君を家臣が選ぶ時代になったことを受けてのことであった。

自分を選んで仕えたからには、徹頭徹尾、忠勤に励め、と信長はいうのだ。

もっとも、何事も主君の命令に従わねばならないからといって、「無理非法《ひほう》の儀」を心中に、「巧言」を言って承知してはいけない、ともいっている。

「理」にかなっていれば聞き届けて、それに信長も従いたい、とも。

——織田家が膨張していた。

勝家だけではない。光秀が近江坂本の領主（のち丹波支配）、秀吉は近江長浜の領主となり、佐久間信盛《のぶもり》には近江永原城主として湖東が与えられ、丹羽長秀は佐和山城主から若狭国支配に就任。滝川一益《かずます》は一揆勢殲滅《せんめつ》後、伊勢長島城主に抜擢されている。

彼らの配置転換で、尾張、美濃を中心とする織田家の家臣団の、人事の移動が激しくなった。

当然のことながら織田家の身代《しんだい》が増えれば、家臣の知行地《ちぎょうち》も増える。

ただ、いかにも信長らしいのは、子飼いの部将たちを昇進させる一方で、昇進者への徹底した管理体制を敷いていたことだ。光秀と秀吉が互いにライバル視するよう——今日でいう「分裂支配政策」

――になるように仕向けたのも信長だし、丹羽長秀や滝川一益、佐久間信盛の側近にも信長の身内を配して、相互に監視させることを忘れなかった。

考えてみれば無理もない。北陸を得た時点で勝家は、滅亡した朝倉義景《よしかげ》とほぼ同等の実力をもったことになる。しかも、織田家の最新式装備で武装しているのだ。

信長にすれば、各々の方面軍司令官が、戦国大名のように巨大化されてはたまらない。

そこで直臣《じきしん》で、もともと同僚にあたる部将を幾人もつけ、越前国の支配はおおむね柴田勝家の覚悟にまかせるが、ほかの者はそれを監視せよ、また、目付の者たちの善悪については、勝家から告げてこい、という。信長の言葉をかりれば、「磨き合い候様」となった。

信長の昇進が語るもの

天正三年（一五七五）十一月四日、信長は昇殿して従三位権大納言に叙任され、さらに七日には右大将に任ぜられた。信長はその祝儀としてであろう、皇室や仁和寺・青蓮院などの門跡寺院、近衛や二条など、摂関家から中・下流層の公家に対して、新しく領地をあたえている。

それればかりではない。この年の三月、信長は「徳政の新法」を出した。これなどは公家の衰退を憂えて、債務破棄や売却領地の還付を百年遡《さかのぼ》って実施しようというもので、多聞院英俊などは、「京都公家領ハ百年以来地発《じおこし》（本来の地主へ地権を戻すこと）也、善政也」と賞めたたえている。

これら数かずの施策には、信長が旧勢力の公家を懐柔し、人気を得ようとしただけでなく、朝廷の権威を回復し、政局の安定を計ろうとする意図があった。

信長は「尊王、佐幕」の二つを宣伝文句《スローガン》に掲げて上洛したが、最初から、天皇は終生尊ぶもの、将軍は一時の方便、といった考え方の差が濃厚であったように思われる。

そのためか、若き日の信長は上総介と称し、一時、尾張守の名を朝廷より下されたこともあったが、上洛後は一貫して父・信秀と同じ「弾正忠」を称しつづけていた。

この「弾正忠」を名乗りつづけたのには、二つの意味が考えられる。

ひとつは、この官位が律令政府における警察・監察官庁の三等官にあたるということ。もとより高官ではないが、「上総介」のような地方官ではなく、まがりなりにも中央官庁の役職であり、上洛後を考えれば使いやすかったという実利の面があったろう。今ひとつ、「弾正忠」を少々昇進したぐらいでは、とうてい天皇の政治に参画できないという朝廷の機構上の問題があった。

あまり知られていないが、公家社会には意外に大きく超えがたい階位差があったのである。

摂政・関白と大納言では、主君と家臣に相当するほどの格差があった。

公家社会では三位以上が「公卿」であり、〝殿上人《てんじょうびと》〟すなわち朝廷への昇殿を許されている。それ以下は一括《ひとくく》りに〝地下人《じげにん》〟と軽んぜられ、ほとんど政治に関与できる立場にはなかった。

第一、室町幕府を主宰した将軍は「公卿」であったが、将軍以外に武士で「公卿」の階位をもつ者は存在しなかったのである。もし、信長が多少でも昇進を望んだとすれば、武士代表の「公卿」＝将軍を煩わして奏請しなければならない。が、当然のことながら、将軍を超える地位は与えられるはずもなかった。信長はすべてを承知のうえで、「弾正忠」を押し通したのである。

困惑したのはむしろ、公家たちのほうであったろう。信長は資格もないのに昇殿してくるし、御所の造営の指揮もとっている。実質的な武家の実力者として、すでに最初から将軍を上回ってもいた。

弱りきった朝廷は、天正二年（一五七四）三月十八日付の口宣案《くぜんあん》（勅命の内容をメモ風に伝えたもの）により、追任する格好で従五位下を与えている。『公卿補任』には同じ日、信長は参議、従三位となったとの記載があり、これまでの信長に関する記事は、おおむねこれを採用してきたが、これは明らかに「権大納言兼右近衛大将」に信長が一足飛びで昇進したのを、あとで辻褄《つじつま》をあわせたものと考えられる。

公家がその面子《メンツ》を守るためにやむをえず、参議、従三位という中間階級――それにしても、大まかだが――を設定したのであろう。

「右近衛大将」は中世を通じての唯一、源頼朝の別称であった。武家にとっては重要な官職であり、この段階で信長は武家の棟梁の地位を公認されたにひとしかった。

加えて信長の凄さは、この地位《ポスト》を得ると、すぐさま家督を嫡子信忠に譲ったことにある。彼は同年十一月七日、秋田城介に任ぜられていた（天正五年には従三位左近衛中将に叙任され公卿に列す）。

信長は趣味としていた茶の湯の名器のみを携えて、岐阜の佐久間信盛の屋敷に移っている。これは信忠を後継者と見做《みな》したことの示威運動《デモンストレーション》であり、息子を尾張・美濃を領有する大名に位置づけることで、己れを国持ち大名より一段上の、国政を司る立場に就くことを、内外に示すものでもあった。

しかも、天下に号令する日本の主都として、近江の湖東平野――尾張・美濃と京の中間、東海道と中仙道の要《かなめ》、琵琶湖を控えて北陸にもつながる要衝――安土での築城を天正四年正月中旬から開始する。総奉行は佐和山城主となっていた丹羽長秀。信長は工事を急がせると、わずか一ヵ月後には安土城へ移っている。

信長の昇進は以後、天下人目前の彼に媚びるかのように、公家が先まわりする格好に転じて、同年十一月に正三位、内大臣。翌年十一月には従二位、右大臣。天正六年正月には正二位というように「次第の昇進」を遂げ、この年、「正二位右大臣兼右近衛大将」という朝廷にも稀な顕官にのぼった。

信長の望んだ最終官職とは⁉

これで信長を取り込めた、と朝廷はひと安心したに違いない。

ところが信長は、周囲が予想しなかった唐突な行動に出た。天正六年（一五七八）四月、信長はすべての官職を辞退する。

なるほど信長の顕職は、高官には違いなかったが、まだ上には左大臣・太政大臣があり、関白、征夷大将軍という役職もある。それらへの就任を待たず、中途で辞任したのはいかなる理由があったのだろうか。歴史の研究者の中には、信長は朝廷の官職を辞退することで、新しい政治支配体系を創造しようとしたのではないか、とまことしやかに推測する人もいるが、信長はすでに見たように、単なるひらめきや思いつきで、軽々しく動く男ではなかった。

――辞官の理由は、信長の奉達状をみるとわかりやすい。現代語訳に直してみる。

「自分は次第に昇進するという恩沢に浴すべきかもしれないが、まだ征伐の功も終わっていない。そこで官を辞し、万国安寧《あんねい》、四海平均《しかいへいぎん》になったならば、改めて登用していただきたい。国家の重臣として忠節を尽すだろう。さすれば嫡男信忠にも、顕職を譲ることができる」

信長の官を辞する理由は、いたって合理的なものであった。すなわち、昇進にかかる時間と費用を節約したかったのである。公家社会では官職は辞退しても、前官待遇はそのまま残るのが慣例であり、傍目《はため》にも権力保持になんらの影響がない、と信長は判断したわけだ。

ついでながら、光秀の〝本能寺の変〟に関連して、信長が最終的にめざした官位について、筆者の見解をのべておきたい。

従前より可能性は、三つしかなかった。征夷大将軍か、関白か、太政大臣か――。

天正十年（一五八二）五月、正親町天皇と誠仁《さねひと》親王が勧修寺《かじゅうじ》晴豊《はれとよ》と女官二人を派遣して、最終的な打診を行ったのも、やはり、右の中から一つを選ぶことにあった。「三職推任《さんしきすいにん》」という。

だが信長は、その答えを公にする直前に横死している。

「征夷大将軍ではないのか」と思う人は多い。将軍職は武家の棟梁にふさわしいし、信長が選んでもおかしくはなかった。この年の三月十一日、武田勝頼が滅んで、織田家の勢力がついに関東へ達した。征夷大将軍＝関東武士政権とする解釈《かいしゃく》においても、信長はその資格を得たことになる。

現に前述の帝と親王からの使者に対して、信長は会おうとはしなかったが、一方で小姓の森蘭丸に御用向きを尋ねさせている。この時、使者たちは、「関東を討ち果たされ珍重に候間、将軍になさるべきよし」と答えていたという（『晴豊公記』）。

だが、征夷大将軍を実現するためには、あと二つ、難問を克服しなければならなかった。

当時、信長は平氏を名乗っていたが、平氏は慣例として将軍にはならない。また、現職の足利義昭は京都を追われたものの、中国地方にあって、いまだ〝将軍〟として復活の陰謀をたくましくしている。信長が将軍になるには、平氏であることを無視し、一方では義昭を解任せねばならなかったが、追放のみで義昭の生命《いのち》を奪わなかった信長が、いまさら、この零落した官位を欲したかどうか。源平交替説が一般に信じられていた、という時代背景もあった。

本来、「藤原」を称していたのを、途中、平氏に変更したのも、室町幕府＝源氏の次の全国政権を狙っていた、との考え方もあった。征夷大将軍ではなかったろう。

では、関白か。これはいうまでもなく公家の最高位であり、のちに秀吉が就いている。関白になるには摂関家でなければならなかったから、信長とてそのためには、秀吉がしたように近衛《このえ》前久《さきひさ》の猶子にでもなるよりほかに手段がなかったろう。

しかし、家臣に九州征伐の便宜上、惟任《これとう》（明智光秀）や惟住《これずみ》（丹羽長秀）といった姓を下しながら、ついぞ自分は姓を変えなかった信長である。彼の気性としては歓迎した方法とは思えない。

一番明解なのは、太政大臣ではなかろうか。平清盛の先例もあり、平氏を称する信長には最も就きやすい地位《ポスト》であった。しかも、朝廷も望んでいたふしがある。この年の二月二日、近衛前久は太政大臣となったものの、五月に入って不意に辞任している。つまり、この時期、太政大臣の地位《ポスト》は空席になっていたわけだ。信長が太政大臣となって、武家政権を樹立するというのが、最もすわりがよい。

信長は院政を目ざしていた!!

ただし、そこは信長である。朝廷の慣習に従わなかった可能性もなくはなかった。

たとえば、彼より少し年上の上杉謙信は、急逝することがなければ関東へ打って出て、平定に成功すれば、二人の養子のうち、一方の景虎（北条氏康の七男）を「関東管領」に据《す》え、他方の景勝（謙信の甥）を越後の国主にして、その双方を統御しようと考えていた。

筆者は、同様のことを信長が考えていたとしても、おかしくはなかったように思う。

信長は嫡子・信忠を征夷大将軍にすえ、一方で公卿の親信長派――たとえば、近衛前久を関白にすえて、公武を牛耳《ぎゅうじ》ろうとした、とは考えられないだろうか。否、より「下剋上」を突き詰めれば、信長は正親町天皇から誠仁親王へ譲位をさせ、さらには親王の子、五宮に譲位させる、という手を用いたのではあるまいか。

五宮は信長の「猶子《し》」であったとされる皇子であり、五宮が即位すれば、信長はその義父として、「治天《じてん》の君《きみ》」＝院政を布くことができた。

読者の中には、天皇になれなかった者に、院政は布けない、と思い込んでいる方があるかもしれない。が、日本史には過去に例外が、すでに存在していた。

承久の乱（一二二一）というのが、かつてあった。ときの後鳥羽上皇（第八十二代天皇）が、鎌倉幕府を討つべく挙兵したのを、〝尼将軍〟北条政子と幕府執権・北条義時が迎え撃ち、積極果敢に上洛戦を鎌倉の御家人に命じて、日本史上唯一、天皇に弓を引いて武家が勝った戦いであった。

戦後、敗れた後鳥羽上皇は剃髪《ていはつ》して隠岐《おき》へ、荷担したとされる順徳《じゅんとく》上皇（第八十四代天皇）は佐渡へ配流となった。この時、珍事が起きた。乱にあっては、局外者であった土御門《つちみかど》院（第八十三代天皇）も、自らが希望して土佐へ遷《うつ》っている。

当然のごとく、ときの仲恭《ちゅうきょう》天皇（第八十五代）は退位となったが、はたと朝廷・幕府が困惑したのが、院の不在であった。院が天皇を定めていた。院がいなければ、天皇を選ぶことができない。
この非常時に、ひっそりと登場したのが、後鳥羽上皇の兄で入道の行助《ぎょうじょ》親王であった。彼は天皇になったことはない。が、そしらぬ顔で院政を布き、その皇子を即位させた。これが後白河天皇（第八十六代）である。それ以前にも、称徳《しょうとく》女帝（第四十八代＝第四十六代孝謙天皇の重祚《ちょうそ》）のおりの道鏡は、女帝の一声で「法皇」という「天皇」と同等の地位を得た、との前例もあった。

信長がやれぬ道理はなかったろう。院として公武を握るということも、決して不可能ではなかったのである。

ついでながら、ときおり征夷大将軍＝源氏と思い込んでいる人がいるが、日本史には信長・光秀が登場するはるか以前から、源氏以外の征夷大将軍は存在した。

たとえば、征夷大将軍の第一号（史実は第二号）といわれる坂上田村麻呂《さかのうえのたむらまろ》は、渡来系の人であり、もとより源氏ですらない。平家を生み出した桓武天皇（第五十代）の時代の人であった。

源平争乱の時代にも、平家の平宗盛《たいらのむねもり》（清盛の三男）は、「惣官《そうかん》」というかたちで征夷大将軍相当となっている。鎌倉時代のあと、南北朝時代にあっては護良《もりよし》親王らが征夷大将軍に任じられていた。

源平交替説は、室町時代に創られた〝物語〟でしかなかった。

もしそれを、土岐源氏を私称する光秀が知らず、平氏の信長が征夷大将軍を目ざすのはけしからん、と〝本能寺の変〟を起こしたならば、この人物はよほど独りよがりで、思い込みのはげしい人物であり、これまでみてきたような、教養を積み、世渡りを懸命にしてきた光秀とは、人物像が違うように思われる。〝本能寺の変〟は、そのような荒唐無稽な起因によるものではなかった。

これから、徐々に真相をみていきたい。

光秀の、はじめての敗戦経験

——ここで少し、光秀の活躍をみておこう。

金ヶ崎の敗戦時の殿軍——叡山焼き打ちの第一功労者——対浅井戦＝今堅田城攻め——越前一向一揆の討伐——わずかな期間に、光秀はそのもてる軍才を信長に十二分に知らしめ、織田家第一の「出頭人」となった。〝天才〟といってよい。

坂本城主となった光秀に、信長は丹波一国の平定を命じている。

天正三年（一五七五）六月七日付で、丹波の国人・川勝大膳亮継氏《かわかつだいぜんのすけつぐうじ》にあてた、信長の朱印状が現存しているが、それによれば、丹波国内で敵対している元丹波守護代の内藤備前守（貞勝《さだかつ》あるいは定《さだ》政《まさ》）と宇津頼重《うつよりしげ》へ、

「誅伐を加うべきため、明知《ママ》十兵衛を指し越され候」

と丹波攻略の総大将＝方面軍司令官として、光秀の名前があがっている。

この少し前の五月二十一日、すでにふれたように三河長篠・設楽原において、武田勝頼を完膚《かんぷ》なきまでに打ち破った信長は、これで当面、東方からの脅威は去った、と判断した。それまで明確にふり向けなかった西へ、ようやくその眼光を直接、光らせることができるようになったわけだ。

上洛以来、京畿を押さえていた信長だが、将軍義昭の追放を期に、丹波では有力国人の荻野直正《おぎのなおまさ》（時家の次男・家清の弟）——『信長公記』では、外舅《がいきゅう》の荻野氏を斬り殺して、自ら赤井悪右衛門《あかいあくえもん》と

称した――が、叛旗《はんき》をひるがえした。

直正は将軍義昭を支持しており、信長に反発して、黒井城（現・兵庫県丹波市春日町黒井）に拠ったのである。そのため、京の西方、北方とともに、完全な織田領とはいえなくなってしまう。この動揺は広がり、先の内藤、宇津の両氏も離反《りはん》。光秀は義景滅亡後の越前の混乱、一向一揆の平定のために越前へ赴いていたが、事前の工作を先遣させ、彼自身は同年十一月に黒井城へ攻めかかった。

このおりは、丹波八上城の国人・波多野秀治も光秀の指揮下にあり、丹波の国人の大半を味方として光秀は出撃している。

「ひと月と、かかるまい――」

光秀は高《たか》を括《くく》っていたようだが、黒井城は意外に要害堅牢な山城で、容易に落ちない。

落城しないどころか、長びく包囲戦の中で、織田方に参加していた波多野が、ふいに裏切ったことにより、城攻めは失敗、光秀は坂本城へ逃げ帰るありさまとなった。

ここで興味深いのは、信長の光秀に示した態度である。普通ならこの敗戦、問題にしない信長ではなかったはずなのに、このときに限って信長は、光秀の敗戦の責任を追及していない。余程、光秀に対する信頼が強かったのであろう。引きつづき、方面軍司令官に任じつづけている。

もっとも光秀にすれば、織田家へ任官して以来、はじめて味わう挫折、敗北感であった。周囲の織田家の家臣たちは、光秀の敗戦におそらく、ひややかな対応をしたにちがいない。

「なんとしても、今度こそは――」

光秀は必死の思いで、決意も新たにしたであろうが、この時期、摂津大坂本願寺との戦いが本格化していた。信長は必要に応じ、光秀を担当地域以外にも呼び寄せては戦わせている。丹波一国に専念できない光秀の事情は、他の各々担当地域を持つ方面軍司令官たちとて同じであったが。

光秀は大和信貴山《しぎさん》城（現・奈良県生駒郡平群町《へぐりちょう》）に立籠った松永久秀に対して、十月一日、その家来の森秀光《ひでみつ》が籠る片岡城を、細川藤孝とともに攻めている。そうかと思うと、休む遑《いとま》もなく光秀は丹波へ取ってかえして、内藤定政の拠る亀山城（現・京都府亀岡市荒塚町）へ攻めかかった。

力攻めの愚を知る光秀は、主人定政の病死につけ込み、家臣の安村次郎右衛門に勧降を働きかけ、そのうえで三日三晩、はげしく攻めかけた。猛攻に耐えかねた次郎右衛門は、ついに降伏。

この亀山城を拠点として、光秀の丹波侵攻は本格化する。

大坂本願寺に駆り出されつつ、光秀は八上城の波多野秀治を討つべく、先に支城・園部《そのべ》城（現・京都府南丹市）の荒木《あらき》氏綱《うじつな》をおとそうと、園部城の水の手を切って、ついに開城降参に漕《こ》ぎつけた。

天正六年四月二十六日のことである。

光秀の丹波平定と第二次〝反織田包囲網〟

摂津・播磨への転戦に出向きつつ、丹波平定を進めていた光秀は、翌天正七年（一五七九）六月二日、ついに波多野秀治・秀尚兄弟をくだし、八上城を開城した。

このおり、光秀が自分の母を人質として八上城に入れた、との俗説《ぞくせつ》があるが、その母が安土へ赴いた波多野兄弟の処刑にともない、磔《はりつけ》にされて殺された、というのは後世創作された話である。

光秀は荻野直正の急死（前年の天正六年三月）にも助けられ、ついには黒井城を八月に入って落とした。スタートから約四年にして、光秀は丹波を平定したことになる。

「丹波国、日向守働き、天下の面目をほどこし候」

信長の激賞をうけ、光秀は丹波一国を恩賞として与えられた。

後世の石高に直せば、二十九万石。近江国志賀郡五万石を加えれば三十四万石となる。光秀は近江の坂本城と丹波の亀山城という、二つの城の城主となった。

ちなみに、口丹波《くちたんば》（丹波南部）の要衝が亀山ならば、奥丹波《おくたんば》の要害の地は福知山（現・京都府福知山市）となる。光秀はこの二ヵ所の、城の増築に力を入れた。

とくに福知山城は由良川《ゆらがわ》と土師川《はぜがわ》が合流する段丘の上に築かれ、従来、水害の多発地帯であったことから、光秀はここに堤防を築いた。「蛇ケ《じゃが》端御藪《はたおんやぶ》」であり、「明智藪」とも呼ばれている。

この地での、光秀の善政が語り継がれているが、福知山城を治めたのは城主となった明智秀満である。ついでながら、黒井城には斎藤利三が、八上城には明智光忠が入っている。

一方、大坂本願寺に苦戦を強いられていた信長は、思わぬ大敗北を喫して動揺している自軍の光秀や荒木村重に鞭打つように、一万五千の敵に対して、わずかに三千を率い、自らも先手の足軽に混じって、桶狭間以来の奇襲攻撃を敢行。足に敵の鉄砲傷をうけながらも、ついに味方を勝利に導いている。討ち取った首は、二千七百余。このとき、信長は四十三歳。

勝利した信長は間髪を入れず、近江国愛智郡《えち》（現・滋賀県愛知郡《えち》）肥田城主となっていた蜂屋頼隆《よりたか》を各地に差し向け、資材を準備させると、佐久間信盛を主将＝方面軍司令官に、天王寺を本陣とする石山（現・大阪市中央区大阪城）周辺十ヵ所に砦を築き、本願寺そのものを包囲した。

本願寺と信長の戦いは、通常「本願寺合戦」「石山合戦」と呼称され、十年間に及んだと一般にいわれている。しかし、実情を詳細にみれば、元亀元年（一五七〇）以後、天正四年（一五七六）までの約六年間は、その前哨戦あるいは予備戦争というべきもので、主として大坂本願寺をとりまく、一向一揆勢力に対する討伐戦であった。その宗派門徒の討伐戦も、すでにみてきたように本格的に始まったのは天正二年の四月からのことである。

信長は四面楚歌の中で悪戦苦闘しつつ、ついには一向宗勢力を各個撃破した。

おそらく、このまま事態が進展していれば、大坂本願寺は四年どころか、半分の二年も持ちこたえられたかどうか。事実、越前・加賀二ヵ国の強大な一揆勢力はすでに潰滅しており、その直後、大坂本願寺の顕如は三好康長《やすなが》、松井友閑《ゆうかん》に和睦の斡旋《あっせん》を依頼している。信長との、三度目の和睦であった。

ところがここに、本願寺勢に一息つかせ、なおも息を吹きかえさせて甦らせた、信長の〝近世設計〟に待ったをかける人物が現われる。ほかでもない、またしても、の足利義昭であった。

槇島城から河内の普賢寺《ふげんじ》に移されて剃髪、昌山道休《しょうざんどうきゅう》と号し、謹慎の意を表したはずの義昭が、和泉・紀伊・備後へと都落ちしながら、鞆《とも》ノ浦《うら》（現・広島県福山市鞆町《ともちょう》）に亡命すると、中国地方の雄・毛利輝元を唆《そそのか》したのである。

「信長は本願寺を征伐すると、やがては中国へ進軍するであろう」

たしかに天正四年正月早々、信長は根拠地を岐阜城から安土城へ西進、移動させている。また、信長の冷徹な性格は多分に、徹底した天下征服のイメージを各地の戦国大名たちに抱かせていた。

義昭は信玄の死によって一頓挫した反織田同盟を、今一度、甦生《そせい》させようと画策したのである。

大坂本願寺、武田勝頼――これだけではもはや、信長の勢力に対抗して、勝利できる目算はなかったが、越後の上杉謙信と中国の毛利輝元の二人を味方に引き込みさえすれば、十分に勝算は見いだせる、というのが義昭の構想であった。

さすが、〝陰謀将軍〟といわれただけのことはある。面目揚々《ようよう》たるものがあった。

義昭は、永らく敵対関係にあった本願寺と謙信との和解を周旋、共通の敵＝信長に対抗する勢力として、両者の手を結ばせることに成功した。

上杉謙信と松永久秀

「謙信動く――」

色めきたったのは、本願寺や武田勝頼ばかりではない。

一度は信長に降参した雑賀《さいか》衆が再び掌《たなごころ》を返し、これらに呼応するかのごとく、本願寺包囲網の要《かなめ》、天王寺砦を守備する松永久秀が公然と、二度目の謀叛を起こして、大和国信貴山城に立籠った。

これにはさしもの信長も驚き、慌てた。松井友閑《ゆうかん》を派遣し、久秀の翻意を促したが、素気《すげ》なく拒絶されている。なぜ、久秀は二度目の謀叛に踏み出したのか。見落としがちだが、ここから信長の身内による謀叛が頻発《ひんぱつ》する。一度降った別所長治の叛旗、そして荒木村重の謀叛。

天正五年（一五七七）八月八日、信長に柴田勝家を総大将とし、同じく方面軍司令官の滝川一益、羽柴秀吉、丹羽長秀など錚々《そうそう》たるメンバーと大量の将兵を投入して、謙信と雌雄《しゆう》を決する決断をした。

が、織田軍は決戦前夜、勝家と秀吉が衝突。途中、村重の謀叛が発覚、信長が秀吉を呼びもどしている。一方、謙信と戦う以前に北陸方面軍は、息を吹きかえした加賀一揆に行く手を遮断されると、織田方の能登国七尾城（現・石川県七尾市）を謙信に落とされてしまう。

さらに九月二十三日、加賀国の手取川《てどりがわ》において、雨の中を謙信に夜襲され、彼らは敗走。謙信は信長の軍勢を評して、「案外に手弱の様躰《ようてい》」と自らを勝ち誇った。

もし、謙信が直ちに南下していれば、信長はかつての信玄上洛時と同様、一大危機に直面していたに違いない。この信長の窮地を、降雪が救った。積雪に閉ざされた中、越後へ帰国した謙信は、天正六年三月十三日、脳出血で倒れたまま、越後春日山城にその生涯をおえる。享年四十九。

もとより、天正五年十月の段階で、信長は謙信の急死を予知していたはずはない。

信長の非凡さは、謙信の無欲な性格、大義名分を重んじる気質を読みとり、その地理的条件を考察して、決戦を翌年春以降と想定した点にあった。

「それまでに、畿内を平定すればよい」――信長の戦略思想は、常に各個撃破にある。

信長は叛臣・松永久秀の家来・森秀光を、光秀、細川藤孝らに攻めさせたのを緒戦に、嫡子信忠、佐久間信盛、羽柴秀吉、丹羽長秀らの大軍をもって、一気呵成《いっきかせい》に信貴山城を攻撃。久秀は天主に火を放つと、かねて信長より所望されていた、秘蔵の品「平蜘蛛《ひらぐも》の茶釜《ちゃがま》」を渡すものか、とともに自爆して果てた。

さて、本願寺合戦である。

上杉謙信の死はまもなく、信長の知るところとなった。謙信さえいなければ、大坂本願寺とその与党勢力および、それを支援する中国・毛利氏を討つのは、さほどむずかしいことではない。

唯一、毛利輝元の本願寺荷担で、織田方の頭が痛かったのは、籠城中の一揆勢へ間断なく、海上から武器・兵糧が届けられることであったが、信長は大戦艦六隻を九鬼嘉隆《くきよしたか》に、一隻を滝川一益に建造させ、操縦巧緻《そうじゅうこうち》な毛利方の小舟集団を、圧倒的な海に浮かぶ巨城で制圧する計画を立案、実行した。『多聞院日記』によれば、乗員五千人、一艘の規模は横七間（約十二・七メートル）、縦十二・三間（約二十二・四メートル）で、当時の常識を破る鋼鉄張りの巨大戦艦を建造した、と記されている。

これによって信長は、毛利水軍を迎撃、完全に大坂本願寺を孤立化させることに成功した。

荒木村重の謀叛が、光秀に与えたもの

ところが少し時間を戻すと、神出鬼没、自由自在の毛利水軍に翻弄され、対策に織田家が大わらわとなっていた時期＝天正六年（一五七八）十月に、織田家の将領で、摂津有岡城《ありおかじょう》（現・兵庫県伊丹市伊丹）の城主・荒木摂津守村重が突然、信長に叛旗を翻した。

光秀の、八上城攻めが本格化するより前のことになる。

村重は織田家の六方面軍司令官に準ずる、地位《ポスト》にあった。

武名も天下を風靡《ふうび》していたが、足利義昭の仲介で突如、毛利輝元と本願寺に誼《よしみ》を通じ、畿内・中国筋に反織田勢力復活の糸口をつくってしまった。そもそもの原因は、村重の家臣が主君に内緒で、兵糧攻めで窮している本願寺に対して、目先の儲けに目がくらみ、米を売ったため、村重の謀叛は信長の叱責を恐れてのことだった、ともいわれている。が、村重の旧主・池田勝正はもともと、足利将軍家と因縁浅からぬものがあり、村重も以前は光秀同様、義昭の系列に属する立場にいた人物である。

それを信長は、光秀と同じように村重の器量をかい、勝正の没後、その領地を統治させ、さらには和田・伊丹両氏の旧領も与えるなど、村重の領土拡張をも後援し、ついには摂津一国の宰領をまかせるまでに引き立ててきた。

信長の「人材第一主義」をうけて、村重の家臣には高槻《たかつき》城主・高山右近《うこん》重友《しげとも》や茨木《いばらき》城主・中川瀬兵《せひょう》衛《え》（せべえ、とも）清秀など、世にきこえた人物も多かった。村重の反逆は、押し進めている作戦――対毛利戦、対大坂本願寺戦の双方に、多大の支障をきたすことになる。

それまで村重によって遮断されていた、大坂本願寺と播州の反織田勢力三木氏との連絡回線が修復され、播州を舞台として戦闘中の織田家中国方面軍（主将・羽柴秀吉）は、退路を断たれる窮地に追い込まれたも同然となり、戦線は摂津まで後退を余儀なくされる状況となった。

寅《とら》（天正六年）十月廿一日、荒木摂津守逆心企《くわだ》つるの由《よし》、方々より言上候《ごんじょうそうろう》。不実に思食《おぼしめ》され、何篇《いづれへ》の不足候哉《や》、存分を申上《もうしあげ》候はゞ仰せ付けらるべきの趣《おもむき》にて、宮内卿法印《くないきょうほういん》（松井有閑《ゆうかん》）・惟任《これとう》日向守（光秀）・万見《まんみ》仙千代《せんちよ》（重元《しげもと》）を以《もっ》て仰遣《おおせつか》はさるゝの処《ところ》に、少しも野心御座なきの通り申上候。（『信長公記』）

信長はこの村重の謀叛が信じられなかった。一方の光秀は、わが娘（長女・のち明智秀満に再嫁）を村重の子・村安《むらやす》（村次《むらつぐ》とも）に嫁していた。立場はより厳しいものがあったにちがいない。

懸命の慰留・説得が試みられたが、当初、翻意させられると思われていた交渉も、ことごとくが失敗。やむなく村井貞勝を通じて信長は朝廷に奏請《そうせい》し、大坂本願寺との和議の斡旋《あっせん》を願い出た。

朝廷では庭田《にわた》大納言重保《しげやす》と勧修寺中納言晴豊を、本願寺に遣わして講和を勧告。本願寺は毛利氏を差しおいての和睦はできない、と突っぱねたが、それならば、と信長は時間稼ぎに毛利輝元との同時和解を画策する。

この間、光秀の心中はいかばかりであったろうか。先にみた荻野直正に対する第一次黒井城攻めに失敗したあと、波多野秀治に裏切られた光秀は、信長の判断で直正と和解させられ、敵を八上城にしぼるように命じられている。天正四年十一月七日、光秀の妻・凞子が亡くなった。

光秀にとっては〝糟糠《そうこう》の妻〟であり、彼には側室がいなかった、といわれている。その大切な妻を失った頃、光秀は病床に伏すことが少なくなかった。

八上城と村重が連携すれば、それこそ織田家は大変な局面に追い込まれることになる。

光秀は心身共にかつてない苦境にあり、公私共に多大な憂いを抱えていた。

筆者はこの頃を、光秀の〝本能寺の変〟への〝掛《かか》り〟（はじめ）と考えてきた。

「家に賢妻《けんさい》あれば、丈夫《じょうふ》は横事《おうじ》（不正《ふせい》なこと）に遭《あ》わず」（翟灝《てきこう》『通俗篇』倫常《りんじょう》）という。光秀は織田家における己れのがんばりを、家庭、とりわけ妻に心を開くことによって、懸命にバランスをとっていたように思われる。

ところが、苦楽を共にしてきた凞子が亡くなったことで、光秀はこれまでとはまったく違った心身の疲れを、不意に実感したのではあるまいか。

「老いと病《やまい》と相仍《あいよ》る」（老いと病とが、一つになってやって来た）と白居易《はっきょい》の「詠病詩《えいびょうし》」にあった。

しかし、「難《かた》きを其《そ》の易《やす》きに図《はか》る」（困難が予想されるならば、その困難の原因がはっきり生じない、簡単な時期に処置するべきだ）という『老子』（第六十三章）の言は、現実には不可能に近い。

当の本人の光秀も、妻を失ったことと、己れの病を、必死に克服して、現場復帰を気力で成し遂げようと努力し、一旦はその通りになったのだが……。

さて、朝廷に働きかけた織田家の和議斡旋だが、二人の勅使は天正六年十一月四日付の、毛利輝元宛和議勧告の綸旨《りんじ》を携え、二十二日に安芸の吉田（現・広島県安芸高田市）に下向《げこう》する手はずを調えた。いよいよ勅使下向という間際になって、今度は当の信長から、和議斡旋の辞退がなされる。

信長が朝廷工作と併行してすすめていた高山右近、中川清秀の誘降工作が成功したためであった。あわよくば織田家を壊滅させて、と虹のような希望的観測を描いていた村重は、天正七年九月二日、家臣五、六人をともない、有岡城をこっそり抜け出し、尼崎城に移る。城主が敵前逃亡して、その城が安泰であるはずもなく、有岡城はまもなく内通者を出して陥落した。

十二月十三日、信長は見せしめのため、逃げた村重とその家臣の妻子百二十二人を処刑。別に、五百十余人が火あぶりの刑に処される。村重はその後、家族や家臣を見捨てた悪評に追われるように、各地を放浪。かつての名将の誉れも失い、信長の死後は堺に住んだという。

しかし村重は、有岡城を捨てた段階で、信長によって政治的廃人にされたといえる。

村重謀叛の半年前の、三木城主・別所長治の毛利方への寝返り、毛利軍の上月城《こうづき》（織田方）奪還と意気あがった大坂本願寺は、信長からの和睦打診でますます〝元気〟をとり戻した。

ところが、ほっと一息ついたところへ、和議は一方的に信長から破棄され、村重の与力である高山右近・中川清秀は降り、村重自身は逃亡流浪の身となった。

一方、本願寺の頼みの綱＝中国路はどうかというと、姫路城を足場とした織田軍の中国方面軍司令官・羽柴秀吉の活躍がめざましく、播磨、備後の諸将を誘降し、山名豊国《とよくに》を鳥取城に攻めて降伏させ、因幡国を手中に収めてもいる。さらに、別所長治の三木城を包囲し、備前国の宇喜多《うきた》直家《なおいえ》を降し、最前線では帰国を願望する毛利家の将士があとを断たないありさま。

もはや、信長の〝天下布武〟は、誰の目にも明らかとなった。

そのあたりを見透して、信長は再び朝廷を動かし、大坂本願寺に和議をもちかけた。和議の進捗《しんちょく》中に別所長治は自害し、城を明け渡している。天正八年三月十七日、本願寺門主《もんしゅ》・顕如は講和を受諾し、七ヵ条におよぶ信長の条件、事実上の降伏案をのんだ。

大坂本願寺は顕如の長子・教如《きょうにょ》の手で、八月二日の夜から三日にわたり焼き払われた。

明応五年（一四九六）に蓮如《れんにょ》上人がこの地に坊舎を構えてから、この年で八十四年。さしもの一向宗徒の拠点も、ついに灰燼《かいじん》に帰したのである。

佐久間信盛追放の大いなる反響

光秀が心身共に圧迫される苦境を、ようやく脱したという時期《タイミング》に、世にいう信長の佐久間信盛父子に対する折檻状《せっかんじょう》が出た（『信長公記』所収）。

筆者は村重の謀叛につづく衝撃を、光秀に与えた事件だったと考えている。

日付は天正八年（一五八〇）八月十二日。十九ヵ条にわたり、右衛門尉《うえもんのじょう》信盛とその子・甚九郎《じんくろう》信栄《ひで》とを、信長が厳しく叱責したものであった。第一条、第二条を現代語訳してみる（以下、同じ）。

一、お前たち父子が五ヵ年（大坂本願寺の押えとして天王寺砦に）在城していながら、善にも悪にもなんらの働きがないということを、世間は不審に思っているが、信長もそれに気がついて、なんとも言いようのない情けない気持がしている。

一、おそらくは大坂に頑張っている本願寺門徒を大敵と思って、ことさらに戦いも仕かけず、そうかと言って調儀《ちょうぎ》・調略《ちょうりゃく》などの手段も取らず、ただ、向い合い、お前たちの居城天王寺の砦を堅固に構えて、幾年もすごしたならば、相手は武人ならぬ長袖《なかそで》（ここでは僧）のことであるから、ゆくゆくは信長の威光をもって退去するであろうと、そう思って手加減をしていたのであろうか。しかし、武者道《むしゃどう》は、そのようなものではない。このような時に、勝負の道理をよく考え、一合戦やったならば、一つは信長のために、また一つにはお前たち親子のために、下々の兵卒どもも、かえってにらみ合いの苦労をまぬかれ、まことに思うようになることであろうに、一方的な思い込みで思い切った分別もつかずにいたことは、未練の振舞いに疑いない。

信長の言い分を簡潔にいえば、

「お前たち父子は、これまでいったい何をやっていたのか」

ということに尽きた。

興味深いのは、佐久間信盛・信栄の怠慢をなじる形で、展開された第三条である。

一、丹波の国では明智光秀が攻め入って、これを平定し、天下の面目をほどこした。次に羽柴秀吉も、山陽道の数ヵ国に対して経略を施し、比類なき働きを示している。池田恒興《つねおき》は、小身者ながら摂津花隈城《はなくま》(現・兵庫県神戸市中央区　荒木村重の支城)の攻略を申しつけたが、これまた成功して、天下の誉れを取ったのである。それであるから、お前たち親子も、信長の心を察して奮発してひとかどの働きをしなければならぬところであった。

次の第四条では、筆頭家老の柴田勝家の加賀平定が出てきた。この折檻状は信長が直接、筆をとったとも伝えられている。つまり、彼の中では成功例の一番は光秀だったわけだ。

信長になじられた佐久間信盛は、いうまでもなく織田家六方面軍司令官のひとりであり、三方ヶ原に援軍として徳川軍とともに武田信玄と戦い、長篠・設楽原の戦いに参陣し、近時は摂津の天王寺砦を守り、大坂本願寺と対峙《たいじ》していた。その本願寺攻めが無事、落着した矢先である。

おそらく信盛は、信じられなかったにちがいない。前後五年にわたる戦塵《せんじん》をねぎらってくれるならわかる。が、にわかに禄を剥奪《はくだつ》され、陣中から高野山へ追放されるとはいかなることなのか。

つづいて十七日、信長の先任傅役《もりやく》でもあった譜代の老臣・林秀貞《はやしひでさだ》(通勝《みちかつ》とも)や安藤守就《もりなり》・範俊《のりとし》父子が追放された。林秀貞は信長が若年の頃、柴田勝家と謀り、信長の弟・信行を擁立《ようりつ》しようとした一人だが、信長は秀貞を許し、そのかわり内政・外交に休むいとまも与えず酷使してきた。佐渡守への任官も、その功によるものであったはずだ。その覚えめでたいはずの秀貞が、二十五年も昔の古傷をあばきたてられ、「もはや我慢しかねるゆえ、出てゆけ」と身ひとつで追放されてしまったのである。

この椿事《ちんじ》をこの時期に、なぜ、信長は仕掛けたのか。天下統一は真近に見えたとはいえ、武田勝頼や毛利輝元に加え、九州や四国の情勢も混沌としている。それらがすべて片づいてから、左遷、隠退人事を発令してもよかったはずだ。

「勝って兜《かぶと》の緒《お》を締めよ」――信長は天正六年のことを思い出したのではなかろうか。

順調に進む中国進攻作戦に気をよくした信長は、前年＝天正五年の年末、秀吉を安土に呼び、乙御前釜《おとごぜんのかま》を与え、茶会を催すなど戦勝ムードにひたりすぎた。ところが、秀吉が播磨国を留守にした二ヵ月、中国地方ではしきりと毛利氏の巻き返しが工作され、三木城の別所長治の謀叛、上月城の放棄、荒木村重の離反と、打ちつづく危機にひきずり込まれる結果となった。

だが、織田家の家臣たちの受け取り方は、さまざまであったろう。

光秀は現在の京都府福知山市にある御霊神社《ごりょうじんじゃ》（神体の一つに光秀の真筆「和久《わく》左衛門太夫長利追及下知状」がある）が所蔵する「明智光秀家中軍法」（表題は「定　条々」）を残していた。あるいは、病と妻の死で心身の弱まっている自らの、気を引きしめるために、これを述べたのかもしれない。

この中で光秀は、「私は瓦礫《がれき》のように沈んでいた境遇から、信長さまに取り立てられて、莫大な軍勢を任されるまでになった。すべては信長さまのおかげである」と、しみじみ語っていた。

今日の自分があるのは、すべて信長のおかげだというのである。

京都馬揃の意義

信長の〝天下布武〟は着々と、進行していた。

ところで、武士の行事のひとつに、かつては「馬揃《うまぞろえ》」というものがあった。『広辞苑』によれば、

「軍馬を集めてその優劣を検分し、併せてその調練と演習を検閲して士気を鼓舞《こぶ》すること」

とある。信長の京都馬揃は、天正九年（一五八一）二月二十八日に催され、正親町《おおぎまち》天皇も臨席する史上空前の閲兵式《えっぺいしき》となった。これの企画は同年正月十五日に、すでにはじまっていたといってよい。

この日、安土城では小正月《こしょうがつ》に行う火祭り＝左義長《さぎちょう》（「三毬杖《さぎちょう》」とも書き、松飾りなどを燃やす「どんど焼き」「御幣焼《ごへいや》き」などと同種の祭り）が盛大に催され、信長の馬廻の家臣たちが、馬に乗って爆竹を鳴らしながら、安土城下を走り抜けた。見物人も多く評判もよかったので、信長は光秀に京都での、馬揃の準備を命じた。今度は天皇や公家たちに、みせてやろうというわけだ。

光秀は信長の領国のすべてに、馬揃が行われる旨を書き送っている。つまり、彼が責任者であった。

一方、知らせを受けた参加予定の武将たちも、準備に追われることとなる。

それぞれが苦労して、馬揃のための準備を終え、二月二十三日ごろから京に上ってくる。

それに先立って信長は、二十日に上洛すると、下京《しもぎょう》の本能寺に入り、式場の馬場の普請奉行《ふしんぶぎょう》に村井貞勝を任命し、馬場の完成予定日から計算して二十八日を馬場の式典の日と決定した。

式典の当日は、五畿《ごき》内近隣の大名や小名・御家人が参集して馬揃が挙行される。

式典会場の馬場は、上京《かみぎょう》の内裏《だいり》の東に、北から南にかけて八町にもわたっていたという。馬場には馬が逃げないように、毛氈《もうせん》に包まれた高さ八尺（約二・四メートル）の柱を立てて柵をつくった。

また、禁裏《きんり》東門築地の外には行宮《あんぐう》（仮御所）が建てられ、かりそめながら金銀をちりばめた立派なもので、公家衆《くげしゅう》たちも天皇の行宮を囲むように桟敷《さじき》で見物した。信長は本能寺を、午前七時から九時にかけて出発。馬揃のはじまりである。馬場には、以下の順で入場した。一番、丹羽長秀とその与力衆（摂津・若狭）。二番、蜂屋頼隆《はちやよりたか》とその与力衆（河内・和泉）。三番、明智光秀とその与力衆（大和ほか）。四番、村井貞成《さだなり》（貞勝の長男）とその与力衆（根来ほか）。五番、織田信忠ほか御連枝衆《ごれんし》。六番、近衛前久をはじめ公家衆。七番、細川昭元《あきもと》（管領・細川晴元の子）ほか旧室町幕府衆。八番、信長の馬廻《うままわり》衆・御小姓衆・弓衆。九番、柴田勝家とその与力衆（越前ほか）。

北陸方面軍では、上杉氏と交戦中であるにもかかわらず、司令官の柴田勝家とその養子である勝《かつ》豊《とよ》・勝政《かつまさ》（勝安《かつやす》）。〝府中三人衆〟からは、不破河内守（光治・天正八年に没した説があり、息子の直《なお》光《みつ》の可能性も）と、この年から能登一国を任されている前田利家（三人目の、越中半国を任されている佐々成政は不参加）。さらには、金森長近（越前大野城主）、原長頼（越前勝山城主）などが参加。

そして最後に、信長本隊が入場した。信長本隊には、日本全国から集められた駿馬が六頭。中間《ちゅうげん》・右筆《ゆうひつ》・坊主衆・小姓・小者と太刀持ちなどがつづく。その中に、長刀持ちの「たいとう」がいた。「たいとう」は、安土での相撲《すもう》興行で常に勝っていた力士である。

問題はこのおりの、信長のきらびやかな装束《しょうぞく》であった。眉《まゆ》をつくり、「きんしゃ」（錦紗）の布袴《ぬのはかま》に、頭巾《ずきん》を被《かぶ》り、後ろに花を立てた高砂大夫の格好だった。それらはすべて、舶来生地の唐《から》織物であったという。とりわけ「きんしゃ」は、「昔、唐土《もろこし》か天竺《てんじく》にて、天守・帝王の御用に織りたる物と相見えて」（『信長公記』）とあり、この信長の出立《いでたち》をもって、正親町天皇を凌駕しようとした信長の演出だった、と唱える研究者がいるが、さて、いかがなものであろうか。

この頃、信長と朝廷はきわめて良好な関係にあった。筆者は贔屓《ひいき》の引き倒しだと思う。

出場者は乗馬術と馬の健脚ぶりを競い、さらに競馬が催された。式典は午後三時頃に終了し、信長は夕方になって馬を納め、その日のうちに宿所の本能寺に帰っている。

考えてみれば、信長は、かつて室町幕府の〝三管四職《さんかんしき》〟に選ばれた、守護たちが治めていた地域のほとんどを、すでに領有していた。地位も一人、戦国大名から抜きん出ている。

天正十年に入ると、二月一日、武田家の重臣（信玄の娘婿）で、信濃の福島城主でもあった木曾《きそ》義《よし》昌《まさ》が、信長に降ってきた。前年の三月、信長が西への侵攻をつづけている頃、盟友の徳川家康が武田方の東遠江《ひがしとおとうみ》制圧の拠点、高天神城《たかてんじん》を陥《おと》した。このおり武田勝頼は、この城を助けることができず、天下に面目を失ったことが、義昌の離反を決定的づけたようだ。

武田攻めの思惑

この時点まで、勝頼は辛うじて甲斐本国に信濃国の南部、上野国（現・群馬県）の一部、駿河国を領有していたが、甲州軍団ももはや往年の〝無敵軍団〟の面影はなく、防禦の態勢をとらざるをえなくなっていた。序章でみた信長の息子で、質子《ちし》に取られていた勝長を、勝頼が送還し、緊張の緩和をはかろうとしたのは、この時のこと。だが信長は、これを両家の絶縁と受けとるしまつ。

武田攻めは駿河口《するがぐち》から徳川家康が、関東口《かんとうぐち》からは家康の同盟者・北条氏政、飛騨口《ひだぐち》から金森長近が進み、近江から信長自身が大軍を発して、伊奈口《いなぐち》より攻め込んでくる、と聞くや、信濃松尾の城主・小笠原信嶺《のぶみね》をはじめ、投降する者が続出した（駿河口では駿河田中城の依田《よだ》信蕃《のぶしげ》、同江尻城の穴山信君《あなやまのぶただ》＝号して梅雪《ばいせつ》など）。

勝頼のために生命《いのち》を賭け、壮絶な最期を遂げたのは、高遠《たかとお》城を守っていた実弟の仁科《にしな》盛信《もりのぶ》以下何人いたであろうか。信玄亡きあと、新たな拠点として勝頼が建設中であった新府《しんぷ》城（現・山梨県韮崎市）に火をかけて、最後に頼った重臣・小山田《おやまだ》信茂《のぶしげ》の、岩殿《いわどの》城（現・山梨県大月市）をめざして落ちながら、裏切られ、あわれ勝頼は天目山麓《てんもくさんろく》の田野《たの》（現・山梨県甲州市大和町田野）において夫人（北条氏康の六女）、一族とともに自刃して果てた。

天正十年（一五八二）三月十一日のことである。享年は三十七。名族武田氏の、滅亡であった。

この武田攻めにおいて、特筆すべきは作戦面ではなく、石橋を叩くようにして大包囲網を展開した信長の心底であったろう。彼は三月五日に出陣しているが、嫡子信忠は同七日に早くも上諏訪（現・長野県諏訪市）から甲府に入っている。それに先立つ二月十五日、信長は滝川一益に朱印状を与え、

「信忠はまだ若く、このときとばかり一人で勇み立ち、名をあげようと焦るかもしれないが、そのような様子がみえたら軽々しい行動をとらないよう、きつく諫《いさ》めてほしい」

と依頼している。ほかにも、信忠の軽挙前進を、人を介して諫めた書状は多い。

信長はなぜ、ここまでの用心深さを必要としたのか。従来の史書は、信玄の巨大な幻影を意識し、怯《おび》えた信長の恐怖ゆえ、と説いてきた。しかし、筆者には信じられない。信長は徹頭徹尾の合理主義者である。では、信長の仇敵憎《きゅうてきにく》しの感情――叡山焼き打ちに見られたような、完璧な掃討殲滅《そうとうせんめつ》作戦で

あったのか。たしかに、長篠・設楽原の合戦で武田勢を破ったときには、その傾向が見られた。

信長は、「近年の鬱憤《うっぷん》を散じた」といったものだが、今度の武田氏滅亡に際しては、ついぞその種の言葉を信長の口から聞くことはなかった。

――織田家の後継者・信忠のことを考えていたのではないか。

信長は天正七年九月、家康の嫡子で賢明な若武者信康を、武田家との内通を理由に切腹させている。将来、後継者の信忠が信康に器量負けしないよう配慮した、ともうわさされたが、この信長の――後継者信忠より、秀れた人物は許せない、との考え方は、自らをすべての面で完璧と認める信長にとって、信忠も失敗をしてはならない、という考え方に結びつく。

岐阜城を譲った段階で、信長の後継者は信忠に決まっていた。あとは後継者として遺漏《いろう》なく、信忠が父の期待通りに振舞うだけであった。

三月二日、勝頼が最も頼りとした高遠城を、信忠は陣頭に立って指揮し、これを陥落させた。それを武田氏滅亡後、信長は賞《ほ》めて梨地《なしじ》蒔絵《まきえ》の腰刀を与え、家督を譲るべきことを改めて、公の場で約束している。これなど徳川家康や北条氏政への、牽制《けんせい》、確認作業であった、と解することができよう。

もはや弱体化し、自滅寸前の武田家であった。家康に任せておいても、遠からず滅亡したにちがいない。しかるに、あえて大包囲網を敷き、これを討ったのは、明らかに次代を担う信忠を売りだすための演出ではなかったか。もしかすると、信長の胸中を家康が察して、本来なら自力ですすめられる武田攻めを、信長にあえて援助を求める形をとったのかもしれない。

そう見てくると、信忠が進攻作戦を開始した二月三日、家康は即座に出陣せず、二週間後、信長につかず離れずで、でしゃばらずに適当な間隔をとって参陣したのもうなずける。

このあと秀吉が、同じことをやった。中国方面軍の軍勢だけで、毛利氏を降《くだ》せる戦いに、あえて信長の出陣を要請している。結果は、それがそのまま〝本能寺の変〟へと繋がるのだが……。

三月二十九日、論功行賞により、信長は甲斐国を織田家の黒母衣衆《くろほろしゅう》筆頭をつとめた河尻秀隆《かわじりひでたか》に、駿河国を徳川家康に、上野国を滝川一益に、信濃南部（四郡）を森長可《もりながよし》にそれぞれ与えた。

終章　敵は本能寺にあり

歴史を変えた〝本能寺の変〟の前日

天正十年（一五八二）五月四日、安土城に在った信長のもとに、東国平定＝武田家滅亡の賀意を伝える、勅使の差遣《さけん》があった。正親町天皇からは宸翰《しんかん》（天皇自筆の筆跡）と御服、皇太子・誠仁《さねひと》親王からは消息と懸香《かけごう》（香を入れた絹の小袋）が届けられた。

親王は消息の中で、

「天下いよいよ静謐《せいひつ》に申付《もうしつ》けられ候奇特《そうろうきとく》（賞賛に値する）、日を経ては猶《なお》際限なき朝家の御満足、古今比類なき事に候」

という褒詞《ほうし》があり、つづいて信長が望むなら「いか様の官」にも任命しようという、極めて重要なことが述べられていた。

もっとも、「よろづ御上洛の時申すべく候」と親王はいい、このつぎ上洛したおりに詳しく相談するということで、信長も即答してはいない。そのため彼は、三つの可能性を残したまま、〝本能寺の変〟で己れの意中をついに明らかにすることなく、この世を去ってしまう。

武田氏を撃滅して、〝天下布武〟に大きく前進した信長は、佐久間信盛の追放で五方面軍となった各司令官をフルに稼働させ、うち柴田勝家を越後の上杉景勝（謙信の養子）に対峙させ、武田氏滅亡で著しく反信長勢力が弱まった関東には滝川一益を据《す》えた。

そのうえで中国、四国の征討に主力の鋒先を転換。四国には三男の信孝に丹羽長秀をそえ、中国地方はすでに天正四年以来、織田家方面軍司令官のエース羽柴秀吉を投入、着々と成果をあげ、いまや備中高松城（現・岡山県岡山市北区）を囲んでこれを水攻めにした秀吉は、自己の軍勢だけで攻略は

- 信長
  - 信忠
    - 部将（河尻秀隆・森長可・木曽義昌ほか）
    - 旗本
      - 馬廻
      - 小姓
    - 官僚
  - 連枝衆（（織田）北畠信雄・織田信包・津田信澄ほか）
  - 方面軍
    - 関東方面軍（司令官　滝川一益）—上野衆ほか
    - 北陸方面軍（司令官　柴田勝家）—佐々成政・前田利家ほか
    - 中国方面軍（司令官　羽柴秀吉）—宇喜多秀家ほか
    - 四国方面軍（司令官　神戸信孝・副　丹羽長秀）—伊勢衆ほか
    - 九州方面軍（司令官　明智光秀）—細川藤孝・筒井順慶ほか
  - 旗本
    - 旗本部将（稲葉良通・氏家直通・蒲生賢秀ほか）
    - 馬廻（菅屋長頼・堀秀政・福富秀勝・長谷川秀一ほか）
    - 小姓（森長定〈蘭丸〉、森長隆〈坊丸〉ほか）
    - 弓衆（平井久右衛門・中野又兵衛ほか）
    - 鉄砲衆
  - 吏僚
    - 京都所司代（村井貞勝）
    - 堺の代官（松井友閑）
    - 奉行衆・その他の代官
    - 右筆（武井夕庵・楠長諳）
    - 同朋衆
  - 外様衆（細川昭元・松田監物ほか）

本能寺の変直前（天正10年頃）の織田家

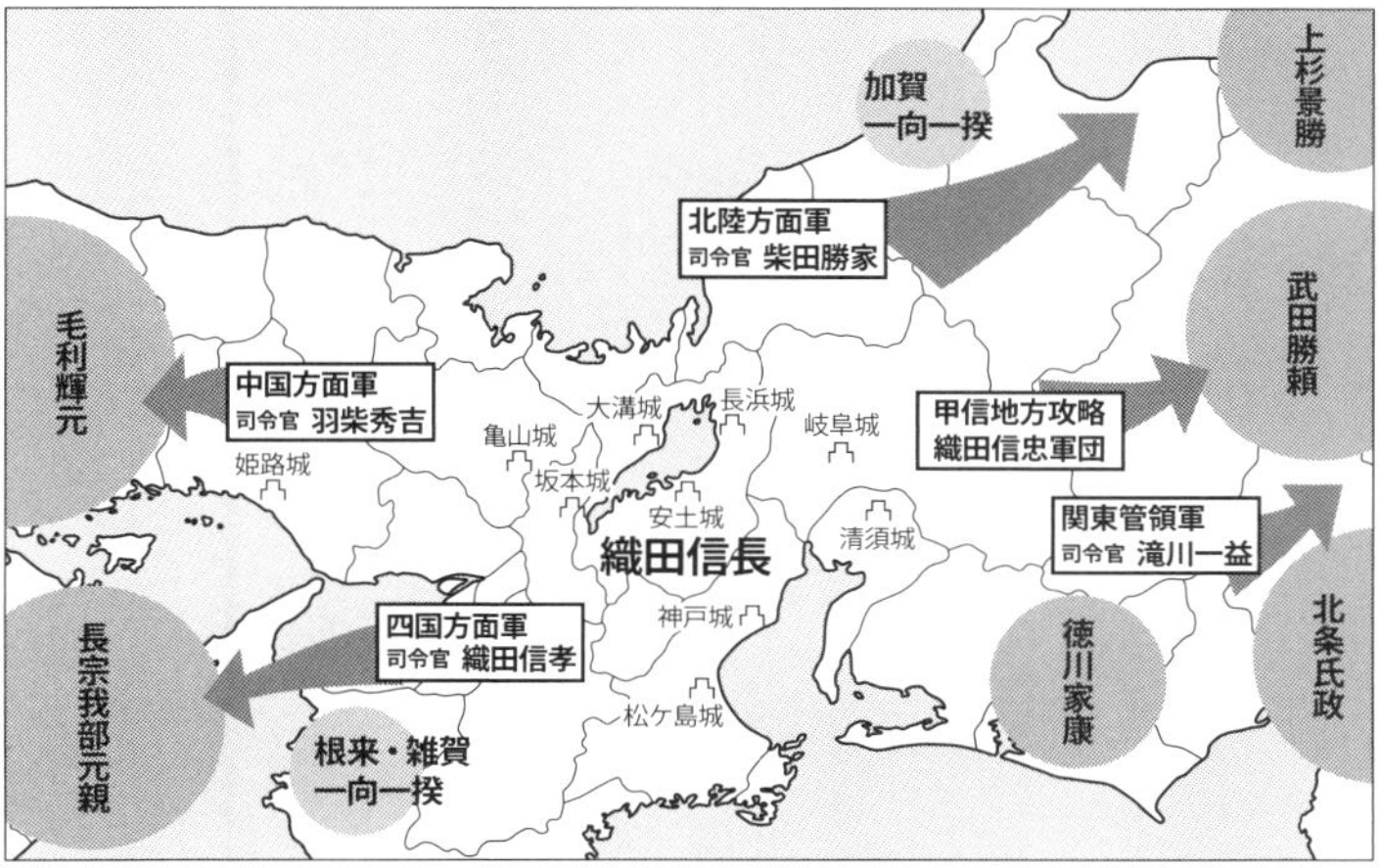

天正10年頃の織田一族および家臣団城郭配置と各方面軍

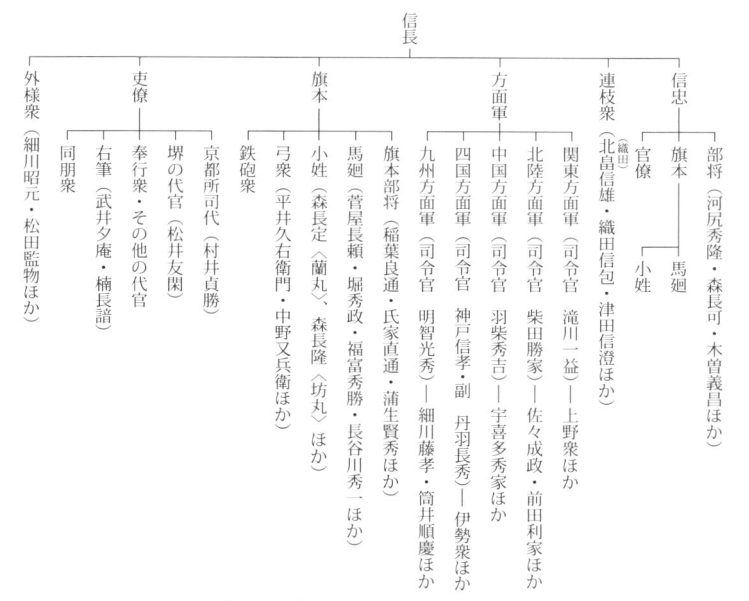

可能とは思うものの、独走しすぎて信長の機嫌をそこねるのを慮り、毛利輝元、吉川元春、小早川隆景ら毛利氏の主力軍が、あげて高松城救援に押し寄せてくる、と通報。

急遽、信長自身の出馬救援を請うた。

「天の与ふる所に候」（『信長公記』）

信長はおりから駿河一国を拝領した御礼のため、安土に伺候していた徳川家康の饗応役——丹波攻略後、一息ついていた方面軍司令官の光秀に、秀吉救援のための先陣を命じ、その光秀傘下の細川忠興、池田恒興、高山右近、中川清秀ら畿内領有の諸将に、にわかの出陣命令を下す。

だが、かつての姉川や長篠・設楽原のおりとは、あまりに情勢が違いすぎた。信長は家康に対して参戦をうながすこともなく、せっかく安土まで来たのだから、ついでに京都、奈良、堺などをゆっくり見物してはどうか、と余裕のあるところをみせている。自らも五月二十九日、わずか二、三十人の供を率いて上洛し、西洞院小川《にしのとういんおがわ》の本能寺に入った。五月は小《しょう》の月で、翌日は六月一日となる。

当時、ここが信長の京都滞在中の定宿であった。本能寺は日蓮を宗祖とする、本門法華宗五大本山のひとつである。何事につけ、合理主義に徹する信長は、自身の城館を京都につくれば、その建造費、維持費が馬鹿にならないと考えたのだろう。天下経略に一銭でもつぎ込みたい信長にすれば、寝泊まりするだけなら寺で十分、そのほうが安あがりだ、と算盤《そろばん》をはじいたようだ。

もっとも本能寺は、東は西洞院通、西は油小路通《あぶらこうじどおり》、北は六角通《ろっかくどおり》、南は錦小路通《にしきこうじどおり》に囲まれた、四町（約四百三十六メートル）四方の広大な寺域をもっていた。周囲に掻き上げの濠をめぐらし、内側には土居《どい》を築き、木戸を設けるなど、いささか城郭の構えを備えていた。

が、皮肉なことにこの時ほど、寺の警戒が手薄であったことは永禄十一年（一五六八）の信長上洛以来、ついぞなかったのではあるまいか。

同じ頃、嫡子信忠も上洛してきた。こちらも手勢はわずかに三百ばかりで、二条衣棚の妙覚寺に止宿している。信長は中国筋への出陣までの数日間を、後継者の信忠とともに、好きな茶の湯でも楽しむつもりでいたようだ。

六月一日には、二月に太政大臣になったばかりの近衛前久をはじめ、勧修寺晴豊ら四十人もの公家衆、僧侶、地下衆が訪れて、信長に茶の湯のもてなしを受けている。

茶会の済んだあと、酒宴となり、信長は信忠、京都所司代の村井貞勝を相手に、うちとけた楽しい一刻（二時間）を過ごして、信忠が妙覚寺へ戻ったあと、本能寺で信長は本因坊算砂《ほんいんぼうさんさ》と鹿塩利賢《かしおりげん》の囲碁の対局を観戦し、真夜中、寝所に入った。

相前後して、西へ向かって進んでいるはずの光秀の軍勢一万三千が、午後六時、丹波亀山城を出発し山城と丹波の国境・老《おい》ノ坂《さか》を越えて、沓掛《くつかけ》（現・京都市西京区）にいたり、やがては桂川の岸に迫ろうとしていた。あるいは信長に、将兵の謁見《えっけん》を事前に願い出ていたのかもしれない。

〝本能寺の変〟までの光秀の足取り

これ以前、『川角太閤記』に拠れば、家康の接待を命じられた光秀が、用意した魚を夏の暑さで腐らせ、怒った信長に接待役を解任されるという〝物語〟が述べられていた。

解任された光秀が、その腐った魚を安土城の堀にぶちまけた、とも。

ときおり小説の類《たぐい》で、これを採用する作家がいるが、光秀が接待役を解任されたのは、その不手際が原因ではなく、秀吉からの援軍要請によるものであった。

五月十七日、光秀は安土から坂本城に戻り、同二十六日にはもう一方の丹波亀山城に向かっている。このおり、信長からの遣いである青山与三《よぞう》（与三郎《よさぶろう》とも　信長の老臣・青山与三右衛門《よそうえもん》の子と推定される）が、光秀に出雲・石見の二ヵ国を与える代わりに、丹波と近江の志賀郡を召し上げる、との信長の命令を伝えた話が、『明智軍記』に出ている。しかし、これをもって信長への遺恨とした、というのは、あまりにも歴史を知らない素人の戯言《たわごと》であろう。『明智軍記』そのものを、筆者はまったく信じていないが、仮にこの伝言があったとしても、これからの戦勝を祝して、前述のような約束手形を出すことは、戦国の世では決して珍しいことではなかった。

否、山陰地方に転封することが、畿内の中枢にあった光秀には堪《こた》えたのだ、という学者や作家もいる。左遷された不平・不満を〝本能寺の変〟の動機にあげようというのだが、光秀はその前に「惟任《これとう》日向守《ひゅうがのかみ》」となっている。秀吉の中国方面軍の仕事が終われば、次は光秀を方面軍司令官とする九州攻めが、すでに予定されていた。

より九州に近い領国を、信長が約束したとしても、決しておかしなことではなかったろう。

五月二十六日、亀山城に帰城した光秀は、翌日、愛宕山（現・京都市右京区）の愛宕大権現に参詣し、参籠している。ここは、愛宕勝軍地蔵《しょうぐんじぞう》を祀っており、戦勝祈願のための訪問に、これまたあたかも前のこと。翌二十七日に、「催して出陣すれば勝てる」といわれた、連歌の奉納＝連歌会も、当時、何処の武将も一般に行っていたものである。

連衆《れんじゅ》（連歌の会の席に列《つら》なる人々）は、光秀に連歌師・里村紹巴《じょうは》を含めて、全部で九人（『天正十年明智光秀　張行《ちょうぎょうひゃくいん》百韻』）。

ここで有名な光秀の発句、

「ときハ今　あめが下知《したし》る五月哉」

が登場する。桑田先生がこれをこじつけだ、と一蹴されたことはすでにふれた（11ページ参照）。土岐源氏としての誇りをもつ光秀が、打倒平家＝源氏台頭の寓意を込めた、とする説も以前からある。推論の巧遅さは少し置き、光秀が謀叛に及んだのは史実である。

では光秀はこの秘事を、いつ連衆ではない重臣たちに伝えたのであろうか。

出陣の準備ができ次第、出発する――六月一日の申《さる》の刻（午後三時から五時にかけて）に、光秀は傘下の侍大将や物頭《ものがしら》たちにふれているが、ここでは打ち明けた形跡がない。

将兵が勢揃いしたところで、光秀は「上様が軍勢の陣容・軍装を検分したい、といわれるので京に向かう」と嘘《うそ》の説明をしたというが、これはあながち、この場で口から出まかせに光秀が述べたものではない、と筆者は考えている。

以前、テレビ番組で〝本能寺の変〟を検証したおりにも語ったのだが、一万三千人が鎧兜に身をかためて武装行進したとすると、たとえ音をたてぬように細心の注意を払ったとしても、漏れる音量はどれほどのものか。

「渋谷のスクランブル交差点で、寝ているようなもの」

と筆者は番組で述べた。〝戦国〟の京都には、高い建物はなく、遮蔽物《しゃへいぶつ》がそもそもないに等しい。

いかに用心深く進軍しても、〝音〟でその兵数のほどはわかってしまう。先に信長に閲兵式を願い出て、京都へ行くことを、光秀は伝えていたのではないか、と筆者は考えている。

午後八時から九時頃にかけて、一万三千の軍勢が亀山城を出陣。出陣前に明智秀満・明智光忠・斎藤利三・溝尾庄兵衛・藤田伝五の五人にだけは、どのタイミングであれ、事前に伝えたであろうことは間違いない。老ノ坂から沓掛にいたる間であった、ともいう。

無謀な決起

一族衆、重臣らの反応は当初、こぞっての猛反対であった。

無理もない。少し冷静に考えれば、いかに無謀な計画か、誰にでも判断はついた。

なるほど、信長を本能寺に襲うこと、その首をとることは容易であろう。うまくすれば、後継者の信忠も殺害できる。光秀ほどの戦術家なら、よもや父子を討ちもらすことはあるまい。

京都を占領しさえすれば、武力を持たない朝廷は光秀になびく。かつての縁《えん》をたより、足利義昭と結び、室町幕府の再興をスローガンに掲げれば、人心もなりに納得してくれるかもしれない。

しかしながら、織田家の各方面軍司令官が光秀に従うはずはなかった。

羽柴秀吉は備中にあって毛利軍と交戦中とはいえ、北陸の柴田勝家、関東の滝川一益は直ちに南下西進し、天下に「主殺し討伐」の檄《げき》を飛ばすに違いなかった。勝家、一益らはいずれも織田家において光秀の先輩であり、道義的にも双方に集まる軍勢の数は、向こうが多いに決まっている。

光秀にはせいぜい実兵力のない将軍義昭と、参陣不可能な遠い毛利氏、ほかは細川藤孝や筒井順慶など、長年の友誼と姻戚、寄親子の関係にある者が参加してくれる程度でしかあるまい。

大坂で兵を集結中の織田信孝も、信長の正統な後継者を名乗って反撃してこようし、織田家長年の同盟者である徳川家康も、もし堺を無事に脱出すれば、やがて弔い合戦の名目で大軍を発してこよう。

天下の四方八方から、光秀討伐の軍勢が起こり、それを一手で防がねばならない光秀は、いくら天才戦術家であろうと、一戦、二戦の勝利は請け負えても、最終的な勝利者とはなり得ない。

光秀はそうした未来図を承知で、婿の弥平次秀満（左馬助光春）や斎藤内蔵助利三ら重臣を呼び、信長に対する遺恨の次第を訴えるとともに、二日の未明、

「老後の思ひ出に、一夜なりとも天下の思ひ出をなすべし」（『川角太閤記』）

と、同意を求めたという。

いったん、口にしたうえは決行するしかない、と重臣たちを説き伏せたとも。

老ノ坂の頂《いただき》に到着したのが、午後十時から十一時にかけて――。

日付を越えた頃、明智勢は沓掛で小休止をとって食事をしている。

光秀はここで、天野源右衛門を先遣隊の隊長に任命し、本能寺の偵察と哨戒《しょうかい》の役目を与えた。もし、本能寺へ走り、通報する者があれば、これを途中で阻止しなければならない。

光秀の軍勢は、重ねての進軍となった。光秀の軍勢の中には、途中から行軍の様子が変わり、信長の密命をうけて家康を暗殺するために道を転じた、と思い込む者もいたようだ。

桂川を徒渉した頃である。『川角太平記』に拠れば、次のような触れが出た。

「今日よりして、天下様に御成《おな》りなされ候間《そうろうあいだ》、下々草履取り以下に至《いた》るまで勇み悦び候へ」

光秀が天下様になるという、まさに、幕末の頼山陽による「敵は本能寺にあり」（『日本外史』）であった。

六月二日午前四時頃、信長は寺の表の騒がしさに目を覚ました。最初、喧嘩でもはじまったのかと思ったらしい。寺の向かいに邸を構えていた村井貞勝も、同様に思ったという。

ところが、やがて鬨《とき》の声があがり、鉄砲の音が聞こえてきた。

「是は謀叛か、如何《いか》なる者の企《たくら》みぞ」

信長の疑問に、次室で宿直《とのい》をしていた森長定（蘭丸）が物見に出、馳せ戻って言上した。

「明智の者と見え申候《もうしそうろう》」

聞くなり信長はただ一言、

「是非《ぜひ》におよばず」

とのみ応じた。

信長がこの事態に直面して、発したのはわずかにこの一言だけであった、と『信長公記』はいう。

もし、そうであるなら、言葉が短すぎて、その意味がとりにくい。光秀ほどの者に包囲をうけたうえは、もはやどうにもならない、という直訳ですまされるものか、それとももう少し深い心情を込めたものであったのだろうか。

たとえば、「――これで終わった」というような感慨《かんがい》、使命感、義務感からの解放のような――。

信長の最期

たしかに、仕事をするためにのみ、この世に生まれてきたような信長にとって、いまその〝天下布武〟の完成まぎわに死ぬ、という現実は、さほどの意味をもたなかったかも知れない。生きているかぎり働きつづける——是非もない、というのが信長の真情であったろうから。

その証拠に、信長は表御堂に駆け出し、自ら防戦に入った。

まだ、働くつもりであった。生命があるのだから、あたり前だ、といわんばかりに——。

信長ははじめは弓を射たが、無念にも弓弦《ゆづる》が切れた。そこで今度は槍をとって戦った。この信じられないような働き者は、最後の最後まで己れを働かせつづけた。が、肘に槍疵《やりきず》をうけて、敏捷《びんしょう》に働けなくなった。

御殿内に退いた信長は、「女はくるしからず、急ぎ罷《まか》り出《いで》よ」婦女子を脱出させるゆとりをみせている。このときの信長の肉声を、太田牛一は逃げて助かった女房から、直接、聞いていた。

信長は火を発して燃えさかる殿中深くへ入り、内側から納戸の戸口を閉ざし、さらに障子をつめ、室内に座り込んだ。もはや信長の「仕事」は、この世の自分を消すこと以外にはなかったろう。

「下剋上」の世の中を、どうにか自尊心を崩さず、精神のバランスを際《きわ》どく取って、生き抜いてきた信長にとっては、自分を殺す者は自分のほかにはあり得なかったであろう。

信長は自刃して、己れを炎のなかに葬った。それはまさに、彼が平素から愛誦した、

人間五十年　下天《げてん》のうちを　くらぶれば
夢幻《ゆめまぼろし》の如くなり

という幸若舞《こうわかまい》の『敦盛《あつもり》』の文句そのままに、波瀾に満ちた四十九歳の生涯であった。

――ここに、興味深い覚書が現存している（天理図書館蔵）。

筆者も出演した『その時歴史が動いた』（ＮＨＫ・平成十二年五月三十一日放送）でも「新資料発見」と紹介されたが、本城惣右衛門という武士の回顧録であり、この人物は光秀に従って本能寺へ攻め込んだものの、討つべき相手が信長とは知らなかったと述べている。

「のぶながさまに、はらさせ申事はゆめともしり不申候《もうさずそうろう》」

では、誰を襲ったつもりでいたのか。「いえやすさまとばかり存候」と惣右衛門はいう。

しかも南門から本能寺に突入した惣右衛門は、「かやばかりつり候て、人なく候つる」という静寂の寺内をかけまわった。途中、ようやく一人の白装束姿の女房を捕えたところ、「上様は白い着物を召している」と告げられたが、この上様が信長だとはこの時点でもなお、惣右衛門は気がつかなかったという。

もしそれが真実であるならば、本能寺における華々しい攻防戦はなく、短時間に限られた場所だけで攻防は行われ、信長はあっさりと灰燼《かいじん》に帰したことになる。

謀叛の真相ともう一つの歴史の可能性

光秀の〝本能寺の変〟については、なぜこのようなことをひき起こしたのか、多くの推論が述べられてきた。が、筆者は最大の要因は信長への不信――さらにいえば、光秀自身の心身の過労にこそ、原因の根本があった、と主張しつづけてきた。無論、謀叛に黒幕などは存在しない。

先にも述べたように、光秀は〝変〟を起こす一年前の「家中軍法」で、信長への感謝を語っていた。

それからわずか一年――光秀に何があったのか。

彼は信長の目ざす〝天下布武〟に、自らも参画してきた、との強い自負を持っていた。ところが、その意味合いが質的に異なることに、ようやく気づき、自問自答がくり返されたのであろう。

一つの画期《エポック》は、武田氏滅亡後の宴の最中であったように思われる。光秀が、

「これでようやく、われらも骨をおってきたかいがありました」

といったところ、信長が突然に怒り出し、光秀に打擲《ちょうちゃく》を加えるという出来事があった。

あの時、光秀は己れが支えてきての〝天下布武〟が、実はそうではなかったことに気がついたのではあるまいか。また、自らが考えてきた次なる国家像と、信長の描くものが、大きく隔《へだ》たっていることにも思いいたったのではなかろうか。そこへ、蓄積してきた疲労が、重くのしかかる。結果として光秀は、信長の正体を「下剋上」の限界を超える禍々《まがまが》しい存在と認識したのではないか。

家臣を道具としてしかみない信長は、やがて朝廷をも滅ぼすつもりではないか、と。

疲れ切った頭の中で、光秀は妄想した。おりわるくこの時期、佐久間信盛らの追放が行われている。九州征伐まではよいとして、その先、己れはどうなるのか。光秀には好敵手《ライバル》の秀吉のように、謙《へりくだ》って生き抜く自信と気力、体力がすでに年齢的にも失《う》せかけていた。

内心、深く苦悩する光秀のもとへ、同様の悲壮感をもつ朝廷――たとえば、「三職推任」の言質《げんち》を信長に与えた誠仁親王やその妃の兄であり、武家伝奏《ぶけでんそう》でもある勧修寺晴豊、前関白太政大臣の近衛前

久、吉田神社の神官・吉田兼和《かねかず》（のち兼見《かねみ》）などが、光秀と己れの苦衷を語り合ったとすれば……。

あるいは謀才の人・足利義昭が光秀を勧誘したことも、考えられなくはない。

現に光秀は〝本能寺の変〟のおり、信長の次に、その嫡子・信忠の拠る二条御所を、近衛邸から攻撃していた。また、親王との関係も〝本能寺の変〟後、親密であったことは疑いない。義昭奉戴に関連しての、書状もいくつか現存している。

とすれば、光秀は反信長勢力に取り込まれて謀叛に踏み切ったのであろうか。それとも彼らに利用されただけで、朝廷人らの狙いは、信長をこの世から抹殺することだけであったのか。

この疑問をとく鍵は、以前、筆者も評伝を述べた細川藤孝（幽斎）あたりに、ありそうにも思うのだが、まだ、決定づける史料は発見されていない。もはや、始末されているのだろうか。

いずれにせよ、本能寺の異変を妙覚寺で知った信忠は、父の救出に向かったものの、途中落去したことを村井貞勝から聞き、手勢をつれて、すぐ近くの押小路《おしこうじ》室町《むろまち》の二条新邸（二条新御所）に移った。

――実はこの時、歴史は一つの可能性を失ってしまう。

信忠の家臣の中には、このまま逃れて安土城へ戻るべし、と進言した者もあったが、信忠は常日頃の光秀の、用意周到さを考え、途中で待ち構える雑兵の手にかかるよりは、と籠城・自刃を選んだというのだが、実際は事前準備のなかった光秀は、本能寺の信長に悟られることも慮っただろうが、安土への道々に何ら逃亡防止の手立てを講じてはいなかったのである。

現に、信長の弟・織田長益《ながます》（有楽斎《うらくさい》）は逃げおおせている。

もし、信忠がかつての金ヶ崎でみせた信長の素早さに学び、この「死所」を逃げたならば、その後の対光秀戦争の総指揮者は信忠となり、光秀滅亡後の秀吉の政権はなかなか難しいことになったろう。

そう考えると、筆者は残念でならない。

いつも歴史の事象《じしょう》を考えるとき、筆者は座右に次の一節を置いてきた。

「物に本末《ほんまつ》あり、事に始終あり。先後《せんこう》する所を知れば、則《すなわ》ち道に近し」（『大学』）

文意はわかりやすい。何事にも本《もと》と末《すえ》があり、いかなるものにも始めと終わりがある。人の一生においても、根本とすべきものと、そうでないものは、自ずと区別されるべきだ。

朝廷は信長の敵か味方か

したがって、歴史の何事かを調べるときにも、何を中心に始めるか、最後はどのような形で決着をつけるのか、始めと終わりを、おおよそ決めておかねばならない。

その本末前後を誤らぬことが、歴史の調査のみならず、人生すべての成就への近道だ、と朱子《しゅし》は『大学』でいいたかったのであろう。

この「本末」「終始」「先後」は、〝目的と手段〟に置き替えてもよい。

たとえば、なぜ、織田信長は本能寺で横死しなければならなかったのか——これは日本史における重要な課題である。が、〝本能寺の変〟を引き起こした明智光秀の心情は……、単独犯であったのか、それとも背後に黒幕がいたのか、といった問いかけは、さほど歴史学上では意味をもたない。

むしろ、文学の得意とする領域であろう。

なぜならば、中世から近世へと連《つら》なる歴史の過渡期——〝戦国〟の最後（次代を秀吉の天下統一に置いたならば）——に、信長はこの世を去っており、その果たした役割、横死によって成し遂げられなかった可能性を明らかにすることは、日本史に大きな意義を持つ。

光秀謀叛の真相も、右の命題を探求する手段としては価値がある。

が、昨今の〝本能寺の変〟に関する、信長殺しの新説・異説の類をみていると、当時の史料を都合のいいように読み、「木をみて森を見ず」というか、「我田引水」の思い込み、牽強付会《けんきょうふかい》の解釈によるものが大半をしめているように思われてならない。極論すれば、信長を鉄砲で撃ったのか、それとも槍で突き殺したのか、と問いかけるのと同じ程度のものでしかない、ということだ。

かつて、戦後日本の啓蒙史学（応用史学）をリードした桑田忠親先生や高柳光壽先生は、光秀が信長を襲撃した理由を〝光秀の怨恨〟に求めた。あるいは、野心や面目といったものでかたづけたものだ。筆者も同感である。黒幕がいた、などという昨今の、ゴシップめいた脱線・脇道にそれる暇など、当時の「昭和」の史学にはなかった、といってよい。

こうした歴史学の態度は、その後もかわらず、光秀の背後関係に力を傾注するのは、もっぱら歴史を題材として扱う小説家たちの担当であった。が、「平成」の御世に入る前後から、大学に籍をおく研究者までが、にわかに光秀の「黒幕」さがしに血道をあげるようになった印象が強い。彼らは研究者なのか、売文の徒なのか。

朝廷（正親町天皇、あるいは誠仁親王）を黒幕とする説、将軍・足利義昭だというもの、徳川家康や毛利輝元を怪しいとする説もあった。また、堺の商人、宣教師、高野山といったものも。

日本人は総じて、謎とき、陰謀説が好きな民族であるらしい。決定的な証拠がないため、当然のごとく、謎は謎を呼ぶ。そういえば以前から、羽柴（のち豊臣）秀吉黒幕説というのもあった。余聞《よぶん》ではあるが、「新説・異説」のいかがわしさについて、少しだけふれておく。

朝廷と信長の交流は、すでに第二章でもふれたように、その父・信秀が公家の山科言継《やましなときつぐ》や飛鳥井雅綱《あすかいまさつな》らと交際していた頃からあったものの、本格化するのは信長が、永禄十一年（一五六八）九月に足利義昭を奉じて入洛し、十月に義昭を征夷大将軍にしたあたりからであったろう。

この上洛のおり、正親町天皇は信長に、朝廷の警固と、京都市中における軍勢の乱暴狼藉を禁じるよう、命令を下している（『経元卿御教書案《つねもときょうみぎょうしょあん》』）。また、翌十二年正月十九日には、「朝廷」で左義長《さぎちょう》（三毬杖《さぎちょう》）の行事が行われ、信長も臨席していた。

ところが、小御所《こごしょ》の庭で帝より御酒を賜る予定であったものの、銚子がなかなか来ないため、信長はそのまま退出したという（『言継卿記』）。同年三月には、帝より信長に副将軍就任を求める勅使がつかわされたが、信長はこれに奉答せず、勅使を帰している。

その信長が、正式に公卿となったのは天正三年（一五七五）十一月四日のことであった。従三位・権大納言に叙任されている。公家社会では三位以上が公卿で、殿上人《てんじょうびと》即ち昇殿を許される。

しかも三日後の十一月七日には、信長は右近衛大将をも兼任。これは武家にとって重要な官職で、かつては源頼朝の別称でもあったほどで、武家の棟梁《とうりょう》としての地位を公認されたことを意味していた。

これまで述べていなかったことを記せば、朝廷から、室町幕府八代将軍・足利義政以来、一度もなかった、正倉院の名香木「蘭奢待《らんじゃたい》」を賜わり、これを切りとったのが天正二年三月二十八日のことである。これは室町幕府にかわって、自らが天下を掌握したことを、世に知らしめた行為と解釈されてきた。

大納言となった天正三年五月には、信玄の後継者・武田勝頼の軍勢を長篠・設楽原に大破しており、七月に参内したおりには、信長は自らの官位昇叙の内命を辞退しながらも、かわりに家臣たちに任官を与えられるように、と働きかけを行い、実現している。十一月二十八日には、己れの嫡子信忠に、信長は家督を譲与。以後、翌四年十一月十三日には正三位に叙せられ、同月二十一日には内大臣、同五年十一月十六日には従二位に、二十日には右大臣に任官した。

さらに信長は昇進して、同六年正月六日には正二位に叙せられている。

だが、同年四月九日、彼はこれらの地位《ポスト》を突如、辞任した。朝廷や公家たちは当然のごとく、大きな衝撃を受けたにちがいない。

朝廷にすれば、常に傍若無人のふるまいに及ぶ信長を恐れ、このうえもない〝敵〟と認識したとしても、おかしくはなかったろう。こうした信長との関係を、概《おおむ》ね良好なものととらえるか、それとも朝廷を蔑《ないがし》ろにする所業と恨み、ことあらば……と考えたかによって、解釈は大きくかわってしまう。

ここで注目されるのが、〝本能寺の変〟の一ヵ月前の、いわゆる〝三職推任〟と称されるものであったが(勧修寺晴豊『天正十年夏記《なつき》』)、これについて著者の見解は、前章ですでに述べている。

この頃、信長と朝廷の関係は良好であり、光秀の謀叛を、朝廷は事前に知らなかった、と筆者は確信してきた。

朝廷は光秀の黒幕たり得たか

朝廷を黒幕にしようとする人々は、前出の近衛前久や吉田兼和をその謀議の矢面に立たせたがるが、その根拠となる論証がきわめて弱い。

たとえば〝本能寺の変〟の起きたのち、山崎の合戦の直後、信長の家臣で堺の代官をつとめていた松井友閑が上京し、「近衛殿御事ぜひとも存分申すべく候」（勧修寺晴豊『日々記《にちにちき》』）と、前久を追及しようとした事実はある。それを察知した前久は、嵯峨に逃げている。その嵯峨へ、信長の三男・信孝は軍勢を向けていた（『兼見卿記』）。

が、このおり前久にかけられた嫌疑は、〝本能寺の変〟で信忠が籠った二条新邸を、光秀の軍勢が攻めたおり、隣りであった近衛邸に兵が入って、屋根の上から二条新邸内に弓や鉄砲を撃ちかけたことに対するものであった。

この前久という人物は、きわめてお調子者で、松永久秀と誼《よしみ》を通じていたかと思えば、上杉謙信を頼って越後を訪れてみたり、可能性として光秀謀叛にかかわっていたとしてもおかしくはない。

前久は武田勝頼を征伐するおり、信長にお前は別の道で帰れ、と叱責され、大いに面目がつぶれた話が伝えられている。そもそも朝廷黒幕説なるものを唱える者の中には、先の「三職推任」により太政大臣を追われることを前久は危惧した、と説いた者がいたが、その人柄、信長から受けてきた多大な恩恵、のちに秀吉へ接する態度などからは、信長殺しへの荷担のメリットがみえてこない。

第一、信長自身、「三職推任」の答えを出していないではないか。この人物には信長を討ったのちの、構想など皆無であったろう。

信長が横死しても、その子供たちは生きており、織田家の方面軍は現存している。官位への欲望はあれ、心底から朝廷になびく戦国武将がこの頃、どれほどいたというのであろうか。

今一人、朝廷黒幕説に頻繁に登場する公家に、吉田兼和がいる。

確かに彼は光秀とは懇意であり、〝本能寺の変〟直後から不穏な行動をしていた。そのことは彼の『兼見卿記』が天正十年分のみ、別本と正本の二種存在することでも明らかであった。

この別本の中で六月二日、粟田口で大津にむかう光秀と、兼和は対面しており、四日後には誠仁親王の、「別義《べつぎ》（差しさわり）無《な》し」を光秀に伝える役目を負っている。ついでながら、兼和は近衛家と「家礼《からい》」（主従に近い関係）で、光秀と前久を兼和が媒介したと想像することはできなくはない。

そういえば、前出の『兼見卿記』の別本――天正十年六月七日の条に、誠仁親王の使者となった兼和が、安土城で天下人となった光秀と対面するくだりが記述されている。

「謀叛之存分雑談《ざつだん》」

とあった。

朝廷が〝本能寺の変〟に関与していたならば、この日以前、〝変〟の前に兼和は「謀叛」を聞いていてしかるべきであり、右のような表現にはなるまい。光秀は「官軍」となっていてもおかしくはなかったが、「密勅」すら出ていた様子がないのも、これによって明らかとなる。

密勅が出ていたならば、「謀叛」とは記すまい。

ついでにみれば、誠仁親王は〝本能寺の変〟のおり、まさに二条新邸にいた。信長を亡きものにしようとする黒幕が、これから信長と一緒に殺そうとする信忠と、この「死所」で入れかわるように行動していることの説明が、さて、つくものであろうか。

「停戦が予想できた――」

などといいだせば、すべての道理は引っ込んでしまう。

皇室も公家たちも、ただ単に自分たちの生き残りをかけて、〝本能寺の変〟ののち、〝三日天下〟の天下人となった光秀に迎合しただけのことである。

これは余談だが、信長の死後、皇太子で次期天皇と目されていた誠仁親王は、ついに即位することなく没した。天正元年（一五七三）当時、正親町天皇は五十七歳であり、親王は二十二歳になっていた。当然、譲位があってしかるべきであったが、なぜか実現せず、その後も信長から申し入れがなされたが、朝廷はその年が「金神《こんじん》」（戦争、騒動、水旱《すいかん》、病疾を司る方位神）の年にあたり、よろしくない、との理由で延期してしまった。天正九年のことである。

いわば十年に及ぶ誠仁親王の即位に関するやりとりは、ついに結着をみなかった。

〝本能寺の変〟の当日、帝は何をしていたのか。禁中の女官が書き継いだ『御湯殿の上の日記』が、該当部分を欠損しており、定かではない。

次期帝の座は、親王の第一皇子和仁《かずひと》にまわり、後陽成天皇となった。この帝はのちに、徳川家康と対立して後水尾天皇に譲位し、四十七歳で崩御している。黒幕説を唱えたい者には、長く皇位にあった正親町天皇は、信長の〝敵〟と想定されるのであろう。

家康と堺の商人は……

そういえば、徳川家康と光秀がグルだったという珍説もあった。

〝本能寺の変〟直前の愛宕山での光秀の連歌の会——この会には、光秀と交際していた里村紹巴が出席していた。紹巴は一方で、家康とも付き合いがあり、そこから光秀は信長弑逆の決意のほどを、紹巴を通じて家康に伝えていたのだ、と唱えた小説家がいた。

つまり、光秀は家康と組んで——あるいは、家康の指示で——〝本能寺の変〟に及んだというのだ。その根拠として、その小説家は三日後の六月五日、安土城に入った光秀が、それから七日までとどまっていたのを、家康からの連絡待ちと推理した。一方、堺に滞在していた家康は、〝本能寺の変〟のまさにその朝、〝火急〟に堺を出立したというのである。

このあと家康は、落武者狩りが横行する隘路《あいろ》を、わずか三日で走破し、自領の岡崎にたどりついた。後世にいわれる〝神君の伊賀越え〟だが、これが可能になったのは、事前に人間を配置して、ことのあるのを知っていたからだ、とその小説家はいうのである。

では、なぜ、家康が信長を殺したのか。長男の信康を武田家との内通を理由に切腹させられた恨み、と説いた。信長の存在を、非常に危いものと感じていた、とも。

家康の長男信康が、二俣《ふたまた》城（現・静岡県浜松市天竜区二俣町二俣）で切腹したのは天正七年（一五七九）九月十五日のことであった。しかし、〝本能寺の変〟は天正十年に起きている。家康が関わったとして、彼はこの間を堪忍しつづけたというのであろうか。家康の上洛は、「駿河」を新たに、信長より拝領した御礼を述べるためのものであり、この頃、徳川家にに切羽詰まって、信長を亡きものにしなければならないような動機は見当たらない。

筆者にはそれこそ、山崎の合戦を生き残った光秀が、天海に姿をかえて徳川政権でも発言力をもった、という与太話と同列にしか、この家康黒幕説は受けとれない。

光秀の謀叛については当初、重臣らはこぞって、猛反対したとの話には、すでにふれている。各地の織田家方面軍が健在な中で、長年、その同盟者であった徳川家康が、光秀と組むことが考えられるだろうか。立場からいっても、律義者の看板からしても、盟友信長の弔《とむら》い合戦を名目に、大軍を発する方が遥かに現実的であったろう。

そういえば、徳川家康ともう一つの勢力――堺の商人も、〝本能寺の変〟に荷担していた、と推理した人もいた。根拠は信長の供回りの少なさであり、これは意図的に演出されたものだ、というのだ。また、信長が茶の湯にいたくご執心で、名物の茶道具を集めることに執着していた点をあげる。いわく、博多の豪商・島井《しまい》宗室《そうしつ》が名物茶入「楢柴《おうしば》」をもって京都へ来ている、との情報を堺の商人が信長の耳に入れたとか。では、なぜ、堺の商人が信長を亡きものにしようとしたのか。信長によって、商業上の特権や利益が脅かされたからだ、というのだ。

歴史を中途半端にかじると、新説・珍説はいくらでも生まれるもののようである。

堺の商人たちは信長に感謝することはあっても、どこをどう押しても、彼をうらみ、殺害に荷担すべき根拠がみえてこない。信長の弟子ともいうべき秀吉の時代、堺の商人は信長時代の延長として海外に進出し、アジアの各地に日本人町を構えて、その輸出入の利益は膨大な額に及んでいる。

それをことごとくふいにして、鎖国への道を歩んだのは、堺商人と結んで信長を殺した、と当て推量する家康その人ではなかったか。何のために、方向性の異なる敵同士が手を組むのであろうか。敵の敵は味方、とでもいいたいのであろうか。

茶器が欲しければ、信長は宗室に交換条件を出して手に入れたであろうし、どうしてもいうことを聞かなければ、それこそ力づくで奪う算段はいくらでもついたはずだ。

信長はすでに、事実上の天下人であったのだから。

――光秀と堺の商人は、昵懇な間柄であった。

茶人としても光秀はすぐれており、宗室とも茶会をやっている。ならば同じ中途半端でも、光秀――堺の商人連携説の方がまだ、ましではあるまいか。

それとも堺の商人たちは、ただ京都に信長を誘《おび》き寄《よ》せるだけの、役まわりであったのだろうか。

第一、光秀は六月一日の本能寺における茶会のことを、どの程度、詳細に摑んでいたのだろうか。

猫も杓子も黒幕説

大学の研究者の中で、将軍義昭の指令で光秀が動いたことを、はじめて論じた人がいた。

筆者のような在野の作家でもなく、小説家でもない大学の人間が……、と不思議に思ったものだが、その人の説に拠れば、この企てには先にみた近衛前久に本願寺、雑賀衆も荷担していたというのだ。

江戸時代、米沢藩に残る上杉景勝の事績をまとめた『覚上公御書集《かくじょうこうごしょしゅう》』（覚上は景勝の法号）により、光秀は〝変〟を起こす前に、上杉氏と連絡をとっていた、との新説も出されたように記憶している。

ただ、これらの説のいただけないのは、将軍義昭が備後の鞆ノ浦に滞在し、毛利氏の庇護を受けていた史実と矛盾するからだ。義昭は京都への復帰、打倒信長を念じていたが、最も期待したのは当然のごとく、毛利氏であった。その毛利氏は、秀吉の中国方面軍に遮断され、京都の正確な情報がなかなか入手できないでいた。

現に、〝本能寺の変〟を知らないまま、二日後の六月四日に、秀吉と講和を結んでいる。

六月六日付の小早川隆景の書状でも、信長―信忠父子が討たれたことを述べたあとに、信孝が大坂で生害《しょうがい》（自殺）したこと、あるいは織田信澄（信長の弟・信行の長男）と柴田勝家が光秀とともに謀叛に加わった、などという不確かな――史実と異なる――情報を述べている。

将軍義昭が真の首謀者なら、毛利氏とは事前の謀議があってしかるべきであったろう。

毛利輝元を黒幕とする与太を笑うのも、同じ理由からである。光秀が義昭を推戴することにしたのは、あきらかに〝変〟ののち、思いつきで行った謀叛が結局うまくいかず、自らを窮地に追い込んだことを理解したうえで、藁《わら》にも縋《すが》るつもりで考え出した、苦肉の策であった。

もし、義昭が首謀者であれば、秀吉は遠慮なくこの形だけの将軍を、のちに殺したにちがいない。

逆に、秀吉が黒幕だというのも、結果論からみた付会としかいいようがない。

確かに、備中高松城を水攻め中の秀吉が、主君信長に援軍を求めたのが〝本能寺の変〟の発端だった。そして、信長の死の報せを受けた秀吉は、その死を伏せて素早く毛利氏と和睦し、六日後には全軍が京都に還りつくという、〝中国大返し〟の離れ業をやってのけている。

たしかに、何とも手回しがよすぎるように思える。

もしかすると秀吉は、信長が京都へ出発した、という報告を受けた直後から、ある種の事態を想起していたのかも知れない。これを押しすすめていくと、もっと初めから、信長の備中への誘い出しそのものが、秀吉の一つの賭けであったのではないか、との推理も成り立つわけだ。

しかし、この時点での秀吉が、信長と取ってかわろうとする根拠はあまりにも脆弱である。信長あってこその秀吉であり、信長が死ねばたちまち、秀吉の織田家における発言力は低下したはずだ。秀吉には己れの当面の栄達以外に、さほど、信長を緊急に殺さねばならないほどの、切羽詰まった理由はなかった。

また、何を好んで秀吉は、自らを逆境——四面敵に囲まれ、味方の方面軍は混成部隊の寄せ集め、そのまま空中分裂して、自らの首が狙われるといった——に置き、〝大返し〟のような一世一代の博奕を打つ必要があったのだろうか。

愚にもつかない黒幕説よりも重大なのは、なぜ、信長—光秀主従はうまくいかなくなったのか、である。

仕官の日から光秀は、織田家の中で順調に出世している。さすがに語学・礼法の天才、〝本能寺の変〟の直前には、間違いなく光秀は、織田家筆頭家臣の地位に登りつめていた。

光秀はもしかすると、この頃になって昔のことを思い出していたのかもしれない。

十六年前、その頃の光秀は、いまだ信長に臣従しておらず、一説に越前朝倉家の客将として、鉄砲の技術者として五百貫の禄、寄子百人を与えられ、まずは平穏に暮らしていたという。

光秀はどのような半生を歩んできたのか、皆目知れない人物であったが、鉄砲の技術にかけても、相当な見識を持っていたことは間違いなさそうだ。その技術を越前在住前に美濃で身につけたのか、細川藤孝と出会って学んだものか。いずれにしても、光秀は技術奉仕者《テクノクラート》としても天才であった。

「未発の発芽」

――技術奉仕者《テクノクラート》は、堅実な判断力と実務能力をもっているものだ。見方をかえれば、分を知って分を越えず、己れが主君になるよりは、主君に仕えることの方を望んでいた。ただ、朝倉義景は家格に不足ない分、天下人を目ざすといった覇気がなかった。技術奉仕者《テクノクラート》の光秀にすれば、もっと大きな世界――たとえば、天下分け目の合戦――で、己れの力をためしてみたい、との思いは常にあったにちがいない。

光秀が歴史の表舞台に登場するのは、序章でみたように永禄十一年（一五六八）からである。このとき彼は、まだ朝倉義景のもとにあったが、光秀を歴史の表舞台に立たせたのは、義景ではなく、朝倉家を頼ってきた流浪の将軍候補者・足利義秋（のちに義昭と改名）であった。

光秀は足利氏の旧臣細川藤孝とともに、信長を頼るべく工作に着手した。

歴史哲学には、「未発の発芽」という考え方がある。出発点をみれば、その行きつく先はおおよそ予想ができる、といったもの。光秀にこれをあてはめれば、歴史の表舞台への登場のしかたが、その人生の終わり方――〝本能寺の変〟をひき起こす――の取っ掛かりになった、ということになろうか。あるいは、将軍義昭への対応を見れば、光秀の信長における終わり方も、おおよそ予測がつくというべきか。光秀は、天下平定の意思をもたない義景のもとをはなれ、足利義昭にすり寄り、ついには直臣待遇となった。そして信長へ周旋を行い、織田家に迎えられた。

当初、光秀は義昭と信長の双方に属していたわけだ。信長が義昭の力を必要としているときは、それでもよかった。だが、二人に亀裂が生じると、光秀は最もやっかいな立場にたたされてしまう。悪いことに義昭は、元亀四年（一五七三）二月、本願寺光佐（顕如）、浅井長政、朝倉義景、武田信玄らと通じて、正面切って〝反織田包囲網〟の旗幟を鮮明にしてしまった。

この時、光秀は反信長派の一向宗徒の拠った今堅田を攻め、信長専従の旗色を明らかにしている。そうして筋を通したつもりでいたのだが、相手は信長である。その心証は自分にとって、決して真白なものではなかったはずだ、と光秀はつねづね恐れていたにちがいない。

以来、八年――光秀は幾つもの心労の中にあった。

早晩、信長の描く国家構想において、自分は不必要な人材となるのではないか、と少なくとも光秀は考えるようになる。功のあった旧臣でも、何十年も前のことを持ち出されて処罰する信長だ。将軍義昭も追放した。かつて二君に仕えた自分も、いつかはそのことを理由に……。

西進の準備のために坂本城へ帰った光秀は、おそらく心の奥深いところで身ぶるいがとまらぬほど、信長への恐怖心が湧きあがっていたに相違ない。

光秀の抱いた信長への恐れは、半面、将軍義昭の力量とも無関係ではなかった。

将軍義昭は信長に比べて、人気がない。信長の力で京都へ上《のぼ》り、かろうじて将軍になれたにもかかわらず、恩人を裏切ったおろかな将軍と思われてきたからであろう。

だが、この義昭像も史実とは少しずれがあった。なるほど、彼には自ら軍勢を率いるといった類の実権はなかった。しかし、将軍としての権威による、実質的な勢力を動かすだけの力量はもっていたのである。京都を含む畿内において、室町幕府＝義昭の力は予想外に強かった。

たとえば、義昭が信長に擁されて入京した直後、彼は摂津の伊丹忠親、同・池田勝正、同・和田惟《これ》政《まさ》（宣教師を信長に紹介した人物）や河内の畠山高政、同・三好義継などを守護に任じたが、彼らはいずれも旧守護であったり、旧室町体制下の人々であった。山城は義昭が直轄支配地とし、大和は興福寺があるため、守護を置かないとの慣例があったが、松永久秀が「一国進退」とその采配を信長から実質的にまかされたおり、これを追認したのも義昭であった。

つまり、五畿内はすべて将軍義昭の影響下にあり、信長の支配権は上洛当初みられなかった。信長には岐阜と尾張の裁量が、精一杯であったのだ。だからこそ、義昭をないがしろにすると、叛く勢力が続出したのである。

思い込みと希望的観測

信長の政権が形を成し始めた様を、横でみていた光秀には、〝天の声〟ともいうべきものも聞こえていたはずだ。

「信長の天下は、五年、三年はもつかもしれない。来年あたりは、公家（ここでは公卿）の位さえ、手に入れるかもしれないが、そこまでだ。そこから先は、高転びに、あおのけに転ぶであろう」

去る天正元年（一五七三）、将軍足利義昭の処遇＝追放の件で、毛利輝元が秀吉を介して信長に話をもちかけてきたことがあった。これはそのおり、毛利家の使者としてやってきた安国寺《あんこくじ》恵瓊《えけい》が、信長を評した言葉として著名である。

主君信長が高転びに転ぶ――もとより光秀には、具体的なイメージは湧いてこなかったであろう。

ただ、戦国の世に生をうけた武将であれば、誰でも一度は、己れが征夷大将軍となって幕府を開くとか、関白・太政大臣の位に登りつめ、天下に号令してみたい、との夢・野望を持たぬ者はいなかったはずだ。技術奉仕者《テクノクラート》として生きてきた光秀も、「下剋上」の荒波にもまれ、将軍義昭と信長の下で鍛えられてきた。外交・軍事・領国経営には自負もあった。

そこへ天正十年五月二十一日である。信長は急に思い立って、数十人の旗本を従えて安土を出発し、途中、妙覚寺に寄り、二十九日には本能寺に入る予定であるという。

思えば、羽柴秀吉は遠く備中高松城で戦っている。柴田勝家は上杉景勝の軍と越中魚津《うおづ》（現・富山県魚津市）で交戦中だ。信長の三男信孝と丹羽長秀は、四国遠征のため大坂湾を渡海する準備に忙殺されている。滝川一益は新しく封ぜられた上州厩橋《まやばし》（現・群馬県前橋市）に到着したばかりで、手も足も出せまい。徳川家康は、わずかな近臣を連れて堺見物の真っ最中であった。

これを千載一遇の好機と呼ばずに、何を好機と呼ぶのか。光秀には、信長がわずかな手勢を連れて京都に出発すると聞いたときから、不思議な怒りが湧きあがっていたかもしれない。

「己れの力を過信し、百人にも充たない小人数を従えて、京都の寺に泊まるとは――」

疲れ切った光秀には、信長の無防備さが、京都を任せた己れへの信頼とは映らなかった。

逆に、自分への挑発のようにすら思えたのではあるまいか。

光秀にとっては文字通り、これが最後の機会《チャンス》であった。世は「下剋上」であり、あの小憎らしい好敵手《ライバル》の秀吉の鼻を明かし、信長の天下統一に待ったをかけ、天下に己れの存在を誇示する――。

光秀はついに、決断した。秀吉はじめ諸将たちが、大軍を動かし畿内に引き返してくるには、少なくとも一ヵ月はかかるはずだった。その間に毛利、上杉、長宗我部、伊達、北条といった諸大名と連絡をとり、挟撃態勢を整えられれば成算はある。

信長の凶暴で信義を重んじないやり方には、多くの武将も内心は不満を抱いているはずだ。光秀は光秀なりに、疲労困憊の頭で計算した。そして謀叛の決行を西進の途次、老ノ坂から沓掛にいたる間で、重臣たちにうちあけた。そして、不承不承《ふしょうぶしょう》、彼らを従わせることに成功する。

——最初に、光秀の怨恨や野心、面目があったのだ。

〝反信長〟勢力の人々は、自らは決して荷担することなく、謀叛に踏み切ったあとで、光秀を利用しようとしたにすぎない。黒幕もなく、関与してくれる者をもたなかったところにこそ、〝本能寺の変〟の本質が明らかになった、といえるのではあるまいか。

学者や小説家の中には、光秀の弑逆＝信長殺しの背後に、黒幕を置かないと、おさまらない人が多い。このことは何を示しているのだろうか。筆者は本書のテーマであった、応仁の乱にはじまる「下剋上」の限界・臨界に、信長が達していたからだ、と考えてきた。

「信長は最後、朝廷をどうしたであろうか」

この不安が、光秀をして信長を、この世から抹殺させたといってよい。

光秀は信長の「下剋上」を止めた

たとえば、「権威」——いわば実体のない尊敬心や習慣といったものによって支えられている朝廷にとっては、唯一、自分たちの存在を正統化する一大事であったことは確かであろう。

厳重に、複雑に、そのうえ煩瑣《はんさ》な装飾でうずめた官位制度を、信長は無造作に無視した。

これでは朝廷の存続がおぼつかなくなってしまう。もし、信長の横暴を許せば、次につづく者も、「そんなものか――」と、朝廷を安直にないがしろにして、ついには「権威」は崩壊してしまいかねない。「あやうし」と、光秀は信長をみたであろう。

光秀が「下剋上」の最後に登場した。それは〝戦国〟の終焉を告げる〝時《タイミング》〟でもあった。

――信長が横死し、このあと秀吉が日本史上最初の、統一政権を創る。

まさに時代の、切れ目において〝本能寺の変〟を迎えた信長――彼は「下剋上」をさらに押し進め、天皇を亡き者にするところまで、周囲が騒ぐほどに、本当に突き抜けて異図《いと》するつもりでいたのだろうか。

江戸時代初期の『祖父物語』(尾張国清須《きよす》春日《はるひ》村の住人・柿屋喜左衛門《かきやきざえもん》が、祖父の話を筆記したもの)に、信長の若いときの事柄を記して、

「諸人にすぐれたるわやく者」

という表記が出てくる。

「わやく者」は、無茶苦茶をやる腕白者《わんぱくもの》という意味である。つまり、〝粗野〟だというのだ。事実上、天下を取ったに等しい時点でさえ、信長は〝粗野〟=田舎者だと軽蔑されることが多かった。

では、この習慣、慣例を一切認めようとしない彼の頑なさは、戦国時代を通してみた場合、どのように映ったのであろうか。

信長の奇抜さ、慣例破りは、戦国時代であってもやはり、尋常なものではなかった。

たとえば、その頃の日本人の意識には、日本国の主人である天皇と、その代理人である将軍(具体

的には武家の棟梁）が、当然の約束ごととして存在した。この場合、人物その人を指すのではない。その地位——言い換えれば、「権威」を日本人はありがたがったのである。

なるほど、応仁の乱以後、室町幕府は衰亡へ向かったが、実力者の誰もが己れ自身の地位向上をめざして、朝廷に進物を贈り、幕府にもときにはご機嫌伺いを行っていた。

しかし彼らは、将軍にとってかわろうとは考えなかった。否、そうした考え方自体の発想回路が、当時の日本人には育っていなかった、というべきかもしれない。

将軍の座を追われた者、なかには六代将軍義教《よしのり》、十三代将軍義輝のように、臣下に殺された将軍もいた。が、将軍の地位《ポスト》はすぐさま将軍家の血脈者によって埋められ、かならず次の将軍が立てられた。

自分たちの意のままにならない将軍義輝を殺した〝三好三人衆〟や松永久秀は、すぐさま傀儡の十四代将軍・足利義栄を立てている。彼ら将軍は、己れの意志とは関係なく、そのときどきの抗争に左右されながら、浮き草のように生きて死んだ哀れな人々であった。

光秀は本能寺の変の当日、安芸の毛利輝元の叔父・小早川左衛門佐《さえもんのすけ》隆景のもとへ、次のような密書を遣わしている（『別本川角太閤記』）。

急度《きっと》、飛檄《ひげき》をもって言上《ごんじょう》せしめ候《そうろう》。こんど（今度）、羽柴筑前守秀吉こと、備中国において乱妨《らんぼう》をくわだつる候条《じょう》、将軍（足利義昭）御旗《みはた》をいだされ、三家（毛利・小早川・吉川）御対陣のよし、まことに御忠烈《ちゅうれつ》のいたり、ながく末世につたふべく候。しからば、光秀こと、近年、信長にたいしいきどほり（憤り）をいだき、遺恨《いこん》もだしがたく候。今月二日、本能寺において、信長父子を誅《ちゅう》し、素懐《そかい》を達し候。かつは将軍御本意をとげらるゝの条、生前の大慶、これに過ぐべからず候。このむね、よろしく御披露にあづかるべきものなり。
誠惶誠恐《せいこうせいきょう》。
六月二日　　惟任日向守
小早川左衛門佐《さえもんのすけ》殿

これは逆臣の汚名をきらった光秀の、切羽詰まっての口上であったろうが、一面、彼は「権威」を旧に復そうとした、とも受け取れた。

誤算が誤算を生んだ光秀の〝三日天下〟

本能寺を奇襲した光秀は、その後、午前十時頃に二条邸を落とした。信長の正統な後継者・信忠も、ここに亡ぶ。享年二十六。

光秀はすぐさま、洛中において残党狩りを命じ、勝龍寺城に重臣の溝尾庄兵衛を入れ、自らは大軍を率いて近江の大津を経て、安土城へ向かった。その日のうちに、安土城に入城できるか否か――。

信長の後継者として、自己の立場を天下に知らしめるためには、安土城に優《まさ》るところはなかったろう。天下の富を集めたこの城には、軍資金も豊富に蓄えられていた。急派したことで、城の備えを破ることもできる。光秀は急いだ。

ところが、瀬田《せた》（勢多）まで順調に進軍したものの、瀬田の大橋を守っていた瀬田城主・山岡景隆《やまおかかげたか》が、光秀の申し出に対して首を縦にふらず、のみならず、橋を焼き落として抵抗の意志を示したのである。

この人物は最初、三弟・景友《かげとも》と共に将軍義昭に従っている。義昭が信長に抗して挙兵すると、弟はこれに呼応し、近江今堅田《いまかたた》で織田軍と交戦した。敵方にいたのが、光秀である。が、兄の景隆は織田軍に与《くみ》する。景友が信長に降参して以降は、次弟景佐《かげすけ》、三弟景友と共に、信長に属していた。

安土城へと向かう明智軍に抵抗した景隆・景佐・景友の三兄弟は、甲賀の山中へ逃げ、光秀は橋の修復に三日間、まるまる日時を空費してしまう。

――この三日が、大きかった。

もし、〝本能寺の変〟のその日のうちに、光秀が安土城へ入っていれば、おそらく彼の天下は大きくかわったにちがいなかった。が、残念。この間、光秀は己れの居城・坂本城に入り、書面外交をもってまずは、信長と敵対していた勢力への協力要請を行った。併せて、織田家の部将たちへの、勧降工作も並行して推し進めている。

近江山本山《やまもとやま》城主・阿閉貞征《あつじさだゆき》、近江山崎城主・山崎片家《かたいえ》（初名は秀家《ひでいえ》）、若狭守護家の武田元明、名門京極家の末裔・京極高次など、かつての室町幕府系の名門・旧家を中心に、近江周辺の部将たちは光秀に降り、近江をほぼ鎮圧することに〝天下人〟の光秀は成功した。

ただし、近江日野《ひの》城主・蒲生《がもう》賢秀《かたひで》（氏郷《うじさと》の父）は頑強に光秀に従わず、安土城にあった信長の妻子を保護し、日野へ連れ帰ると、あくまでも徹底抗戦の姿勢を示す。

六月五日、ようやく入城した安土城において、光秀は信長の蓄えた金銀財宝を気前よく、家臣たちに分けあたえ、一方で好敵手《ライバル》であった秀吉の本拠・長浜城を降将たちに攻めさせ、これを接収し、斎藤利三を城将に入れて、防禦拠点の一つを確立した。

七日、午後四時頃、安土城へ勅使として吉田兼和がやってくる。すぐさま対面した光秀は、誠仁親王の京都＝天下の処置を光秀にまかせる、との旨を伝えられたのであった。

後世からみれば、光秀は瀬田の大橋の三日といい、安土城で無為におくった二日といい、あわせて五日もむだな時間をすごしたように思えてならない。

この間、軍事行動がほとんどなかったのが不思議なぐらいだ。しかし、光秀にすれば、己れを謀叛人から救う工作を、懸命にしていたということになろうか。

八日に上洛し、九日には朝廷人の出迎えをうけ、まさに光秀は凱旋将軍のように禁裏へ渡った。朝廷への銀貨五百枚をはじめ、親王や公家、京五山などへも多額の献金がこの日、行われている。

――光秀は天下を治める工作に、手ごたえを感じたはずだ。

「これならやれる」

彼は己れになびかない摂津の諸将や、中国方面軍をひきいる秀吉への備えとして、下鳥羽《しもとば》（現・京都市伏見区下鳥羽）に出陣したのだが、このとき、またしても誤算が生じていた。

丹後を拝領していた細川藤孝―忠興父子、大和の支配をまかされていた筒井順慶――ともに最有力の与力大名が、馳せ参じてくるどころか、沈黙し、細川父子などは髪を切って、信長の死を悼むという挙に出てしまう。光秀に刃向かって滅ぼされることもなく、同調して後日、反光秀勢力に打ち殺されることもなく、藤孝はまたしても〝第三の道〟を選択して、生き残ったことになる。

さらに、光秀の目算は大きく狂いはじめた。

六月九日付で、光秀は細川父子へ親書を出し、説得につとめたが即効性がない。この書状の中で光秀は、「五十日、百日の内には、近国を固めてみせる」という意味のことを述べたが、この段階になっても光秀には、己れに立ち向かってくる織田家の部将が誰なのか、具体的には見えていなかった。否、織田家の方面軍司令官たちは、皆、担当戦域で釘づけになっている、動きたくとも動けない、との思いが強かったのかもしれない。

「誰であろうと、上洛してくる前に畿内近国を固めてしまえばよいのだ」

光秀はそう考えていたのだろうが、同じ九日、織田家中国方面軍司令官の羽柴秀吉は、すでに姫路を進発して、京畿を目指していたのである。

この先、光秀に待ちうける山崎の合戦を考えれば、少なくもこの頃、摂津にあった中川清秀、高山右近、池田恒興ら従来の、光秀の与力大名を説得、懐柔して、確実に自派戦力に加える工作をしておくべきであった。

時代が可能にした、最悪の局面打開

――少し時間を戻そう。

六月四日、織田家中国方面軍司令官・羽柴秀吉のもとへ、〝本能寺の変〟の悲報がもたらされた。送信者は、信長側近の奉行衆で茶人の長谷川宗仁《はせがわそうにん》であった（異説もある）。

もとは京都の町衆の出で、信長の側近＝官僚となった人物。天正六年（一五七八）正月の、信長主催の茶の湯の会に招かれた、重臣十二名の中に数えられている。のちには秀吉に仕え、慶長十一年（一六〇六）二月まで生きた人で、享年は六十八であった。

宗仁の密書は秀吉に宛てたともいい、その帷幕《いばく》にあった黒田官兵衛（諱は孝高《よしたか》・号して如水《じょすい》）宛てだったともいう。いずれにせよ、深夜の午前零時に飛脚と応対したのは、官兵衛であった。

荒木村重の謀叛のおり、説得に行って牢獄につながれ、その湿地の悪環境に片足を悪くしている。少し足を引きずりながら、そのまま秀吉の寝所へ、官兵衛は宗仁からの書簡を運ぶ。

一読した秀吉は驚き、慟哭《どうこく》した。泣き崩れる司令官の傍らにあって、官兵衛はつとめて冷静に頭脳をめぐらせた。まず、秘密裡に将領を召集し、対応策を示さねばならない。だが、この場合、中途半端な指示を出せば、中国方面軍は瞬時に、瓦解するおそれがあった。

なにしろ、主君の信長が寄せ集めて編成した混成軍団である。

総勢二万七千五百余のうち、与力として秀吉についている部将の中には、織田家に併合された敗家亡国の将も少なくない。秀吉の直属兵力は六千にすぎない。確たる方向も示さずに、〝本能寺の変〟を告げれば、間違いなく方面軍は四分五裂となり、事態は収拾不可能な混乱に陥ってしまうだろう。

なかには、ほんの少し前まで、毛利方に与していた宇喜多家の大部隊もいた。秀吉の首級《しるし》を土産に、毛利氏に〝返《かえ》り忠《ちゅう》〟を励む者が出たとしても、おかしくはなかった。光秀の許《もと》に走る者も――。

織田家の部将もあやうい。それぞれ個性が強すぎた。あくどいほどに競争心が旺盛で、そうした性癖をむしろ信長は督励し、育成しつづけた形跡がある。秀吉を裏切ることなど、屁《へ》とも思わない連中ばかりであった。

覇王信長には、それぞれの個性を使いこなせる自信があったが、これは秀吉も含め、他の部将には真似《まね》のできない芸当だった。信長のいない織田の諸将連合軍などは、所詮は烏合《うごう》の衆《しゅう》でしかない。冷めた官兵衛の目には、日本屈指の織田軍団——信長の作戦に生命懸《いのちが》けで犠牲的精神を発揮する強味は、外部からみるほどには、一枚岩の団結・結束は保たれてはいなかった。その一方面軍が、敵の真っ只中に取り残されているのである。前方に毛利の大軍四万、後方の畿内には明智の軍勢一万六千が待ち構えていた。

——上様の畏怖にかわる何かを、創り出さねばどうにもならぬ。

ここで官兵衛が顕示した方針こそ、

「逆臣光秀を討つ。さすれば、天下は羽柴秀吉のものとなる——」

との〝夢〟〝希望〟であった。戦国風にいえば、〝欲〟と言い換えてもよい。

秀吉を先頭に押し立てて主君の恨みを晴らす、この絢爛《けんらん》たる名分の彼方《かなた》には、己れの栄達があった。光秀に秀吉が勝てば、天下は秀吉のものになる。そうすれば協力した方面軍参加の部将たちは、すべからく出世するはずだ。なかには「一国一城の主」に成る者も出るかもしれない。その幕下の将士や足軽も、これまで思ってもみなかった出世、利益を手にすることができる可能性が高い。

むろん、この〝夢〟には冷静に判断すれば、問題点が多々あった。秀吉が光秀に勝利したとしても、必ずしも天下が取れるとは限らない。だが、この時点《タイミング》が重要であった。おそらく、「下剋上」が応仁の乱以来、過去最高に高揚していた時期といえるだろう。人々は己れの人生に対する、投機的気分を大いに煽《あお》られ、将士は〝勢い〟に乗っており、方面軍が崩壊するどころか、虹のごとき栄光がその前途に描き出されると、彼らは誰一人疑わず、これを信じた。
官兵衛の方針は、秀吉に伝えられる。
「さてさて天の加護を得させ給《たま》ひ、もはや御心の儘《まま》になりたり」（『川角太閤記』）
それだけで秀吉には、十二分に官兵衛の心底がうかがえたはずである。
「ご運の開けたまう時、来たれり。片草鞋《かたわらじ》、片木履《かたぼくり》で駆け出し候《そうら》え」（同右）
と官兵衛はいったとも。

発想を逆転した、〝中国大返し〟

同じ場面を『名将言行録』では、官兵衛は「するすると進み寄り」、秀吉の膝を「ほとほとと打《うち》て」「莞爾《かんじ》（にっこりとほほえむ）」として、

「君の御運開かせ給《たま》ふべき始めぞ。能《よ》くさせ給え」

といったとある。上手にやりなさい、天下が取れますよ、と官兵衛はいったわけだ。

秀吉はこれを聞いて、「否、是《これ》より秀吉、孝高（竹兵衛）に心を許さざりしとなり」と同書は述べている。おそらく秀吉は、己れと同じ図抜けた頭脳を持つ、あるいは己れの使い切れない官兵衛の器量、謀才の大きさに、一瞬怖気《おじけ》をふるったのではあるまいか。いずれは葬らねば、取って代わられてしまいかねない〝敵〟。しかし、今はそれを云々としている場合ではない。官兵衛の進言が最善の策であることは、秀吉にも理解できた。

それを実現するためにも、まずは目前の敵をどうにかしなければならない。

——状況を、整理してみたい。

秀吉は主君信長の命で、山陽・山陰十ヵ国を支配する毛利氏（居城は吉田郡山城〈現・広島県安芸高田市〉）への攻撃や調略を担当してきた。織田家五方面軍（柴田勝家、丹羽長秀、滝川一益、明智光秀、羽柴秀吉）の中で、担当範囲が一番大きかったのは秀吉であった。

京都を押えて版図《はんと》を東海道から北陸へ、そして畿内一円に拡張した東の織田家に対し、西の毛利氏の勢力圏は、十分これに対抗できる規模と実力を備えもっていた。山陽・山陰はいうに及ばず、西は海を越えて北九州にまで勢力は伸び、その日本最大の水軍は瀬戸内海の制海権を握っていた。

海外と国内貿易の中枢を担っていて、軍事力でも経済力でも決してあなどれる相手ではなかった。

秀吉は毛利方の播州三木城の別所長治、因幡鳥取城の吉川経家《きっかわつねいえ》を攻略し、備中高松城の清水宗治《しみずむねはる》を水攻めにして、いま少しで開城させるところまできていた。

一方の毛利方では、勢いに乗る織田方を正面から迎え撃つのは不利だ、と判断し、生き残りを図るべく、和議の申し入れに外交僧・安国寺恵瓊を派遣して、その条件を提示している。

だが、秀吉、官兵衛らは毛利方の和睦条件を拒絶し、その後の交渉の結果、〝本能寺の変〟の直前には、毛利方は五ヵ国割譲を改めて申し出ている。両者の会談は削ぐべき領土の多い少ないではなく、高松城の城将・清水宗治の処分をめぐって紛糾し、交渉は暗礁に乗りあげていた。

秀吉は主君信長の性格を慮って、宗治の自刃を譲らず、毛利方はこれを不服として拒絶。もともと毛利方から打診のあった和議の周旋であり、秀吉側は当然のことながら譲歩するつもりはなかった。

もし秀吉が簡単に、和睦＝毛利方の主張を受諾すれば、信長の面罵《めんば》は避けられなかっただろう。かといって、このまま交渉を再開せず、信長が出馬してくればどうなるのか。

「毛利家は滅亡するしかない」――困惑していたのは、毛利方であった。

恵瓊は身ぶるいする思いで、懸命に打開策を模索しており、交戦を何としても避けたい彼は、懸案の宗治の生死について、宗治個人の意思で自害してくれるよう説得の矛先をかえる。

――これが天正十年（一五八二）六月一日、すなわち、〝本能寺の変〟の前日、秀吉や官兵衛の置かれていた立場であり、状況であった。

〝本能寺の変〟の当日、宗治は秀吉に書状を送って、四日に切腹する旨を伝えた。

もっとも、この段階では秀吉も官兵衛も、自分たちに迫りつつあった運命を知る由もない。

そればかりか、数日ののちには友軍・明智光秀の加勢が到着し、ややあって総大将の信長が出陣してくると思いこんでいた。ところが、〝本能寺の変〟が勃発する――。

官兵衛は神業とも思える迅速な対応で、毛利氏と接して和睦を取りまとめた。

「敵はまだ、上様の死を知らぬ」

秀吉は交渉の中でそのことを確信し、清水宗治の切腹を見届け、〝中国大返し〟へ踏み切った。

一刻も早く亡君の仇討《あだう》ちに馳《は》せ戻《もど》るには、どうすればいいか。主だった部将は別として、足軽などの末端には多くの指示を与えずに、主君信長が逆臣・明智光秀に殺害された事実と、光秀征伐に一刻も早く向かわねばならない旨のみを伝えることにした。

高松城下から引き揚げを開始したのは、天正十年六月六日午後二時である。

秀吉は雨中をわずかな近習を連れ、自らが真先に駆けて山陽道を進んだ。途中、備前で一部の軍に旧道を進ませるなどして備前沼城《ぬまじょう》（現・岡山市東区沼）で一泊し、夕方には天正八年に信長から拝領していた姫路城まで、約五十二キロメートルの行程を一気に駆け通した。

この時点で秀吉は、北近江十二万石と播磨三十五万余石の、あわせて四十七万余石を拝領していた（ただし播磨は預地）。対する光秀は、三十四万石であった。

秀吉が山崎の合戦の総大将になった真相

このあと、昼夜兼行で摂津尼崎にたどり着いたのが、十一日の午前八時。

光秀が驚嘆したように、普通ならとても到達できるスピードではなかった（一日平均二十七キロメートル、計百八十七キロメートルを秀吉は駆け抜けた計算になる）。

このスピードを可能にしたのは、すでにみた官兵衛が全軍に流した〝囁《ささや》き〟であった。

この〝囁き〟こそが、人々の心に興奮の火を点じ、エネルギーに転化させたのである。

「――光秀を討てば、天下は羽柴さまのものになる。そうなれば将士は大名に、兵は将となる」

雑兵の端々にいたるまで、これを聞き、各々が〝夢〟を思い描いて、私利私欲に奮い起《た》った。

秀吉を擁立することで、自分たちの未来を輝かせようと、彼らは必死になって走ったのである。全軍が火の玉となって、懸命に駆けた。この異常な興奮が、さらに相互を競わせ、いやがうえにも驚異の走者をつくり出していく。

一方で〝中国大返し〟の直前――黒田官兵衛は万が一、毛利氏が一方的に和睦の盟を破棄し、追撃の挙に出ることのないよう、その対策を講じていた。

官兵衛は講和の証《あかし》として受け取った二人の人質（小早川元総《こばやかわもとふさ》〈のち毛利秀包《ひでかね》〉、吉川経言《つねこと》〈のち広家《ひろいえ》〉）を、先方に返すよう、秀吉に進言している。

「光秀に勝利すれば、天下の信望は秀吉どのに集まり、毛利方は人質の有無にかかわらず、秀吉どのに臣従いたしましょう。万一、光秀に敗れるようでは生還は期しがたく、毛利の人質も意味はありますまい」

また次善の策として、寝返らせた宇喜多の軍勢一万を、もっとも早く戦場から岡山へ退かせて、最悪の事態となった場合、毛利氏の大軍を岡山城でくいとめる工夫もしていた。そのために秀吉は、直家の子・八郎（のち秀家《ひでいえ》）を人質同様に自陣にとどめておく処置を講じている。

「ともあれ、長大な堰《せき》は切っておきましょう」

追撃をより完全に、毛利方へ諦めさせるためにも、城を囲んでいた堤防をそこここで寸断し、濁水を平野部に流して、退《ひ》くまでの時間稼ぎとする策も実行へ移した。

その一方で、明智勢の切り崩し工作も、早々に開始している。

姫路城にて三日滞在している間に、官兵衛は信長の首級《しるし》が何処にも晒《さら》されていないことを、執拗《しつよう》に確かめている。

宣教師の報告書にも、信長は「切腹したと言う者も、邸に放火して死んだと言う者もあるが、〈中略〉毛髪一本残すことなく灰燼《かいじん》に帰した」と述べられていた。

信長の遺骸はついぞ、発見されなかったのである。

もしも、信長が本能寺からの脱出をはかり、途中で討たれて首級が京都の三条河原にでも晒されていれば、光秀の〝天下人〟としての優位性は、より強固なものとなったにちがいない。

「上様は光秀の襲撃を切りぬけて、ご無事である。これより合流して光秀を討つ」

高山右近、中川瀬兵衛へも、秀吉は書状を送っている（『梅林寺文書』）。

秀吉の軍勢は二万七千五百余、〝大返し〟しつつ畿内の織田系大名の兵力を加え、気がつけば三万余（毛利への備えとして、宇喜多勢一万の兵を備前に残していた）。これは畿内にあった神戸《かんべ》（織田）信孝（信長の三男）の兵力七千（丹羽長秀の兵力も含む）を大きく上回り、結果として最大兵力を率いる者が、合戦の総大将をつとめる、との不文律から秀吉を押し立てることになった。

まもなく、情報収集のために放っておいた間諜が帰って来た。聞けば、光秀は何らの手も打たず、いたずらに日時を労費しているという。

軍事行動といえば、駆けつけてこない筒井順慶に対して、光秀は河内に出兵していた。自らも洞ヶ《ほらが》峠《とうげ》（現・京都府八幡市と大阪府枚方市の境）に出張って陣を敷き、筒井順慶の参陣を促したが、秀吉の〝大返し〟を察知した順慶は、わずかな兵数を申し訳程度に派遣したのみで、自身はついに姿を現わさなかった。

そういえば、紀州雑賀衆の反信長派として知られた土橋重治《つちはししげはる》に、光秀があてた書状が現存していた（みのかも文化の森／美濃加茂市民ミュージアム蔵）。光秀が重治に、足利義昭の入京を手助けしてほしい、と述べたものだが、文中で光秀は「如仰未申通候処ニ」（今まで手紙のやりとりもしていませんが）とあり、その計画性のなさを露呈している。

この手紙は山崎の合戦の前日＝十二日のものであり、光秀発給文書の最後の書状といえる。

光秀は十一日に下鳥羽へ戻って淀城の修復を終え、十三日の山崎の合戦へとなだれこんだのであった。秀吉は光秀の動きを知れば知るほどに、その脆弱な無計画さに驚いたことであろう。あの天才が、この度は天下取りへの方針も、天下をいかに経営していくかの抱負も、皆目、持ち合わせてはいなかったのだから。

十一日、尼崎で神戸信孝、丹羽長秀らと合流した秀吉は、ここで、味方陣営の最後の調整に手間取ってしまう。光秀はこの好機《チャンス》につけ込むべきであった。が、つい用心を重ねてしまったようだ。

理由の一つには、秀吉勢の〝中国大返し〟が迅速にすぎたため、己れの側にも準備に余念がなく、完全に、全軍の展開を終えていなかった状況があげられる。また、秀吉勢の出現が唐突であったため、心理的にその軍勢を巨大視してしまったのかもしれない。

——秀吉は、光秀の動きの鈍さに救われた。

信孝を懐柔して、長秀をはじめ諸将との間で敵味方の状況分析、攻撃の方針、地形などの情報を説明・検討・共有し、秀吉はようやく合戦の直前、「筑前（秀吉）の采配に従う」との、全員からの言《げん》質《ち》をとりつけた。

光秀の敗死にみる勝者と敗者を分けたもの

六月十三日、京都と大坂の中間——天王山と淀川にはさまれた隘路《あいろ》＝山崎において、激しい雨脚の中、敵味方の数千挺の鉄砲がいっせいに火を噴いた。

秀吉軍三万七千余に対して、光秀勢は一万三千余（一万六千とも）。もし、摂津の三将（池田恒興・中川清秀・高山右近）を味方に引き込んでいれば、兵力は互角であったはずだ。否、信長の首さえあげて、晒していれば、圧倒的に光秀の軍勢の方が多かったかもしれない。

午後四時、光秀の軍勢は凄まじい突撃をみせた。最前線の明智家筆頭家老・斎藤利三は、秀吉の最前線にあった高山右近の二千の軍勢を突き崩し、二番隊の中川清秀の隊をも大きく後退させた。

しかし、時間をかけて軍議をしてきた秀吉軍は、すぐさま三番隊の池田恒興が斎藤隊を跳ね返し、秀吉直属の加藤光泰《みつやす》隊が援護に進み、隙間のないみごとな連繋《れんけい》プレーで反撃に転じている。

合戦はひとたびはじまると、俄《にわか》の作戦変更や修正がしにくいものだ。このおりの戦いは、とくに煙雨と硝煙のために視界が開かなかったが、緒戦から一時間ののち、秀吉は自信をもって全軍に総攻撃を命じた。

光秀は軍団の展開にのみ時間を費やし、重大な軍議を比較的短時間にすませてしまった。

混戦となって一度、浮き足立ってしまうと、光秀はどう挽回してよいのかわからなくなってしまったようだ。秀吉勢の総攻撃を支えきれず、ついには自壊してしまう。兵は四散して有力部将の多くを討たれ、主将の光秀は戦線を離脱した。

一度は勝龍寺城へ逃れたものの、秀吉方の追及の手は厳しく、包囲を脱して坂本城へ戻る途中、大亀谷（現・京都市伏見区深草大亀谷）から小栗栖に出て馬を進めるうち、土民の竹槍の前に倒れた。

ふり返れば、山崎の合戦は単に、勢いにまかせた大博奕ではなく、混成部隊をよく掌握し、繰り返し戦術や持ち場の確認を怠らなかった秀吉の勝利であった。

――光秀の敗因は、いくつもあげられよう。

だが、先述のごとく、不意に大兵が舞い降りたかのような秀吉軍の出現に驚き、相手を実体にも増して大きく見てしまい、あげくは勝利への布陣ではなく、負けぬための陣を布いてしまった。

この点が、とりわけ大きかったように思えてならない。両者の布陣の差は、際立って大きかった。勝利をめざす者には、常に闘志を鼓舞して、ここ一番の踏ん張りと粘りがある。他方は、守勢に立ったために士気は自然と衰退し、少しの変化にも動揺するため、抵抗力も弱くなってしまう。

また、戦いの心理ということでいえば、われ敗れり、と直感したときは、往々にして敵方もまた「負けたか」と内心では思っていることが少なくない。秀吉はそれをずうずうしくかわし、光秀はまともに被ってしまった。光秀の享年は、五十五以上六十七までとされている。

四十六歳で勝者となった秀吉は、その後、ついに天下を取り、位人臣《くらいじんしん》を極めて六十二歳でこの世を去った。

それにしても光秀は、己れの計算がつまるところ、たった一つの要素の欠乏によって狂ったことを理解していたであろうか。

「時代の翹望《ぎょうぼう》にこたえ得る資質」——。

天下は信長の手から「批判的継承者」の光秀へ、わずかに十一日間移って、「肯定的継承者」の秀吉のもとで、周期性《バイオリズム》を一巡させたように統一され、やがて家康のもとで〝無事泰平〟の世となって、一応の結実、「下克上」の終焉を迎える。

〝本能寺の変〟が勃発したとき、信長の次男・信雄《のぶかつ》は松《まつ》ヶ《が》島《しま》城（現・三重県松阪《まつさか》市）にいた。

父・信長が本能寺で、兄・信忠が二条新邸で死んだのを知った信雄は、安土城の蒲生賢秀から、

「明智光秀の軍勢が安土に乱入した。すぐに軍を差し向けてほしい」

と要請されても、出陣の決断がつかず、安土着陣が六月九日、安土城に入ったのは十一日というお粗末ぶりであった。あげく、安土城の本丸から火の手があがって、天守（天主）を炎上させた火災の、火つけの容疑をかけられるありさま（史実は野盗か、明智方の放火とみられる）。

蛇足ながら、〝戦国〟の富を集めたに等しい、高価な茶の湯の道具はことごとく、〝本能寺の変〟と安土城炎上でこの世から消えてしまった。無常観、侘《わ》び、寂《さ》びの心情に相応《ふさわ》しいとはいえ、光秀が軍法でいっていた「瓦礫《がれき》」どころか土と化してしまったのだ。

伊勢から安土に向かう途中の土山《つちやま》（現・滋賀県甲賀市土山）で、進軍を躊躇《ちゅうちょ》する信雄に家臣たちが、

「このまま逢坂《おうさか》峠を越えて、伏見口から京に入り、光秀を討ちましょう」

と進言した。

しかし信雄は、これを聞かずに安土城に向った。あげくが、安土城炎上の傍観であった。情けない。彼の運命は「下剋上」された上位者に共通するものでしかなかった。

それでも家康のもとで、大和と上野に併せて五万石の捨扶持《すてぶち》を与えられたのだから、まァよかった、とするべきかもしれない。信雄の享年は、七十三であった。

家康の幕藩体制を迎えて、時代は再び〝英雄不在の時代〟に転換した。

著者略歴

一九五八年、大阪市生まれ。歴史家、作家。奈良大学文学部史学科卒業。著作活動のほかに、テレビ・ラジオ番組の出演、時代考証や監修を担当。人気テレビ番組「ザ・今夜はヒストリー」（TBS系）、「BS歴史館」「英雄たちの選択」（以上、NHK BSプレミアム）などに出演。さらに、全国各地での講演活動も精力的に行っている。

著書には『紙幣の日本史』（KADOKAWA）、『刀の日本史』（講談社現代新書）、『歴史に学ぶ自己再生の理論』（論創社）、『誰が、なぜ？ 加来耕三のまさかの日本史』『名家老たちの危機の戦略戦術』『謀略！大坂城』『幕末維新まさかの深層――明治維新一五〇年は日本を救ったのか』（以上、さくら舎）、『日本武術・武道大事典』（監修・勉誠出版）、『コミック版日本の歴史』シリーズ既刊七十二巻（企画・構成・監修／ポプラ社）などがある。

天才光秀《てんさいみつひで》と覇《は》王信長《おうのぶなが》

二〇一九年一二月九日　第一刷発行

著者　加来耕三《かくこうぞう》
発行者　古屋信吾
発行所　株式会社さくら舎　http://www.sakurasha.com
東京都千代田区富士見一-二-一一　〒一〇二-〇〇七一
電話　営業　〇三-五二一一-六五三三　FAX　〇三-五二一一-六四八一
編集　〇三-五二一一-六四八〇
振替　〇〇一九〇-八-四〇二〇六〇
装丁　長久雅行
装画　柏原晋平
印刷・製本　中央精版印刷株式会社

ISBN978-4-86581-228-2